高齡心理
諮商實務

Practice of
the Elderly's
Counseling and
Psychotherapy

秦秀蘭　著

SKILLS
FOR CARE

巨流圖書公司印行

SKILLS FOR CARE

高齡心理諮商實務

國家圖書館出版品預行編目(CIP)資料

高齡心理諮商實務 / 秦秀蘭著. -- 初版. -- 高雄市：
巨流, 2016.06
　　面；　公分
ISBN　978-957-732-521-1（平裝）

1.老人諮商 2.心理治療

178.4　　　　　　　　　　　　　　　　　105007130

作　　　　　者	秦秀蘭	
責 任 編 輯	張如芷	
封 面 設 計	Lucas	

發 行 人	楊曉華
總 編 輯	蔡國彬

出　　　　版　巨流圖書股份有限公司
　　　　　　　80252 高雄市苓雅區五福一路 57 號 2 樓之 2
　　　　　　　電話：07-2265267
　　　　　　　傳真：07-2264697
　　　　　　　e-mail：chuliu@liwen. com. tw
　　　　　　　網址：http://www.liwen.com.tw

編 輯 部　　23445 新北市永和區秀朗路一段 41 號
　　　　　　　電話：02-29229075
　　　　　　　傳真：02-29220464

劃 撥 帳 號　01002323 巨流圖書股份有限公司
購 書 專 線　07-2265267 轉 236

法 律 顧 問　林廷隆律師
　　　　　　　電話：02-29658212

出 版 登 記 證　局版台業字第 1045 號

ISBN　978-957-732-521-1（平裝）
初版一刷・2016 年 6 月

定價：420 元

目錄
CONTENTS

Appendix
附錄

References
參考文獻

黃富順
推薦序

　　人口高齡化是世界一致的發展趨勢，無論是已開發國家或開發中國家皆然，只是已開發國家走的腳步較快較急。臺灣社會面對這一波銀色海嘯的侵襲，亦不能倖免，甚且由於嚴重的少子化關係，臺灣社會高齡化的進程不但超英趕美，甚至比世界最高齡化國家的日本還要快，再不到二十年間即將進入世界最高齡化國家之林。

　　人口高齡化所帶來的影響與問題，就個人面而言，一般人較關注生理層面的影響，故社會上探討養生保健的議題，極其夯勢；就社會層面而言，所著重的是老人福利與照顧，尤其長照問題，更成為政策的重點。事實上，老年期不免會面臨各種的失落，如健康的衰退、工作的喪失、人際關係的窄化等，導致所謂老人的三 L（loss、Loneliness、low level of respect）的境界，造成老年人的心理問題相當普遍，更值關注。心理的問題與困擾，未能獲得有效的抒解，會影響生理的健康，不但加速健康的惡化，嚴重者會導致老人的自殺行為，形成社會的問題。鄰近的日本，所謂「暴走老人」的出現及老人孤獨死等，已成為社會的隱憂，更值得我們關切。

　　因此，對老人心理問題的諮商與輔導，乃為高齡社會中相當重要的問題，以高齡化社會最前端的日本，在老人安養機構中均設有相談室，置有相談人員從事此方面的工作，其重要性可見一斑。而臺灣社會高齡化腳步如此快速，有關老人心理的諮商及輔導，迄未受到社會廣泛重視，從先進國家的發展經驗及臺灣社會的實況而言，此問題無論是政府及民間均宜積極關注。

　　老人心理的諮商與輔導，是一門相當專業的領域，現秦秀蘭教授能秉諸其心理諮商與輔導的專業素養，加上多年來參與老人團體的實務體會，及在課堂多年教學經驗的累積，融合理論與實務，歷經三年鑽研而完成本書，彌補了臺灣社會在此一方面的缺口，提供了高齡化社會所需的另一項實務知能，彌足珍貴，令人感佩。本書提供有關老人心理諮商的理論與實務技巧，尤其偏重操作的練習與案例的分享，是一本相當實用的心理輔導手冊，值得關切此議題的實務工作者及研究者參考應用，個人在先讀之餘，獲益良多，特綴數語藉供分享而為之推薦。

朝陽科技大學銀髮產業管理系講座

中華民國成人及終身教育學會理事長

黃富順

2016 年 4 月 23 日

於朝陽科技大學銀髮產業管理系

導論（代序）
高齡者心理諮商服務——議題與實務

> 隨著年紀的增長、人世的變遷，我們經常會碰到欲言又止、不知
> 道該說什麼的窘境。朋友打電話告訴你，他失業了；同事的檢查
> 報告出爐，確定他罹患癌症；大學同學正經歷婚變，準備離婚；
> 好朋友的媽媽得了帕金森氏症；岳父突然死亡，老婆為來不及見
> 其最後一面而抱憾……。
>
> Nance Guilmartin
> （林雨蒨譯，2011）

壹、前言

當朋友或家人面對 Nance Guilmartin 所描述的這些傷痛或難堪，我們能幫什麼忙？應該幫忙嗎？怎樣幫忙才有效？要幫到什麼樣的程度？當朋友痛哭無語時，我們該如何按捺內心的不安與疑問，傾心聆聽並安撫他的苦痛與焦慮？而當自己遭遇困難、瀕臨絕境時，又該如何表達自己的情緒或適時求援？我們具備坦然接受別人幫忙的能力嗎？如果當事人是高齡者，這些困難會有所不同嗎？我們是否有能力幫助這些需要幫助的高齡者？

這本書的撰寫前前後後大約有三年的時間，我一直非常享受一邊閱讀、一邊書寫並與人分享的喜悅感。在書寫的過程中，我也持續向「高齡者」族群靠近，過程中我不斷問自己幾個問題：「如果我在心理上遭受一些困擾，我會不會主動尋求別人的幫助？」、「我會向誰傾訴？我會向誰求救？有誰可以幫助我？」我發現每一次的答案都很豐富，因為我了解如何取得資源，

我知道什麼時候該發出求救訊號；然而，現實生活中的高齡者並沒有這麼幸運。多數的高齡者變得既不會表達自己的情緒和需求，也不懂得調整自己的腳步來適應老年生活。總是靜默地把自己隱藏起來，靜默得連家人都不知道如何和他們溝通；靜默得連自己都分不清楚是身體不舒服？還是心情不好？也許高齡者只是為了避免被晚輩嫌自己囉嗦、嘮叨，卻轉化為過度的退卻。

　　下面一個日常的對話可以讀出一般高齡者如何和中年子女互動，也可以看出高齡者的心理困擾（Psychological distress）是多麼稀疏平常。

一日在臺北東區捷運上一群中年男子的對話

甲「我看我爸爸大概也有憂鬱症了，每次跟他講話的時候，有一搭、沒一搭，有時候還睜大眼睛看著我，好像沒有聽到我在講話似的！」

乙「我老爸也是啊！幾乎每天下班回家都看到他坐在電視機前面發呆，我真怕他哪天躺在大門口睡覺呢！」

貳、全書編寫理念

　　隨著高齡人口比例增加、人類壽命延長，高齡者必須面對不同世代的物質環境、學習適應新的人際關係、新的角色、新的生活模式。然而，隨著年歲增長，高齡者對外在環境的學習速度、調適能力卻逐漸下降。每一位長輩都必須努力調整自己的心態，才能順利適應新的環境與關係。因此「老人心理治療」和「老人心理諮商」都是高齡社會的必要服務，也是時勢所趨。目前國際間以高齡者為諮商服務對象的工作通常包括「老人心理治療」（psychotherapy with older adults）；和「老人心理諮商」（counselling the aging）。儘管兩者的服務人員都必須受過專業訓練，提供的諮商服務類型也十分雷同，服務的類型主要是：家人關係的改變、退休後的角色改變、疾病情緒的處理、老年憂鬱症、失去親人的傷痛、生命臨終的恐懼感等。但是，

兩者的服務對象不同，服務提供者的專業要求也不盡相同。

　　根據筆者多年帶領高齡學習團體的經驗，高齡者自尊心強，卻普遍缺乏自信，由於身體機能和人際互動上逐漸轉為弱勢，即使經濟環境良好，仍然可能缺乏適當的學習同伴、找不到適當的學習主題和參與團體，形成一種心理社會支持體系的匱乏情形。高齡者在人生下半場所遭遇的心理困擾，通常肇因於個人角色和人際關係的改變。因此「關係中的自我」（self-in-relationship）（也有學者稱為「關係中的自我概念」）已逐漸成為老人心理諮商服務的核心。如何透過諮商或和簡單的相談過程、團體活動的參與，了解高齡者面對新的人際關係時的自我概念，以及面對全新的社會角色，可能產生的心理困擾，可以說是高齡者心理諮商服務的關鍵。以目前快速高齡化的社會趨勢，老人心理諮商服務是非常必要的高齡服務。

　　以人口高齡化的日本為例，在日本非常重視志工或社會工作服務人員透過談話、引導高齡者走出心裡的傷痛、走出陰霾，通常與社區內的「民生委員・兒童委員」制度結合，專門提供社區內高齡者談話的機會，以抒解高齡者的心理壓力，稱為「生活相談員」或「老人相談員」（市報ひがしむらや，2013）。目前幾乎每一個老人照顧機構都會安排一名以上的老人相談員。日本也設置「日本家族問題相談聯盟」，可免費提供高齡者面對面的諮商服務，或透過電話相談引導高齡者走出傷痛、排除心理障礙（psychological disorder）（http://www.nayami.cn/kaiin2.htm，2013）。

　　高齡者的確有各種心理困擾、障礙，甚至精神疾病（mental illness），然而，因為高齡族群特質的多樣化，高齡者可以尋求或擁有的心理協助有哪些？哪些人有資格提供高齡者適當的心理協助呢？這些高齡者心理諮商服務的協助者又應該具備哪些資格？這絕對是跨領域的問題，也是值得深入討論的問題。因此，有關高齡心理諮商服務的內容也應該有許多不同的面貌，方便不同工作背景的工作者選用，才能給高齡當事人適切的協助。在規劃上，本書偏向一般高齡者日常生活心理困擾和障礙的協助，主要內容包括：高齡學相關知識的介紹、各類典範的諮商輔導理念與技巧、高齡常見心理障礙的

案例討論等，有關精神疾病或老人精神醫學部分僅作概念性的介紹。

參、高齡者心理諮商服務的四個領域

　　面對高度多元化的高齡者，不同文化背景、居住環境的高齡者可能有截然不同的心理協助需求。本書從「諮商服務工作者」的觀點出發，從問題解決策略的六個 W 出發：「Whom、Why、Where、Who、What、How」。首先要了解個案的身心特質與心理協助需求，了解個案的生活環境；接著則要評估助人者的角色、助人者的價值觀和典範、助人能力；一旦助人者的角色被清楚界定，才能決定心理諮商或輔導的策略。

　　高齡者的諮商輔導包括幾個面向：1. 對現存問題的治療性輔導，著重高齡者潛能的發展；2. 預防性的輔導，可透過個人或團體討論，以技能的發展訓練、教育計畫與做決策為主；3. 透過社區活動計畫，促進高齡者的身體、心理與社會的健康（高淑芳，2006）。為了讓讀者掌握高齡者諮商服務的全貌，筆者將高齡者的心理諮商服務分為個人直接服務、個人間接服務、社群直接服務和社群間接服務等四個領域，如下圖 A-1。

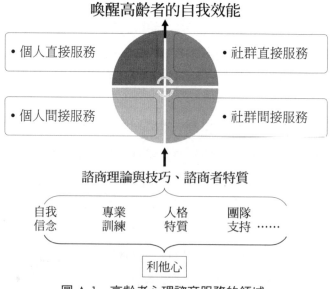

圖 A-1　高齡者心理諮商服務的領域

上圖中，「個人直接服務」是指針對高齡當事人的個別式諮商服務，通常採取一對一的方式進行。「個人間接服務」則是以高齡當事人的重要他人為對象，例如子女、配偶或主要照顧者，通常也是採取一對一的服務方式。「社群直接服務」則是透過團體方式來協助高齡當事人，例如讀書會或社會團體工作的方式來進行。「社群間接服務」則是以目前逐漸受到重視的「社區諮商」為主，例如社區高齡問題的倡議、辦理社區高齡座談會等。諮商工作者為了在四個不同的高齡諮商服務領域中扮演適當的角色，必須熟悉基本的諮商理論技巧，並涵養各種諮商者應有的特質，至少包括自我信念、專業訓練、人格特質、團隊的支持等等。至於真正支持諮商工作者扮演助人者的角色、充分展現助人特質的基礎，則是諮商工作者的「利他心」。

其中，「社群直接服務」更是未來高齡諮商服務的重點工作，很多研究都已證實社會參與、人際互動關係和社會支持對身心健康都有正面的效益（Reblin & Uchino, 2008; Clark-Polner& Clark, 2014; Hecht, 2014）。高齡者的情緒和心理狀態的照顧和維護是高齡健康照顧的重要預防策略，必須受到高度的重視（葉克寧、林克能、邱照華、李嘉馨、黃婉茹，2012）。高齡團體諮商的積極功能包括：提供預防及支持性環境、認識自我與他人、重新定義自我、發展人際覺察、認識自我與他人，透過互動達到認知及技巧學習、情緒體驗與深度覺察等。例如肢體的放鬆練習、正念減壓的練習、團體經驗的參與和體驗、從事藝術創作等，都是非常重要的情緒引導策略。

由於臺灣人口結構與居住型態的改變，國內老人傾向在熟悉的社區中生活，因此社區中的老人健康與社會支持間有著不容忽視的關連性。正如目前高齡學強調「情緒脈絡」（emotional context）對高齡者身心健康的影響（Davide, Adelina & Maurizio, 2011; Van Uden, Ritzen & Pieters, 2014），高齡諮商工作也應該包括高齡友善社區的營造規劃、高齡者社區支持性網絡的建構，Lewis、Lewis、Danniels 和 D'Andre 等人對社區各種高齡議題的倡議、對社區弱勢族群的外展服務、社區諮詢（何金針譯，2007）等，都屬於高齡諮商工作的「社群間接服務」。

肆、全書章節導讀

　　為了協助諮商工作者熟悉基本的諮商理論技巧、涵養各種諮商者應有的特質，本書分為三個部分：第一部分以「高齡當事人認知與心理特質的認識」為主軸，主要在協助諮商服務工作者了解高齡者的生理和心理特質，掌握高齡者心理障礙的原因。第一章首先介紹高齡諮商服務工作的內涵；第二章介紹高齡者在認知、情緒調適和心理健康的特質；第三章介紹高齡心理諮商服務的多元化模式；第四章則介紹高齡者常見的心理困擾與疾病；第五章為高齡者心理健康狀態的評估。

　　第二部分則是重要的諮商輔導理論，主要在協助諮商工作者建構理論和個人化，發揮自己的角色功能。第六至第九章介紹主要心理諮商典範的理念，包括：精神動力典範（Psychodynamic Approaches）、存在人文典範、認知行為典範以及多元系統典範。

　　第三部分則是以諮商工作者的自我成長為核心，介紹多種適合用來協助高齡當事人的諮商技術，可作為高齡心理諮商服務或助人者課程的操作練習或討論案例。包括第十章首先介紹高齡心理諮商服務者應有的專業知能與技巧；第十一章介紹初階和進階諮商服務的基本技巧。第十二至十六章以高齡當事人的協助技巧為主，依序介紹現實治療法（reality therapy）、理性情緒治療法、焦點問題解決短期心理諮商、完形治療的諮商、神經語言程式學（Neuro-LinguisticProgrammimg，簡稱為 NLP）的引導等技巧；每一章的內容都是以高齡當事者為核心的諮商引導技巧。第十七章專門討論高齡者與年長子女關係的諮商服務；第十八章是針對高齡者當事人最需要的「自我覺察」（self-awareness）引導技巧詳細介紹；最後第十九章則彙整高齡心理諮商服務的未來發展趨勢。

伍、小結──自助助人、與您共勉

　　本書從高齡者心理諮商服務的積極性和預防性角度出發，引導目前從事老人福祉機構的照顧服務人員、居家照顧者、高齡者社會工作服務人員，認

識高齡者對心理諮商的需求，學習諮商的基本理念和技巧，並將這些理念和技巧融入高齡者的照顧服務歷程中，減少高齡者心理障礙，提升其生活品質。本書是高齡者諮商服務工作者自修、自我成長必備的貼身書。期待無論是機構式或在宅式高齡照顧服務的照顧工作夥伴，都能夠透過本書清楚認識各種可能影響高齡者心理健康的因素，並透過小型的團體或社區讀書會，練習各類自助助人的諮商技巧。例如目前教育部自 2015 年起推動「高齡自主團體終身學習活動試辦計畫」，就是在鼓勵臺灣各鄉鎮市社區高齡者組成自主學習團體或讀書會；如果能透過這些自主性團體提升高齡者自助助人的知能，對臺灣高齡者的整體心理健康素質將會有很大的幫助。

Part 1

高齡當事人認知與心理特質的認識

第一章
高齡諮商服務工作的內涵

面對高齡者的心理諮商服務，社會大眾經常有下列的迷失：

老人需要心理諮商服務嗎？
心理諮商服務對高齡者真的有效嗎？

當朋友或家人面對傷痛或難堪時，我們能幫什麼忙？應該幫忙嗎？怎樣幫忙才有效？要幫到什麼樣的程度？當朋友痛哭無語時，我們該如何按捺內心的不安與疑問，傾心聆聽並安撫他的苦痛與焦慮？而當自己遭遇困難、瀕臨絕境時，又該如何表達自己的情緒或適時求援？我們具備坦然接受別人幫忙的能力嗎？如果當事人是高齡者，這些困難會有所不同嗎？我們是否有能力幫助這些需要幫助的高齡者？

對年長者而言，特別是身體上逐年衰老、病痛逐漸增加的老人，心理諮商輔導的目的到底是一種「心理的治療」，或者是一種「心理的痊癒」，兩者有不同的意義，值得我們深思。根據 Nance Guilmartin 的觀點，「治療」通常只是一種生理或身體疾病的處理；「痊癒」則是允許當事人在自己已有的身體和心理基礎或能量上，擁有內在自我療癒的能力。對於生命歷練豐富、充滿智慧的年長者，「心理的痊癒」也許比「心理的治療」更具有意義。因此，年長者心理諮商服務者，不單單只是一位專業的治療者，而是一位陪伴者，陪伴年長者覺察自己的傷痛或不快樂，並陪伴他們透過學習、成

長，達到他們能夠完成的痊癒程度。

　　日本和我國同屬於東方家族文化，高齡者傾向和家人或子女同住，即使身體功能下降，多數人仍然選擇在家裡接受照護或終老，而不願意到安養中心居住。因此日本「民生委員‧兒童委員」、「生活相談員」、「老人相談員」的規劃非常值得我們借鏡。特別是針對中南部偏鄉地區的高齡者，透過督導式的社區訪視、相談，一定可以有效減少高齡者的心理疾病，降低後端的養護和醫療支出，也相對提高高齡者的生活品質。

壹、高齡心理諮商服務的發展現況

一、高齡期心理健康服務逐漸成為全球諮商服務的核心

　　隨著醫療技術的提升，人類的平均壽命逐漸增加，個體從退休後至生命後期的時間增加，個體處於高齡期的時間也隨之延長。因此，老年期的心理健康顯得格外重要，也是年長者重要的保護性因子。長期以失智症和情緒失調（mood disorder）高齡者為服務對象的資深心理諮商學者 Ian James 提出「永恆的（ageless）心理健康服務」的概念，James 所謂「永恆的心理健康服務」說明了越來越多的臨床心理諮商工作將以高齡者為主要服務對象，而且比例有越來越增加的趨勢（James, 2011）。

　　世界衛生組織（WHO）於 2012 年世界衛生日以「高齡化與健康」（Ageing and Health）為主題，認為保持健康才會長壽（Good health adds life to years）；強調在人口迅速老化的過程中，各國政府更應採取積極有效的策略與行動，包含促進國人良好的健康行為，預防或延遲慢性病的發展，創造並強化老人健康生活及無障礙的友善環境，鼓勵老人多方參與社會，使人們得以最佳的健康狀況進入老年，延長健康壽命、積極老化（衛生福利部社會及家庭屬，2015）。

　　2012 年 11 月，國內弘道老人福利基金會（2012）即曾經辦理「高齡者心理健康促進研討會」（Active & Creative ageing）。邀請老人心理衛生相關

領域實務及學術界進行研究或經驗發表，研討會分為四個部分，從「臺灣老人心理健康促進策略發展與挑戰」談起，包括臺灣老人憂鬱問題及自殺死亡率，以及如何協助老人面對心理困擾、適應新的生活環境，以調整現階段的照顧體系。該研討會也依據艾瑞克森（Eric Erikson）的心理社會發展理論（psychosocial developmental theory），介紹如何透過「再展歲月風華：社區長者生命回顧方案」與「用藝術陪伴長輩：傳承藝術在臺灣」，引導高齡者開始檢視自己的生命歷程，藉團體動力及正向積極的引導方式，讓老年人將生命經驗透過創作視覺藝術記錄下來，並鼓勵長者透過作品來述說生命故事，使老年人得以重新建立對生命歷程的正向價值觀，同時有機會澄清生死價值觀的態度，以正向積極的態度來面對死亡課題。

二、「高齡期心理健康服務」首次列入老人健康促進方案

高齡人口的遽增意謂著高齡期心理需求的激增，對健康醫療和社會福利服務體系造成很大的衝擊。我國行政院於民國 98 年 9 月 7 日核定「友善關懷老人服務方案」，以「活力老化」、「友善老人」、「世代融合」為三大核心理念，民國 98 至民國 100 年度已有效整合各單位資源，積極推動各項可行策略，並進一步建構友善老人生活環境，營造無歧視且悅齡親老的社會，讓老人享有活力、健康、尊嚴的老年生活。主要執行成果包括：加強弱勢老人服務、推展老人健康促進、鼓勵老人社會參與、健全友善老人環境等四個主題。

第二期方案由衛生福利部社會及家庭屬負責推動，執行內容明顯不同且更宏觀、更前瞻。除了面對人口老化可能造成勞動力縮減、增加醫療成本及社會福利支出；老年人口驟增將影響家庭組成、生活機會及住屋需求等問題；也非常重視老人身心健康維護的重要性，例如年齡歧視造成高齡者的社會負擔、刻板印象等挑戰。

第二期方案以「健康老化、在地老化、智慧老化、活力老化和樂學老化」為執行目標，重點工作包括：提倡預防保健，促進健康老化；建置友善環境，促進在地老化；引進民間投入，促進智慧老化；推動社會參與，促進

活力老化；鼓勵終身學習，促進樂學老化等五大項工作。第二期計畫共有二十三項執行策略及八十四項工作項目，其中第一項目即揭櫫有關老年人「心理健康」的重要工作，首次將「老人心理健康服務」列入老人健康促進方案的執行項目，顯示國人對老年期心理健康的重視（衛生福利部社會及家庭屬，2015）。

貳、高齡期心理健康的決定性因素

2012 年 10 月 10 日是世界精神衛生日，目前各國都持續關注高齡期的心理健康。高齡者人口快速增長，高齡者的心理健康問題也日益嚴重。面對日新月異的科技進步和文化變遷，許多高齡者無法克服生活上所面臨的各種壓力，因而導致心理困擾和障礙。Lewisz 夫妻和 Danniels、D'Andre 等人在《社區諮商》（*Community counseling:Empowerment strategies for a diverse society*）一書中，從社區諮商的角度，提出「心理健康方程式」。Lewisz 等人認為影響個體心理健康的因素包括個人的器質性功能、壓力、無能感、因應情境或刺激的技巧、自我尊重感、社會支持和個人權力，可作為高齡心理健康評估的參考（何金針譯，2007）。

$$心理健康 = \frac{因應技巧＋自我尊重感＋社會支持＋個人權力}{器質性功能＋壓力＋無能感}$$

Lewisz 等人認為，上述七個因素可以預測個體的心理健康狀態，其中器質性功能、壓力、無能感三者，可視為個體心理健康的負面壓力；個體因應情境或刺激的技巧、自我尊重感、社會支持和個人權力，則是決定個體心理健康的正面因素。本章參考 Lewisz 等人對心理健康方程式的論述，將高齡期心理健康的影響因素分為「高齡期個體內在的改變」和「外在社會文化環境的改變」兩個部分，依序說明如下：

一、高齡期個體內在的變化

高齡者對心理協助的需求遠遠超乎我們的想像，高齡者認知功能的退化程度與心理諮商服務需求幾乎成正比。高齡期個體內在的變化包括：

（一）大腦認知功能明顯退化

腦神經細胞特化不足、前額葉功能的退化，都會影響個體的專注力，減緩老年個體對外在訊息的回應與認知處理速度，間接影響自己的情緒表達和調適。例如年長者傾向針對積極、正向的刺激給予回應，一般稱為「正向效應」（positivity effect）。年長者在面對不同情緒刺激時，傾向接納或看到正面的情緒刺激；提取記憶訊息時，也傾向提取正向的情緒記憶，而不提取負向的情緒記憶。此外，年長者在認知學習時，傾向同時使用左右腦的「雙邊半腦運用」（bilateral hemisphere involvement）現象，或稱為「左右腦功能不對稱現象之遞減」（hemispheric asymmetry reduction in older adults，簡稱為HAROLD）。無論是高齡期大腦情緒老化的正向效應或雙邊半腦運用，都會導致高齡者情緒處理能力的改變。例如，因為過度使用認知抑制導致無法抒解負向的情緒壓力，進一步損傷認知功能，都可能導致高齡者心理障礙。

即使是身體健康的老年人，在個體老化過程中，前額葉的中央認知處理功能確實有逐年下降的情形（Parkin & Walter, 1992；Reuter-Lorenz & Park, 2010）。事實上，筆者與同事最近協助一千多位社區民眾進行健康體能評估發現，50-60 歲組中年民眾的體能和 60-70 歲組民眾的體能表現有很大的差異；與 70 歲以上民眾的健康體能差異最大（秦秀蘭、蕭玉芬、許莉芬、何若瑄，2015）。該研究一方面提醒規劃者必須掌握 50 歲之前的健康生活養成與健康促進規劃；一方面證實多數的個體大約從 60 歲開始老化，而且是一個不可逆的事實。陳聰興（2004）針對 65 歲以上高齡者的心理諮商服務需求研究也發現，85 歲以上年齡組對心理諮商服務的需求最高，因為認知功能的損傷，使他們和家人都迫切尋求心理諮商協助或治療。

Bender 和 Wainwrighty 在 1998 年曾經從訊息處理論的觀點，討論認知功能退化或失智症者的情緒特質，說明認知功能退化或失智症是一種「訊息

處理障礙」（Information processing disability）。他們把心智系統分為「安全系統」（The safety system）和「意義化系統」（The meaning system）。其中心智「安全系統」是一種非口語訊息、訊息無須評估、訊息不被覺察、個體以特有方式回應各種危機、快速且直接的反應；心智「意義化系統」則多數屬於口語訊息、需要較長時間的評估和處理（秦秀蘭，2014b）。

　　由於認知功能逐漸退化的長輩和失智症患者，通常都有語文表達和意義化的障礙，因此個體必須啟動安全系統的能量來協助心智意義化系統。個體必須耗費安全系統的能量，以彌補個體因為語言表達能力不足所造成的自我貶抑情形，此時，個體的安全感岌岌可危。

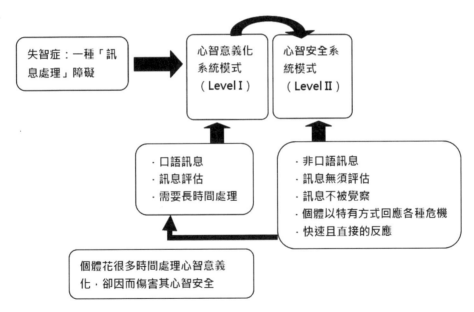

圖 1-1 個體心智安全系統對心智意義化系統的挹注機制
資料來源：秦秀蘭（2014b）

（二）負向情緒刺激的調適能力不足

　　個體的情緒調適既是一種能力，也是一種歷程，因此情緒調適的能力是可以習得的，有再學習的可能性。許多研究也從高齡者情緒調適能力「再學

習」的觀點出發，試著透過各種社會性互動、社會性脈絡的提取，提升高齡者的情緒調適能力。高齡者在面對新事物的學習時，如何在心智成長和心理安適感之間取得平衡，是高齡者面對外在刺激的重要策略。Stirling（2010）也從高齡者諮商與輔導的角度來協助失智症或智能衰退中的長輩，提醒諮商輔導人員：「個案的一些怪異行為，可能是他面對情緒刺激，正在思索、找尋如何將該刺激加以意義化的過程。如果這種過程無法順利完成，個體便會啟動安全系統的能量來完成它。」是諮商工作者必須留意的核心概念。

隨著年紀增長，高齡者傾向針對積極、正向的刺激給予回應，稱為「正向效應」。為了避免高齡者情緒調適「正向效應」對認知功能的負面影響，老化神經認知科學家建議針對高齡者對「負向情緒」的調適能力給予引導，並觀察受試者在大腦各皮質區的活化情形，以了解提升高齡者情緒調適能力的可能性與有效策略（秦秀蘭，2012）。Sze、Goodkind、Gyurak 和 Levenson（2012）針對年輕人和老年人對人臉的情緒判斷研究即表示，只要能提供多元的社會脈絡或社會性線索，老年人也能和年輕人一樣擁有較佳的情緒性反應。

高齡情緒調適的正向效應

高齡者情緒調適正向效應（positivity effect）是指：面對相同的正向、負向情緒刺激，年齡越大的受試者，對「令人愉悅或開心」的照片的記憶較為完整，或者傾向針對積極、正向的刺激給予回應。透過「正向效應」個體在面對不同情緒刺激時，傾向接納或看到正面的情緒刺激，或者看到自己的優點；在提取記憶訊息時，也傾向提取正向的情緒記憶，而不提取負向的情緒記憶。

資料來源：秦秀蘭（2012）

（三）專注力不足引發自信心不足

由於前額葉功能的退化，高齡者的專注力不足、容易受到外在不相關訊息的干擾等（Raz & Rodrigue, 2006），都是長期困擾高齡者，造成高齡者心

理困擾的壓力來源。許多神經認知的研究都是從高齡者的「注意力」著眼（邱倚璿、齊箂、張浩睿、王靜誼，2014；Vos, Cock, Petry, Den Noortgate&Maes, 2013），提醒我們重視專注力不足對高齡期學習、心理健康的影響。

例如，Vos、Cock、Petry、Den Noortgate 和 Maes（2013）以中重度智能障礙者為對象，直接觀察個案在面對不同情緒價量時，胸廓的開展幅度和呼吸頻率的差異，以了解情緒對個體生理行為的影響程度。結果發現受試者在面對正向情緒刺激時，心跳速度明顯變慢。反之，在面對負向情緒刺激時，胸廓的擺動較明顯，呼吸較快。Vos 等人認為造成呼吸流動或頻率的差異，主要是因為這些智能障礙的參與者傾向把注意力放在負面情緒刺激上，此與目前高齡者情緒正向效應的研究不謀而合。這些研究除了證明透過情感性的行為評量，可以了解個體情緒的價量，也證實了個體「注意力」在情緒發展上的角色，以及情緒價量與認知專注力的關係。

劉韋欣、邱立安、林維真、岳修平、楊燿州（2014）也曾經針對高齡者智慧藥盒的研究設計表示，有使用電腦習慣的高齡者對新科技產品的接受度較高；但整體而言，高齡者對新科技的主動學習性較低，對創新產品的棄用率高，縱使他們認為新科技確實對生活十分重要，卻依舊對科技認知保有距離感。正是高齡者擔心科技學習會造成過大的認知負荷，也是對個人心智安全系統的維護策略。面對新的學習，如果長輩擔心自己無法掌握新的學習，必須動用前額葉活化的補償鷹架，甚至擔心過度補位造成挫折感，就會自然而然拒絕新的學習。由於醫療科技的進步，全球平均餘命明顯增加，高齡者為了適應持續進步的社會文化和科技應用，是否能「持續學習」、「跟上時代的腳步」和高齡者的心理健康息息相關。對於擁有高教育水平、高度自我實現動機的「新高齡者」（new aged）更加重要。因此，筆者呼籲「高齡學習方法」的引導必須列入高齡心理諮商服務的重點工作之一。

（四）認知抱怨導致憂鬱症惡化

高齡者常見的「記憶抱怨」（memory complaint）的情形，是指高齡者經常抱怨自己的記憶力減退，遠比不上自己年輕時候，有人稱為「老年性良

性健忘」（Benign senescent forgetfulness）（陳達夫，2015）。「記憶抱怨」也是高齡者壓力調適不良的一種反應，也可能是老年憂鬱症的前兆（李百麟，2014；權威醫學科普傳播網絡平台，2015）。如果可以提早覺察，並引導當事人對自己的神經老化機制有正確的了解，可以減少因為記憶抱怨造成神經功能的退化（Reuter-Lorenz & Park, 2010; Voss, 2008）。

（五）情緒的自我覺察能力不足延誤治療

高齡者的「自我覺察」能力是決定高齡者自我概念、身心健康的關鍵因素。能夠及時覺察自己在情緒上的改變、覺察自己在情緒調適上的障礙，就能夠及時向親人或朋友尋求幫助，掌握心理治療的黃金時間。高齡者無法適當地覺察自己的情緒困擾，一方面是因為認知功能的退化，一方面則心理上逐漸缺乏自信心和價值感。

黃智瑄（2014）曾經針對安養機構老人壓力源、壓力因應方式與心理健康進行調查研究，該研究結果表示，機構入住高齡者的前三個壓力源為：與其他住民相處的問題、人際關係、失落感等。面對壓力源時，常使用的抒壓方法依序為：「認命接受」、「轉移注意力」、「沉澱心情」，接著才是「找資源解決」、「尋找支持」。

該研究表示，機構入住高齡者在「華人健康問卷」（CHQ-12）的平均得分上有顯著差異。在「自評健康心理程度」上，不健康組＞尚可組＞健康組。自評心理健康為「尚可」的高齡者，預測心理健康不佳的機率越高，自評心理健康為「健康」，同時表明個人因應壓力方式為「沉澱心情」的高齡者，其預測心理健康不佳的機率越低。顯示，高齡者對個人情緒的自我覺察能力不足以反映其真正的心理健康程度，因此呼籲大眾要重視機構入住者的心理健康與心理協助。

高齡當事人的心理困擾或障礙，經常與當事人的生理狀態、社會人際關係相互影響，彼此間有高度的相關性。高齡當事人的心理問題也經常被概化為生理功能的退化；反之，許多生理上的問題也可能被誤以為是心理方面的問題。例如老年期的憂鬱症患者經常被誤判為失智症者，老年期罹患帕金森

氏症（Parkinson's disease）者因為動作遲緩、表情僵硬，經常會被誤判為憂鬱症。老年期的憂鬱症患者常強調自己認知功能的問題，記性不好、表現出與失智症類似的症狀，易被誤診為失智症，即所謂「假性失智症」（depressive pseudodementia），大約占憂鬱症者的 10-15%（黃宗正，2009）。

高齡期常見的譫妄（delirium）也經常被誤以為是失智症，因而延誤治療的黃金時間。事實上，譫妄是一種突然、急性的症狀，通常發生在疾病早期階段，有明顯的生理變化和意識變化，及時治療，通常是可以恢復的。一位稱職的高齡諮商輔導者必須具備能區辨當事人在生理或行為上可能有哪些問題的基本能力。

至於高齡者對個人情緒的自我覺察不足，究其結果是否與目前高齡期情緒調適所謂的「正向效應」有關，顯示高齡當事人在面對外在刺激時，傾向選擇正向情緒刺激；在情緒表達時，也傾向表達個人正向的情緒？或者是因為高齡者認知功能退化，無法覺察個人的情緒價量？也是一個需要持續探究的主題。

二、外在社會文化環境的改變

（一）社會經濟角色的改變

社會經濟角色的改變讓高齡者缺乏心理安適感，高齡者無論從職場上退休、從父母轉變為爺爺奶奶，甚至交出家中的經濟決策權、從家庭照顧者轉為被照顧者等，都是人生「角色」的改變，這些角色的改變往往需要高齡者以全新的「心智模式」（mind set）來回應家人對他的期望，回應社會對老人形象的覺知與互動模式。然而，對於生活歷練豐富的老人而言，這些角色和心智模式的轉換是一項挑戰，高齡者不僅要在短時間內學會個人角色和心智模式轉換的技巧；也必須顧及個人的尊嚴，保持完整的自我覺知和自我概念，其困難度不亞於個體在青春期所遭遇到的身心壓力，因此有許多人稱呼高齡期為「第二青春期」或「第三青春期」。

　　特別是年輕時受過高等教育的嬰兒潮（baby boomers）新高齡者，或稱為老人潮（aging boomers）的老人，他們不僅要求自己要依循傳統，照顧自己的子孫輩，也會要求自己持續學習，要求自己跟上社會時代的腳步，因此在心理上所造成的壓力格外明顯（Strauss, 1997）。由於知識水平高，自我意識強，無論是退休交出決定權、成為附屬角色的爺爺奶奶，甚至因生理退化、疾病成為被照顧者，都會造成自我概念的弱化、變形或扭曲，是目前認為影響高齡者心理健康、引發老人憂鬱症的主要原因，值得我們重視。

（二）家庭結構的改變

　　因為家庭結構的改變，家庭成員的減少，現代社會的老年人多數選擇獨自居住，或僅僅和老伴一起居住，心理和精神上都可能產生不同程度的困擾。如果家中有身心障礙子女，隨著自己逐漸衰老，無力照顧障礙子女，內心的壓力更是超乎我們的想像，卻無法得到應有的協助。這就是目前日本「民生委員‧兒童委員」、「老人相談員」，再度受到各階層重視的原因。

　　為了不被社會所淘汰，或融入新的生活環境，高齡者必須不斷學習新社會的各種知能，包括電子資訊的接收與處理、人際關係的改變與適應、各種社會活動的參與等；還必須要求自己「改變自己」，以適應外在的生活環境，這種追求改變的壓力，是造成老人心理社會壓力的主要原因。不適應、怕被淘汰的心理壓力繼而與大腦生理老化機制產生交互作用，造成個體更大的心理障礙或困擾。更遑論因疾病或認知功能下降，必須入住高齡機構的年長者。被家人遺棄的挫折感、居住環境的改變、人際關係的複雜化，甚至伴隨生理因素所形成的心埋壓力等，都可能造成高齡者不同程度的心理困擾。

（三）無法適應現代社會的發展

　　現代社會飛速變化，科技發展日新月異，高齡者受限於過去的學習不足，或認知處理速度下降，面對新的電腦科技、瞬息萬變的社會，容易出現適應不良的情形。這種不適應包括：從職場退休後失去影響力、社會連結頓時減弱，因而失去自我價值感；對社會的不公平現象看不慣，但因自己無力

改變現狀而感到鬱悶、煩躁。至於低社經地位背景的老人，則可能為自己的報酬偏低而憤憤不平；因為沒有宗教信仰而產生失落感、無歸屬感；因為個人技能與現代化的差距逐漸加大而焦急、無奈等等。這些都是一種世代差異的結果，都可能導致高齡者退縮、遺世獨立，甚至產生憤憤不平的情緒。

（四）漫長、貧困的老年生活加重心理壓力

年輕時代沒有足夠的儲蓄、沒有延續性工作者，從工作崗位退休後，尤其是夫妻兩人一起退休，其心理壓力可想而知。一方面是退休後一時之間心情難以轉換，一方面是不得不二度就業，為自己未來漫長的老年生活做準備。這些人的二度就業常常有「高不成、低不就」的尷尬局面，在心理壓力與生活壓力的雙重作用下，極易導致心理疾患，甚至造成家庭破裂。

（五）「關係中的自我」的改變

無論是對個體的生理健康或心理健康，「關係中的自我」都具有極大的影響力，也是心理諮商服務工作、社會服務工作者必須謹慎面對、用心經營的。在實際與高齡者相處過程中，我們更可以發現家人或照顧服務者的態度，如何影響高齡者的自我概念。例如，被迫提早退休的男性中高齡者，因為妻子、子女態度的改變、甚至是一個忽視的眼神，都可以開始懷疑自己的價值，變得意志消沉、引起自殺的念頭。

上述陳聰興（2004）對高齡者心理諮商服務需求的研究表示，高齡者對諮商服務的需求因年齡而有所差異，85 歲以上年齡組對心理諮商服務的需求最高，但尋求諮商的意願卻最低。75-84 歲年齡組因為已適應高齡生活，諮商的需求最低。至於 65-74 歲組的年輕高齡者對諮商需求為中等，但是諮商意願最高。至於高齡者尋求諮商服務的主題，除了健康問題外，高齡者在「人際互動關係」方面的求助問題最多。

正如艾瑞克森的心理社會發展理論第八階段「自我統合與絕望」的發展任務，高齡者在生命過程中經歷多重的失落，例如：面對失去配偶、手足及其他同儕的失落、面對生理的衰退、新的家庭與社會角色的轉變等，當老年

人在面對這些轉變時，如果不能有效適應與調整，將嚴重影響其心理健康。

　　至於入住機構的高齡者，人際互動關係對高齡者的影響更加明顯。照顧服務者或護理人員和高齡者之間的心理互動或精神動力模式（Psychodynamic models）已受到高度重視，高齡者的情緒會受到照護者情緒的影響；高齡者的生理、心理反應也同樣影響照顧者的工作情緒，兩者彼此間相互影響，決定彼此的自我概念和自我價值感（秦秀蘭，2014）。

　　黃智瑄（2014）對機構入住高齡者的心理健康的研究也發現，高齡者對個人情緒的自我覺察不足以反映個體真正的心理健康程度。由於認知功能的損傷，相較於一般健康的高齡者，機構內的高齡者更無法適當地表達自己的情緒，情緒壓力對生理健康的影響也更加令人擔憂。加上目前機構照顧者的人員異動大、外籍工作者比例高、家庭照顧動能不足、世代差異等因素，未來高齡者即使有大把鈔票，恐怕都無法獲得妥適的心理健康照顧。對於教育水平高、自我意識強、自我尊榮高的新高齡者而言，冰冷、低水平的機構照顧品質，對他們的心理健康的影響將更加明顯。筆者因此呼籲大眾必須重視高齡心理協助人才的培育，務必從理念上根本地引導大眾對於高齡者心理健康的正確認知；並從基本的對話練習、體驗學習、代間教育著手，培養高齡心理諮商服務人才。

　　面對高齡者的人際互動心理困擾，的確需要我們給予專業的心理輔導與協助。這些心理協助也許不能稱為「治療」，也許不需要太多高深的技巧，卻可以打開老人的心扉、改變他們的思考和心智模式，讓這些老人可以面對角色的改變、接受新的人際關係、學習一種全新的生活步調，重塑一種全新的「關係中的自我」，而這正是決定年長者心理健康的關鍵因素。

（六）社會對高齡者心理健康的刻板印象

　　2008 年由林萬億教授主持的國科會計畫調查，曾經針對兩千多名 65 歲以上的老人及 45 到 64 歲中老年人，進行居家安全、健康狀況、休閒活動、交通經驗及經濟安全等一系列調查。研究結果發現，高達八成以上的老人過得並不快樂，中老年人有心事時除了老伴外，最常找鄰居傾訴，而非子女親

友（聯合新聞網，2008/4/18）。可見多數老人的確面臨各種心理困擾，需要家人或他人的耐心傾聽和同理。

相對於一般人對高齡當事人的刻板印象，Kampfe（2015）的提醒最是中肯：「無論高齡當事人目前的身體和心理功能狀態如何，這些高齡者都是『最強壯的』，因為他們都是『能在各種惡劣環境中生存下來的強者』」。Kampfe表示，每一次他稱讚他的高齡當事人為「強者」的時候，這些高齡當事人的眼睛都會亮起來，並充滿期待。

上述高齡當事人在生理方面的改變會啟動個體的「心智安全系統」，無論是一般健康或輕度失智的高齡者，大腦前額葉的認知功能的退化，都是引發高齡當事人焦慮不安、逐漸失去自信和自我掌控感。如果沒有給予及時的協助和引導，兩者交互影響的結果，會加速大腦認知功能的退化。至於因各種因素入住照顧機構的高齡者，所需要的心理諮商服務需求更不容忽視。

延伸閱讀　**高齡者重新開機、自我升級**

曾經被英國經濟學人評選為全球「五大管理大師」之一的日本趨勢與策略大師大前研一（Kenichi Ohmae），在2010年8月應NU SKIN公司的邀請，在北京、香港、臺北連續三天，發表「從東亞經濟趨勢看抗老商機大未來——重設人生黃金定律」。三場講引吸引了三萬多人參加，光是臺北場就有將近一萬八千人參與。大前研一表示，隨著歐洲越來越多「銀髮活力城」（Active Senior Town）的崛起，這股抗老商機也將在東南亞蔚為風氣。人們所關心的議題是「健康」，因此退休後的「關鍵花費」就是「安全、舒適而高品質的生活」。

他表示，隨著人生壽命的延長、醫療健康的提升，個人勢必「重設人生黃金定律」，因此他提出「重新開機」的概念。二十一世紀的今天，人生已經不是二十或三十年的線性發展，每一個人都必須思索，自己是否有能力在五十歲退休？是否有能力順利地規劃退休後的生活？因為每一個人需要為退休後的人生下場負責。此與目前國際高齡照顧的理念相似，都認為「未來高齡者在自我照護上要承擔更多的責任」。因此，抗老商機，絕對不僅於「外表」的年輕，「內在的年輕」才是真正決定高齡者老化程度，真正的抗老商機。

資料來源：天下雜誌（2010）

參、高齡心理諮商服務的特殊性

　　一般人都把影響個體心理健康的因素區分為：生理、心理、社會等三個因素，由於高齡者豐富的生命經驗，大腦神經生理上的重要轉變，個體在老年期所面臨的心理困擾或障礙既不同於年輕時期，引發的原因與所呈現的困擾也有所不同。本節針對上述可能引起高齡者心理諮商服務需求的因素，以資深心理諮商工作者 Knight 在 1996 年所提出的「以社會情境及世代為基礎的『成熟／特別挑戰』模式」（The contextual, cohort-based, maturity, specific-challenge model）為基礎，說明高齡心理諮商工作的特殊性。

　　Knight（2004）將高齡者描述為一個成熟的個體，在獨特的社會、家庭背景下正面臨著某些特定問題，他們有早期世代的價值觀和看法，這些特定問題會影響諮商服務的技術。因此諮商工作者必須熟悉高齡者相關發展的知識，同時調整自己的諮商概念和技術，Knight 分四個面向來論述高齡者在某些方面的成熟因素，面臨的困難與挑戰，包括成熟發展部分、特定的挑戰、世代因素、社會情境等四個部分（如表 1-1）。

表 1-1 以社會情境及世代為基礎的「成熟／特別挑戰」模式

成熟部分	特定的挑戰	世代因素	社會情境
・認知的複雜度	・慢性疾病	・認知能力	・年齡區隔的居住環境
・情緒的複雜度	・身體上的失能	・教育程度	・高齡者服務機構
・專長知識	・追悼親人的死亡	・字彙的使用	・高齡者休閒場所
・特殊專長領域	・需照顧他人	・價值觀	・醫療情境
・多元家庭經歷		・常態的生活步調	・長期照顧情形
・累積的人際技巧		・社會歷史生活經歷	・與年齡有關的法規

資料來源：Knight（2004:6）

　　其中，高齡者認知和情緒發展的複雜度，不僅是事實，也是最近「神經認知科學」研究的核心；至於高齡者所擁有的特殊專長知識、多樣化的家庭經歷，精練的人際互動技巧，都是高齡者所具有的成熟特質。但是隨著年紀增加，不可避免地會面臨慢性疾病、身體上的失能、追悼親人的死亡，甚至

需要成為年邁父母的照顧者，此時，老年當事人的挑戰更為嚴重。

　　在實際進行諮商服務時，諮商工作者和老年當事人在認知能力、教育程度、字彙的使用、價值觀上的差異，以及生活步調與社會歷史生活經歷上都可能有相當大的差異，因而影響互動與諮商效果。至於和年齡有關的居住環境安排、高齡者服務機構和高齡者休閒場所、醫療情境和長期照顧情形等，也是對老年諮商工作的一種挑戰和限制。例如，高齡者在晚年階段所面臨的心理困擾，通常都不是因為高齡者本身，而是來自於外在環境的改變、角色的衝突等。Knight 因此強調：把當事人的生命放在歷史的洪流中，將有助於我們對當事人生命史的了解（Knight, 2004）。

　　事實上，看不到的內心世界和心智模式，才是影響高齡者心理健康的關鍵因素。例如，搖擺不定的高齡者政策、退休年金、保險制度的不熟悉、社區內高齡者公共空間的規劃，都是造成高齡者心理困擾的重要原因。

　　該模式對高齡諮商服務的特殊性的描述非常貼切，因此作為本小節的分析架構。

一、高齡期的挑戰對高齡者心理諮商服務的影響

　　個體到了高齡期，無論是各種身體機能的退化、認知功能的衰退、各種慢性疾病、肢體的失能、對死亡的心理準備、對逝去親友的哀悼等等，都是高齡者必須親自面對的挑戰。這些特定的挑戰和高齡者的情緒調適障礙交互作用，造成不同程度的心理困擾，也讓高齡諮商工作更加複雜和多元。

　　可能造成高齡者心理疾病或心理障礙的因素很多，包括大腦神經結構上的改變、生理或心理因素導致大腦神經傳導物質分泌異常、神經組織彈性逐漸衰退、缺乏社會安全感、退休或生活環境的改變、居住環境的改變、感知系統的退化等等（Kampfe, 2015）。許多研究也證實，高齡者的情緒變化比年輕時期更容易受到生理因素的影響（Sze, Goodkind, Gyurak & Levenson, 2012; Mammarella & Fairdield, 2010）。

　　從健康高齡者到長期照顧或護理之家的高齡者，心理困擾程度和類型截

然不同，其生理狀態對心理健康的影響程度更有天壤之別，這項差異讓高齡諮商輔導工作遲遲沒有受到重視。健康高齡者因退休、社會角色的改變導致心理困擾，如果「自我覺察」度較高，通常會主動尋求資源，加入團體心理治療等。然而，因為生理因素長期居住在機構內的高齡者、長期臥床在家安養的長輩，其心理健康問題則完全被忽略。

　　高齡者心理方面的問題，經常是與身體功能和社會適應性問題同時並存，加上各種認知功能障礙的比例逐漸升高，讓高齡者心理方面的問題更加複雜化（Knight, 2004）。許多心理問題的根源甚至無法從心理、生理或社會方面找出原因，有很多是因為無法分辨高齡者和年輕族群之間的差異性。例如高齡者的憂鬱症、焦慮、酗酒等心理障礙的起源，往往不同於年輕族群。因此在辨判時，需要有更豐富的高齡學知識和引導技巧，以及更多的臨床經驗與耐心。

　　例如，過度的「記憶抱怨」已被證實可以檢測輕度失智症，過度的記憶抱怨也導致高齡者的憂鬱症狀（李百麟，2013）。因此，面對高齡者因為認知功能退化所引起的各種心理困擾或障礙，諮商服務工作者可以透過提醒高齡當事人使用新的編碼技巧，幫助自己因為短期記憶不佳所造成的記憶抱怨情形。例如，養成記筆記的習慣、或者把小紙條貼在家裡明顯的區域，提醒自己記得處理某些事情；例如總是忘了帶鑰匙就走出大門，反身關上大門後才發現手上沒有鑰匙而把自己鎖在外面者，可以引導高齡者出門前先把鑰匙插入鑰匙孔，走出大門後再順手關上大門。多次練習後就能養成習慣，減少不必要的遺忘。讓高齡者對自己的老化過程更有自主性，讓高齡者覺得對生活更有自我掌控能力，同時把這種能力轉化到日常生活和人際關係的適應上，可以有效減少記憶抱怨導致的各種心理障礙。

二、「世代差異」對高齡者心理諮商服務的影響

　　前一個世代的年長者的特質和年輕人不同，例如認知能力、教育程度、辭彙的使用、價值觀、生活步調、社會歷史性的生命經驗等。Knight 的「成

熟／特定挑戰模式」強調，當我們在探討老年人生活的挑戰和特性時，除了了解生理和心理發展性的改變等成熟因素、老人居住環境的特殊性之外，也必須掌握「世代差異」的因素，才能理解老人在生活或思考模式上所面臨的困境，提供他們適切的協助。

「世代差異」是指以出生的年分來界定一群人，其能力、信仰、態度及人格都受到其生長時代背景相當程度的社會化，這些特性隨著成員老化而持續保持穩定，因此可以將這些成員與之前或之後的世代予以區別。世代差異對諮商服務工作的影響，包括文化價值觀的差異和諮商技巧的障礙兩部分。針對高齡者的心理諮商協助，Knight 特別強調世代差異對年輕諮商工作者和年老個案所可能造成的傷害。例如年輕工作者對老年個案的錯誤認知，認為高齡者沒有諮商成功的可能性；諮商工作者在心理上對死亡議題的準備不足，造成過度擔憂；對老年個案的反移情；對高齡學認知不足等等，都是阻礙諮商服務成效的重要原因。

不同世代者的價值觀和社會文化有明顯的差異，例如，Schaie 在 1990年針對美國西岸西雅圖一批高齡者的研究表示：晚生的世代在推理能力上的表現較為優異，至於早生的世代（當時的高齡者）則在算術和語言上的表現較優異（Knight, 2004）。年輕諮商工作者對高齡者社會文化與價值觀的扞格，一方面是對高齡諮商績效的質疑，認為高齡心理服務可能沒有效果；一方面是年輕諮商工作者對高齡當事人的反移情作用，例如，把高齡者當成自己的父母或祖父母，諮商服務過程中可能因此有過度的引導或協助，反而剝奪高齡當事人的自主性和成長機會，進而影響諮商服務的績效。

諮商工作者或社會工作者對高齡當事人的「反移情」無所不在，和「世代差異」一樣，都會阻礙助人工作的執行。例如，學生到護理之家實習時，被安排在病房內鼓勵長輩活動筋骨，或者為長輩說故事。但是，學生看到長輩手腳都被約束在病房上，心裡就會湧起一陣陣不捨，就像看到自己的爺爺奶奶被綁在床上，不只淚水不聽使喚，連說話的力氣都沒有。有的學生甚至因此無法完成實習。

在進行高齡者心理諮商服務時，對「移情」和「反移情」的處理態度要格外用心。日本京都大學名譽教授河合隼雄（Hayao Kawai）[1]先生認為，當我們在思考移情或反移情作用時，如果我們只是把醫病關係模式轉化為父母與孩子的關係、戀人間的關係、兄弟姊妹或朋友之間的關係，這些都只是一種「個人水平」的理解。如果能夠把諮商情境當成一種個體與石頭、樹木、河流、微風，以及其他大自然景象之間的相遇，那麼，心理治療的水平可能會處理得更好、更深入些（鄭福明、王求是譯，2004：166）。

三、成熟的因素

高齡者許多方面比年輕人表現成熟，例如認知的複雜性、後設（meta）模式的推論、情緒的複雜性、兩性都有明顯的顯示雙性特質、專家知識、豐富的人脈關係、多重的家庭經驗等。豐富的生命經驗、成熟的社交技巧，加上個體在高齡期階段的情緒調適有明顯的「正向效應」，使高齡者的情緒表達更加複雜化。例如我們可以從年輕當事人的臉部表情，判斷他此時此刻的情緒，卻很難從高齡者當事人的臉部表情，解讀他們的情緒狀態，因此增加高齡諮商服務的困難度。

事實上，即使是男女兩性在高齡期的人格特質轉變也有所差異，進入晚年以後，男性高齡者的人格特質通常是中年時期的延續，保持一定的穩定性，但相對較缺乏彈性；女性的人格組織通常比較有彈性，進入高齡期以後，比較容易隨著生活情境，經歷較大的重組工作（Qin, 2011）。因此，Knight 提醒我們：成人生命歷程中情緒的改變，是心理諮商工作者與高齡當事人進行治療時重要的議題之一。

1　河合隼雄，1928 年出生於日本兵庫縣。畢業於日本京都大學理學部。1959 至 1961 年留學於美國加州大學。1962 至 1965 年至瑞士榮格研究所留學，取得榮格派精神分析家資格。為京都大學名譽教授，並持有教育學博士學位。著有《如影隨形——影子現象學》、《榮格心理學入門》、《情結》、《母性社會日本的病理》、《潛意識的構造》、《思考家族關係》、《日本人和自我》、《宗教和科學的交接點》等書（http://www.ycrc.com.tw）。

　　根據統計資料，男性高齡者的自殺率比女性高出許多。以臺北市為例，101 年度的自殺死亡人數為 333 人，其中男性 207 人，女性 126 人，男性是女性的 1.64 倍；年齡層則以 55-64 歲年齡層死亡人數最多（70 人）（劉越萍，2012）。顯示男性中高齡者的心理健康議題值得我們重視，高齡者心理方面的問題以及心理諮商協助的確需要我們努力。

　　Knight 的「成熟／特定挑戰模式」主要是針對 1970 年代到 1980 年代心理諮商學最常見的「失落－匱乏模式」、「人生全程心理學」的補充。該模式除了強調高齡者某些方面比年輕人表現成熟，也面臨老年期的一些困擾，包括慢性疾的適應、漸進式的身體失能、失去親友的悲傷等，還必須提醒自己快速學習，以適應因科技發展所產生的新技術時代，面對新的生活環境（Knight, 2004）。

四、生活或社會情境的特殊性

　　現代化生活、家庭型態的改變，讓高齡者的生活情境比前一個世代的老年人更加嚴苛、更加多變。包括以年齡為區隔的居住環境、高齡服務機構、高齡文教場所、健康或長期照護規劃、相關的法規等，都是特定的高齡者生活情境，對高齡者有一定程度的影響，甚至是產生心理疾病的重要因素。

　　資深的心理諮商學者 Paul Terry 從精神動力觀點出發，深入討論高齡者心理諮商的許多議題（秦秀蘭、李靈譯，2014）。他發現，死亡的陰影為高齡者治療帶來沉痛的壓力，這意味著諮商工作者與高齡當事人必須克服多種的限制和壓力，包括：歌頌已經消逝的時光，卻承受來自那些無法圓夢的痛；在生命的後期嘗試探索，追求更多發展與創造的可能性，卻深知生命的結局已近，也意識到個人過去的歷史、生活背景以及老化所帶來的各種限制。當然，這些限制也包括治療師本身所受的訓練、技巧與人格特質，以及可運用的有限時間。

　　目前無論是高齡教育規劃和高齡照顧服務，都掌握「人與環境的一致性」（Person- Environment Fit，簡稱為 P-E），強調環境對當事人的適切性。

面對高齡者的心理諮商或協助，我們首先必須減少「世代差異」所造成的負面效應（Kampfe, 2015; Knight, 2004）。心理諮商輔導人員必須明白，現代的這一批老人和年輕人的確存在某種程度的差異，而這種差異也的確造成老人在適應上、心理上相當程度的困擾。因此，高齡輔導個案的研討、諮商輔導技巧的實務演練、同儕視導與分享等，都是諮商者自我評估的重要部分，將另章討論。

第二章
高齡者的認知、情緒調適與心理健康的特質

　　隨著「社會腦」的概念逐漸發展成熟，個體社會認知的發展機制、社會認知和個體身心健康的相關研究都越來越受重視。一如 Knight（2004）對諮商工作者的提醒：「個體生命歷程中情緒的改變，是心理諮商工作者與高齡當事人進行治療時重要的議題之一。」高齡當事人的情緒發展與個體的認知功能息息相關，因此，本章簡要介紹高齡者認知老化的特質、高齡者情緒調適與發展的特質，並說明二者與高齡者心理健康的緊密關係。

壹、高齡者的認知老化

一、大腦在認知老化過程中的變化

　　高齡期個體在生理上的老化主要包括：胸腺萎縮、大腦神經傳導物質減少、大腦白質變得疏鬆、產生類澱粉斑塊、器官的老化、性荷爾蒙減少、脂肪代謝率變差等等，如圖 2-1。高齡期個體在生理結構上的變化，不僅影響高齡者的日常生活適應，也影響個體的認知學習、社會適應和心理健康，大大改變高齡者的自我概念與人際互動。

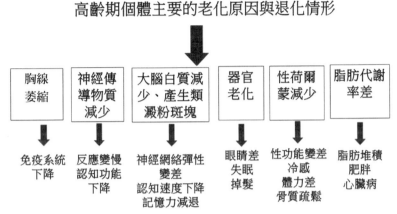

圖 2-1　高齡期個體主要的老化原因與退化情形

　　「認知」是個體資訊吸收、處理和提取的過程，因此高齡者各種生理機制彼此相互影響，其中「神經傳導物質減少」和「大腦白質減少」、「產生類澱粉斑」對個體的認知功能的影響最為明顯。大腦幾個主要認知功能區包括額葉（frontal lobe）、顳葉（temporal lobe）、頂葉（parietal lobe）、枕葉（occipital lobe）和邊緣系統的海馬迴等。

　　大腦因為老化所面臨的生理挑戰可區分為：大腦硬體結構的改變以及腦神經系統連結效能的降低。前者包括大腦白質（white matter）的減少、漸進的腦白質疏鬆（leukoaraeosis）、類澱粉斑（amyloid deposition）的產生、大腦的自然萎縮等。後者則是因為大腦硬體的改變所伴隨一些功能上的改變，包括上述的大腦細胞特化的不足、網絡彈性的喪失，以及神經傳導效率降低等。其中，大腦白質的減少，以大腦「前額葉皮質區」（prefrontal cortex）最為明顯，因此減弱前、後腦之間的訊息聯繫，對高齡者的情緒發展和認知功能影響也最大（蔡偉民，2008；Dickerson et al., 2009；Hedden & Gabrieli, 2004）。

（一）大腦神經傳導物質減少

　　影響個體學習的神經傳導物質包括多巴胺（dopamine，簡稱為 DA）、乙醯膽鹼（acetylcholine，簡稱為 Ach）、血清素（serotonin：5-HT）、性荷

爾蒙（sex hormone）等，到了老年期都可能會被耗盡，因而影響高齡者的學習。例如：「多巴胺」的分泌量不足，導致「帕金森氏症」。因為患者的大腦中製造「乙醯膽鹼」的細胞受損，導致乙醯膽鹼分泌不足，導致失智症。負責大腦傳遞情緒、情感訊息的功能的血清素分泌量也會明顯不足，此時腦部活動無法自然活化，自律神經無法處於平衡狀態，專注力、記憶力與發像力都會明顯下降，越來越沒有能力排除外界的干擾或刺激，甚至產生恐懼、悲觀、失眠、憂鬱情形，都可能影響學習。

（二）大腦白質的減少

大腦白質係由大量的髓磷脂（脂質）所組成，在裸視觀察下呈現白色；白質位於大腦皮層內部，又稱「大腦髓質」。白質是由被髓鞘包覆著的神經軸突所組成，主要在控制神經元共享的訊號傳遞速度，協調不同腦區之間的正常運作。人類大約到 20 歲時，白質才會在不同腦區逐漸發育完全，其生長的時機與成熟程度會影響個體的學習、自我控制與精神疾病。例如，精神分裂、自閉症等都是因為白質未發育完全（維基百科，2014）。

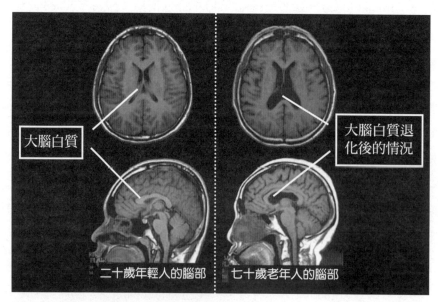

圖 2-2 前腦和後腦間大腦白質退化的情形
資料來源：修改自蔡偉民（2008）

　　腦細胞內的代謝產物（脂褐素）則會隨著年齡增長而日漸堆積，進而影響腦細胞的正常功能。例如記憶減退、睡眠欠佳、容易疲勞等。目前醫學診斷發現大約從 45 歲開始就有可能發生大腦白質逐漸退化，罹患「腦白質稀疏症」。腦白質稀疏症將影響神經傳導束，負責不同功能的各個區域之間的溝通就會出現障礙，導致大腦的正常功能無法發揮，其中影響最大的是認知能力與動作協調。與認知能力受損有關的影響包括計畫、設定優先順序、風險評估、專注與決策的能力，而與動作協調受損有關的則包括平衡與步態等。腦白質稀疏症的表現就和大腦退化幾乎一模一樣，包括容易搞不清楚方位或時間，平衡感或動作協調性會逐漸退步，情緒上比以前更容易陷入低潮等（汪國麟，2014）。

（三）類澱粉斑的產生

　　儘管科學家至今仍無法肯定是什麼因素導致阿茲海默症（Alzheimer's disease）患者的腦細胞死亡，但是可以肯定的是：與腦內的斑塊及壞死神經纖維纏結有關。科學家們從顯微鏡中觀察腦部組織發現，阿茲海默症患者的大腦組織和一般人不同。阿茲海默症患者除了腦神經細胞及神經突觸數目比一般人減少非常多，不同神經元之間也會有不正常的蛋白質碎片產生，類似斑塊（Plaques），醫學上稱為「類澱粉蛋白」（amyloid protein），也稱為「類澱粉斑」。「類澱粉蛋白」的產生是一些壞死的神經細胞纏結在一起，形成一串串不規則的蛋白質塊，成為神經纖維纏結（tangles）；β澱粉樣蛋白（Beta-amyloid）則是來自神經細胞脂肪膜內的大分子蛋白質，β澱粉樣蛋白凝結在一起便形成了蛋白質小塊（如圖 2-3 與 2-4）。

　　β澱粉樣蛋白的化學特性是「粘性」，使得它們會逐漸累積並形成斑塊。因此，「類澱粉蛋白」中具有最大破壞力的是蛋白質小塊，而不是斑塊本身，因為蛋白質小塊會干擾細胞與細胞之間神經突觸所發的信號，目前醫學界認為，這些蛋白質小塊也可能刺激免疫細胞並導致發炎，甚至會吞食已喪失功能的細胞（Alzheimer's Association, 2015）。

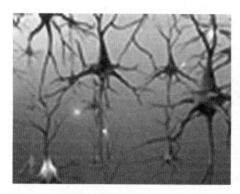

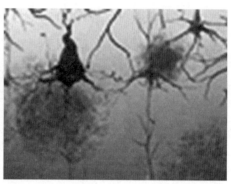

圖 2-3　大腦神經元森林
資料來源：Alzheimer's Association（2015）

圖 2-4　大腦神經元產生斑塊與纖維纏結
資料來源：Alzheimer's Association（2015）

（四）海馬迴的明顯衰退

　　大腦老化的過程是非常有多元性的，一般而言，人體組織的老化和化學變化，大約從中年期的晚期開始，有些人則是 70 歲以後才開始。隨著大腦神經生理功能的退化，各種神經細胞都有可能減少或降低功能。例如，下視丘的神經細胞通常不會減少，但是黑質部分的神經細胞卻很容易損傷或減少。神經細胞減少比例最高的部分是負責情緒和長期記憶功能的邊緣系統中的「海馬迴」。根據研究，人體到了中年以後，神經生理功能的退化以「海馬迴」為主，海馬迴每十年大約損失 5% 的神經細胞；到了老年期以後，則以前額葉神經細胞相關功能的衰退最明顯（Forster, Kochhann, Chaves & Roriz-Cruz, 2010; Reuter-Lorenz & Park, 2010）。

（五）專注力不足引發「回應性」的認知控制機制

　　個體的認知功能是一種「目標導向」的機制，隨著年齡增加，高齡者在認知過程中的注意力規劃能力會降低，因此專注度會逐漸下降。因此高齡者對於外在刺激的認知反應，會從年輕時代的「積極性」（proactive）認知控制機制，轉變為「回應性」（reactive）的認知控制機制（Paxton and collaborators, 2008）。Paxton 認為這種認知功能的轉變也是一種補償性的功能轉換，也是造成高齡者自我掌控制能力下降的原因之一。

貳、高齡者的認知特質

面對各種生理結構和大腦硬體結構逐漸老化的事實，高齡期個體的大腦必須採取多種回應機制，讓自己得以適應新的環境，順利生存下去。高齡期大腦的回應機制包括：雙邊半腦運用、前額葉的認知補償功能、持續建立「補償式」的認知鷹架等。

一、左右腦的「雙邊半腦運用」

一般人在處理文字、說話或辨識圖案時，通常都只使用半邊腦，例如從記憶中減取一個字元時，通常都使用左腦，稱為「單邊半腦運用」（unilateral hemisphere involvement），亦即，和語言相關的認知活動主要由左腦皮質處理，空間等認知則由左腦處理。神經科學家們陸續發現，熟年大腦與年輕大腦處理資訊的方式完全不同，高齡者從記憶中提取資料，或進行臉部辨識時，在大腦的枕葉和額葉都有不同程度的活化情形。這表示高齡者在認知過程中，「大腦側化功能」（localization of function）較不明顯，而是左右腦同時被激活，這種情形稱為「雙邊半腦運用」，研究者也稱這種現象為「左右腦功能不對稱現象之遞減」，簡稱為 HAROLD（Cabeza, 2002; Reuter-Lorenz & Park, 2010）。

二、前額葉皮質的認知補償功能

最近的認知神經科學家都發現，當記憶的量增加時，高齡者和年輕人所激活的區域相似，但是除了顳葉皮質區以外，高齡者在前額葉皮質的活化程度特別明顯。Reuter-Lorenz 和 Park 認為這是一種前額葉皮質「過度活化」的情形，這種前額葉皮質區的過度活化，是為了支援高齡者在學習時「工作記憶」的認知作業，以提升工作記憶的效能；也認為這是因為高齡者沒有將注意力妥善規劃，而是為了協助其他區域的認知功能，是一種認知的補償作用（compensation）。額葉皮質補償作用會引起神經絡彈性不足現象，這種

彈性不足情形會隨著年紀增長而增加，而且在彈性不足的區域，會有神經連結不良的情形發生（Park & Reuter-Lorenz, 2009）。這種連結不良情形，也可能是導致高齡者情緒處理時，缺乏彈性的主要原因之一（銀髮心理科普知識推廣，2015；Brann, 2013）。

三、大腦對神經老化的替代式回應

為了回應各種認知老化的神經生理特質，高齡期大腦會持續建構一種「補償式」的認知鷹架，其中，最著名的是 Park、Reuter-Lorenz 在 2009 年所提出來的「老化與認知的鷹架理論」（Scaffolding Theory of Aging and Cognition，簡稱為 STAC）如圖 2-5。

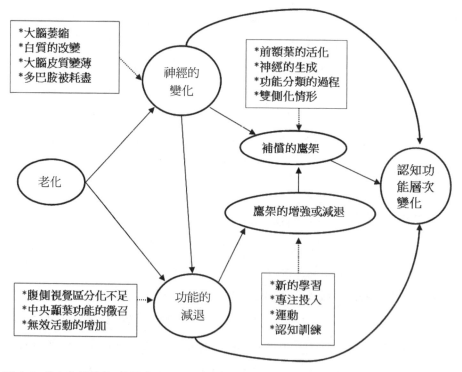

圖 2-5 「老化與認知的鷹架理論」模式概念圖
資料來源：秦秀蘭（2012）

STAC 模式強調人類大腦在面臨老化時所扮演的主動性角色，面對大腦白質減少、類澱粉斑塊的產生、大腦萎縮等變化，大腦必須透過塑造一個替代的神經迴路（circuitry）或鷹架，以回應因大腦老化所引發的各種神經系統上的負擔。最重要的是，「補償式」的認知鷹架系統和個體經驗密切相關，例如學習、提升心血管功能、全心投入心智性活動、認知訓練等，都可以協助大腦重新建立一個有效的、新的認知鷹架，以維持高水準的認知功能，同時彌補因為大腦結構和網絡系統功能逐漸下降所造成的認知功能不足。

透過大腦成像技術，我們越來越了解高齡者在大腦老化過程中所發生的變化，我們都相信大腦的神經迴路是可以改變的，因此相信透過早期的教育訓練介入，可以有效控制高齡者認知功能的衰退情形。即使是失智症者，都可以透過學習和認知訓練，減緩認知功能退化程度，一方面減輕照顧者和家人的負擔，一方面提升患者的生活品質（秦秀蘭，2012）。

例如，目前許多研究都已發現新事物的學習，甚至行為訓練、新行為的產生，都是一種大腦迴路的重組，能夠增加大腦白質，有效改善大腦內部的溝通機制。十二月份《神經元》（Neuron）期刊的一份研究報告指出，白質的主要作用是與大腦中負責訊息處理的灰質區塊進行聯繫，8 至 10 歲的孩童經過一百小時的閱讀治療課程後，腦部掃描圖顯示腦中的白質大量增加，而白質本身的訊息傳遞效率也會因此提高，進而使孩童閱讀能力變好。一般而言，有閱讀障礙的大人或小孩腦中白質區塊面積都偏低。大約一百小時的閱讀課程能使實驗者腦中的白質恢復為正常水平（湯光宇，2009）。因此，如何安排適當的學習、專注訓練、運動介入等，都是提供高齡者心理諮商服務的重要策略。

參、高齡者的情緒調適

隨著神經生理學和大腦成像技術的發展，人們對於個體情緒對身體生理層次的影響有更深入的認識。包括個體情緒發展已被證實是決定個體心理健

康的主要因素。因此，Cacioppo 和 Bernston 在 1992 年提出「社會神經科學」（Social Neruoscience）的概念，將「社會神經科學」界定為一種研究領域，以探究人類在進行社會互動過程中，所引發的各種神經生理機制（Farmer, 2009）。社會神經科學的研究觀點旨在彌補人類行為研究者與神經科學研究者之間的「鴻溝」，關注個體在「神經認知機制」、「行為產生歷程」與「情緒引發歷程」三者之間的互動。

為了將情緒反應內化為個人的信念，個人對每一個特殊情境或外在刺激都必須有適當的詮釋，個人「自我覺知的轉化」，以及「日常生活重心的轉化」是情緒調適（emotion requlation）的核心。然而，個人通常不容易覺察到自己情緒再評估的結果，也很難將這些新的評估轉化為個人信念（Koole & Rothermund, 2011）。因此，個體「身心的交互作用和整合」才是情緒調適的關鍵，情緒調適的效能決定於個人身體與心靈互動的有效程度。

Scheibe 和 Carstensen（2010）彙整過去二十年來的相關研究發現，高齡者在 70 歲以後，幸福感會隨著年齡增加而增加，直到臨終的前一段時間，這種幸福感才會快速下降。因此 Scheibe 和 Carstensen 表示，儘管個體的認知功能和記憶會隨年齡增加而下降，但是個體的「情緒調適」能力卻受益於年齡。亦即，高齡者的情緒調適能力和年齡呈正相關，因此高齡者比年輕人更容易擁有生活的幸福感。

以下介紹目前高齡者情緒調適的相關研究、目前國際研究者較常使用的情緒評量工具，以及高齡者情緒調適研究的發展方向。

一、情緒調適的內涵

「情緒調適」是指個體樂意並自動採取一些策略處理情緒，以因應個體內在、外在情緒壓力，達到維持身心平衡的效果，同時也能適當處理他人的情緒，以刺激他人和維持良好的人際互動關係。情緒調適可以引導個體朝向更適當的心情狀態，對個體身心健康的維持與促進都扮演著重要的角色，因此情緒調適是個體情緒智力的主要因素之一（Mayer, Dipaoli & Salovey,

1990）。目前學者們對於情緒調適的研究通常採取三種觀點，包括「歷程觀點」、「能力觀點」以及近年來的「整合觀點」。

「歷程觀點」認為情緒調適是個體調節情緒的整個歷程，包含監控、評估和修正反應的內在與外在歷程，包括取得各種因應的資源、調整環境以符合情緒需求等（Thompson, 1994）。「能力觀點」則認為情緒調適是個體的一種智能，主要包括三個層面：情緒的評估與表達、情緒調節，以及情緒的運用（Mayer, Dipaoli & Salovey）。至於「整合觀點」則認為，情緒調適既是一種歷程，也是個體所擁有的一種能力。

本書採取 Carstensen 和 Charles 的「整合性」觀點，主張高齡者的情緒調適既是高齡者一種智能的展現，也是高齡者面對不同情緒刺激時，在神經認知功能上所發生的一連串歷程。目前整合觀點普遍認為個體的情緒是大腦皮質、邊緣系統與腦幹之間水平與垂直互動整合的結果（Farmer, 2009）。三者間的互動情形如下圖：

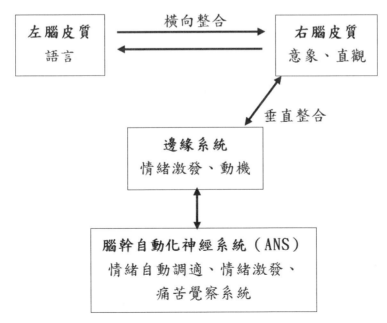

圖 2-6 情緒調適的神經系統整合機制
資料來源：Farmer（2009: 118）

　　圖中，腦幹自動化神經系統（ANS）與邊緣系統之間的垂直整合、左右腦皮質與邊緣系統之間的垂直整合，都是雙向的互動。但是，一般人很容易忽略大腦皮質對邊緣系統的影響，忽略大腦皮質功能對個體情緒的影響，因而讓許多負向思考、執著於過去的思考等，引發負面或恐懼的情緒。目前大量使用在憂鬱症治療的「正念減壓治療」（Mindfulness-based stress reduction，簡稱為 MBSR）或稱「內觀治療」（Mindfulness-based cognitive therapy，簡稱為 MBCT），都在引導當事人透過右腦的內觀和左腦的語言思考、深呼吸，激發正向愉悅、和諧的情緒狀態，是一種垂直式的情緒整合。有關正念減壓或內觀治療的內容，將於第十八章〈高齡者自我覺察的引導技巧〉詳細介紹。

二、高齡者情緒調適的重要理論

　　學者對於高齡者情緒調適的研究，主要建立在幾種理論基礎上，包括「生命全程理論」（life-span theory）、「補償理論」（compensatory theory）以及「社會情緒選擇理論」（socioemotional selectivity theory，簡稱為 SST）等。

（一）生命全程理論

　　「生命全程理論」的高齡情緒老化相關研究認為，隨著年齡的增加，高齡者對於環境的掌控能力會逐漸下降，因此影響高齡者的情緒處理能力。

（二）補償理論

　　「補償理論」的研究觀點認為，高齡者情緒調適所展現的歷程，主要是一種因應生活的補償作用。因此，高齡者在情緒調適上所展現的補償作用，主要在利用個體有限的資源，追求最佳的能力展現（Baltes & Staudinger, 2000）。例如，Heckhausen 和 Schulz（1995）兩人表示：高齡者所展現的「情緒調適」能力，是高齡者的「第二控制策略」（secondary control strategies）的運作結果。當高齡者感覺自己的能力受到限制時，除了接受自己認知功能逐漸下降的事實，也會試著改變自己的情緒表達方式，以適應特

定的環境，並減少挫折感與負向情緒的察覺。

（三）社會情緒選擇理論

　　「社會情緒選擇理論」的研究觀點受到最多高齡學研究人員的重視，是一種與個體動機相關的生命全程觀點，理論認為：個人的「時間觀點」（time perspective）是決定個體動機和目標設定的主要因素，且個體對自己在生命全程中所剩餘的時間，有一種意識和潛意識的察覺（awareness），因此個體可以察覺到自己在時間或社會空間上的疆界（boundary）。根據 Carstensen、Isaacowitz 和 Charles（1999）等人的研究，個體對時間的察覺上，不只是對日常時間流逝的察覺，也是對個人生命時間的察覺。這種察覺會影響個體的選擇，進而影響個體的目標設定、自我規劃、社會參與和行為表現等。

　　「社會情緒選擇理論」最常作為高齡者情緒調適相關研究的理論基礎。例如 Carstensen、Charles、Fredrickson、Mather 和 Fredrickson 等人根據社會情緒選擇理論，探討高齡者在情緒調適上的發展軌跡，以了解個體因為年齡增加，在情緒調適能力上的改變情形。或者從個體「時間觀點」與情緒調適能力的展現和歷程，探究高齡者休閒活動的規劃和選擇情形（Burnett-Wolle & Godbey, 2007; Carstensen & Fredrickson, 1998; Carstensen & Mikels, 2005; Charles, Mather & Carstensen, 2003），都屬於「社會情緒選擇理論」的觀點。

三、高齡者情緒調適的主要特質

　　高齡者情緒調適的主要特質包括：情緒調適的「正向效應」、對正向情緒強度的感受度偏低。

（一）高齡者情緒調適有「正向效應」

　　許多高齡者情緒調適的研究都表示，面對相同的正向、負向情緒刺激，年齡越長的受試者，對「令人愉悅或開心」的照片的記憶較為完整，亦即，年齡越長的受試者越傾向針對積極、正向的刺激給予回應，並稱這種現象為「正向效應」。透過「正向效應」，個體在面對不同情緒刺激時，傾向接納或

看到正面的情緒刺激，或者看到自己的優點；在提取記憶訊息時，也傾向提取正向的情緒記憶，而不提取負向的情緒記憶（Charles, Carstensen, Mather, 2003; Scheibe & Blanchard-Fields, 2009; Sullivan, Mikels & Carstensen, 2010）。

相對於正向效應，「負向偏執」（negativity bias）是指個體面對不同情緒刺激時，傾向接納或看到負面的情緒刺激，或者傾向看到自己個人的缺失。因此心理認知學者普遍認為「負向偏執」是一種危險的心理認知特質，精神病理學者則認為，「負向偏執」是讓個體陷入心理危機、影響個體生活幸福感的重要指標（Gordon, Barnett, Cooper, Tran & Williams, 2008）。Scheibe 和 Carstense（2010）認為，高齡者對正向積極的情緒給予較多的回應，可能是因為高齡者的認知處理技巧較為熟練，也可能是高齡者在情緒處理機制上擁有比年輕人更多的資源。其概念和 Heckhausen 和 Schulz（1995）相同，亦即高齡者所展現的情緒調適能力，是高齡者第二控制策略的運作結果，其目的是適應特定的環境，以減少挫折感與負向情緒的覺察。

高齡者面對負向情緒刺激，而不給予回應時，是大腦神經認知功能一種耗力費時的工作。因為，不處理負向刺激，而只對正向情緒刺激給予回應，是個體大腦神經認知主動控制情緒的結果，是大腦前額葉對負向情緒反應的抑制作用，高齡者在展現情緒調適的積極性效果時，大腦前額葉也有較多的活化情形（Reuter-Lorenz & Park, 2010）。前額葉皮質受傷的高齡者，在面對正向刺激時，前額葉皮質無法適時被激活，對負向情緒刺激會有較強烈的反應。例如，阿茲海默症病人，因為前額葉皮質區受傷，面對正向與負向情緒刺激同時出現時，便缺乏前額葉對負向情緒刺激的認知抑制功能，以致於無法產生情緒調適的正向效應（Scheibe & Carstensen, 2010:139）。

延伸閱讀　**高齡情緒決定認知與生活適應**

前額葉和邊緣系統在個體情緒上的處理機制，會隨著年齡的增加而改變，年長者的邊緣系統和大腦前額葉皮質間的連結通常比年輕人更加緊密，彼此間的互動和影響更加明顯。因此，一旦高齡者面對壓力情境，造成情緒上的緊張或產生負面情緒，不僅會啟動邊緣系統的情緒察覺機制，也會間接影響前額葉的功能。因此，高齡者的情緒調適對個體學習績效的負面影響，比年輕人更為明顯。

資料來源：秦秀蘭（2012）

（二）高齡者對情緒感受度缺乏彈性

　　高齡者在大腦老化過程中，大腦的神經細胞會逐漸失去彈性，這就是為什麼高齡者較不容易感受較強的正向情緒刺激，情緒一旦興奮後也比較不容易回復原有的平靜狀態。Wooldruff（1985）的研究即已發現，高齡者焦慮與興奮的時間線（time line）與年輕人不同。有關情緒認知的研究多數以「國際情緒圖片系統」（The International Affective Picture System，簡稱為 IAPS）為工具，並透過「自我評量小矮人」（Self-Assessment Manikin，簡稱為 SAM），了解受試者情緒的快樂程度和強度。目前相關的研究者普遍認為，由於高齡者比年輕人經歷過更多複雜的情緒刺激，因此當高齡者面對正向和負向情緒刺激同時出現時，高齡者比年輕人表現得更為安定，也更具容忍力。但也有研究表示，高齡者面對刺激強度較大的正向情緒刺激時，展現比年輕人更低頻率的愉悅感；面對刺激強度較大的負向情緒刺激時，反而表現比年輕人更多的嫌惡和不耐煩（Keil & Freund, 2009; Richard, Backs, Silva & Han, 2005）。

　　Keil 和 Freund 兩人認為，高齡者憑藉過去多年的處事經驗和智慧，面對日常生活中的各個事件，情緒比較不容易起伏。但是，若受到「強度」較大的圖片刺激，會引起高齡者較高程度的嫌惡或防禦反應行為；年輕受試者覺得刺激強度最高的快樂圖片，反而會引發老年更多的嫌惡或防禦反應。這些研究除了顯示高齡者的情緒控制機制明顯不同於年輕世代，也顯示高齡者

的情緒處理較缺乏彈性。

Opitz、Rauch、Terry 和 Urry 在 2012 年曾經邀請十六名年輕人（18-22 歲）與十五名高齡者（55-65 歲）參與研究，並以功能性磁振造影（fMRI）與情緒與焦慮症狀量表（Mood and Anxiety Symptoms Questionnaire，簡稱為 MASQ）蒐集資料。研究進行中，透過認知控制引導，讓研究參與者依循指導，針對負向圖片所產生的情緒，採用強化心象、重新評估或者單獨看著圖片等；遇到中性圖片則只是看著。該研究也採用凝視引導，將參與者的視線引導到高情緒誘發區塊或非誘發區塊，以區辨認知控制與注意力的不同影響。

該研究發現高齡受試者的情緒處理機制和年輕受試者的確有相當的差異。包括：1. 年輕人比較能夠透過認知控制，降低負向情緒的強度；2. 年輕人在腦額前葉皮質的兩個區塊：左腹側額前葉皮質（Ventrolateral Prefrontal Cortex）與背內側額前葉皮質（Dorsal Medial Prefrontal Cortex）皆有較大的活化反應。事實上，該兩個區域已被證實與認知控制有關。3. 長者在左腹側額前葉皮質的活化度較低，因而長者強化負向情緒效果增加。

這個研究提醒我們，負責「認知控制」的腦區會因老化而降低活化程度，教導長者們使用認知控制策略進行負向情緒調整，不見得能獲致跟年輕人一樣的效果（銀髮心理科普知識推廣，2015）。相較於年輕人，高齡者通常給予正向情緒刺激較多的回應。高齡者面對負面情緒卻不給予回應的現象，是高齡者經驗的累積，既是一種認知控制的結果，也可能是造成高齡者生理和認知功能下降的原因之一。至於高齡者這種情緒調適模式的真正目的是什麼？仍然是目前神經認知科學家所關心的議題。

（三）催產素的分泌量下降，影響壓力處理能力

無論是主觀或客觀的壓力，長期壓力下，大腦皮質醇（cortisol）的大量湧現，都可能是身心症（somatoform disorder）的連動因子，進而影響身體各主要系統，包括心血管系統、神經系統、呼吸系統、消化系統、免疫系統以及內分泌系統等，用以應付產生壓力的原始情境，一旦壓力過度或過長，又沒有抒解的管道，生理過度負荷的警訊就會隨之而來，例如經常出現頭

痛、頸部僵硬、全身痠痛、心悸、胃腸不適、失眠等，心理上出現持續的焦慮、憂鬱、緊張、恐慌等，都是所謂的「身心症」。

　　根據國家教育研究院雙語詞彙、學術名詞暨辭書資訊網的界定，「身心症」是指：「以生理症狀為主，但其診斷與治療特別要考慮到心理因素的疾病。」包括：心理因素影響生理疾病的病程或治療；心理因素增加生理疾病的罹患率或加重生理疾病症狀。高齡當事人因為心理困擾或障礙導致生理疾病的例子屢見不鮮。例如：憂鬱症影響急性心肌梗塞、腎衰竭的預後；焦慮狀態加重了腸躁症的症狀；病態性的否認罹患癌症所需接受的治療；壓力促發消化性潰瘍；壓力產生的焦慮反應加重高血壓、壓力性頭痛的症狀，甚至會降低個體的免疫力。

　　卡內基美隆大學（Carnegie Mellon University）心理學家 Sheldon Cohen 表示，「一旦壓力源持續開著，這個壓力回饋系統就會自動關閉」。最佳的反應模式是找到壓力反應的最適當情境或槓桿點，這種高檔壓力（high gear）的選擇正是 Esther Sternberg 所說「壓力反應彩虹」（The stress response rainbow）的高峰點（秦秀蘭，2014b）。「壓力反應彩虹」又稱「壓力反應曲線」，如圖 2-7。

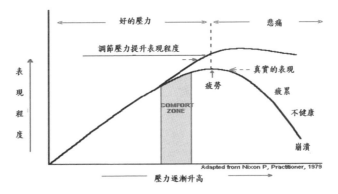

圖 2-7　個體壓力反應曲線

資料來源：秦秀蘭（2014b）

　　最近的神經生理學和醫護研究者則普遍肯定壓力對個體認知的積極影響，並提出「優壓力」的概念。因為個體面對壓力時，會促使血液大量集中到大腦皮質，提升我們的視覺和聽覺能力，甚至可以提升免疫力，同時可以減緩高齡者認知老化的速度（Deborah, 2008）。目前更有研究表示，壓力會刺激個體產生「催產素」（Oxytocin），有利於個體的利他行為並與他人之間建立良好的互動關係（Tanga, Lua, Gengc, Steinc,Yangc & Posnerb, 2011）。

　　然而，一般人大約 40 歲以後，催產素的分泌量會逐年下降，這就是為什麼中年期以後的個體面對小小挫折容易生氣或發怒。因此建議高齡者要經常練習深度呼吸或靜坐，練習時不必要求自己大腦完全放空，只需要隨著呼吸的頻率，靜靜觀察自己身心的變化就可以了。

　　不僅個體的壓力反應有這種自我反饋機制，高齡者的前額葉皮質區的補償作用也有類似的情形。高齡者在學習過程中，為了彌補個體顳葉在工作記憶處理過程中的不足，高齡者的前額葉會有明顯的活化和補償機制。但是，一旦認知資訊的存取量大量增加，高齡者的前額葉皮質區的活化程度會立即出現活化不足的情形，此時代表個體的認知作用已經達到資源的極限（resource ceiling）（Emery, Heaven, Paxton, & Braver, 2008; Cappell et al., 2010）。這些研究顯示，大腦前額葉皮質的補償作用是一種相互依賴、有限制性的協調資源。因此，如何針對高齡者情緒反應機制給予注意力訓練？或者給予放鬆引導？仍然像翹翹板的兩端，如何找到平衡點是高齡期心理諮商服務的核心。

　　上述高齡者認知老化與情緒調適的交互作用提醒我們，儘管科技再發達，大腦科技再進步，追求身心一體、身心合一的「整全」（holistic）概念，才是人類幸福生活的本質。

延伸閱讀　**催產素與個體的壓力調適**

根據研究，當個體對壓力時，除了壓力皮質醇（cortisol），還會自然產生一種大腦神經傳導物質「催產素」（oxytocin）。

最近的研究已經肯定，除了擁有良好的性關係，透過深度呼吸、靜坐、冥想，可以促使大腦下視丘分泌催產素，提升個體的正向情緒，鼓勵改善中高齡者主動參與人群，改善人際互動關係。美國 UCLA 大學的研究團隊表示，只要經過六小時的短期呼吸靜坐訓練，讓參與者的身心「全心投入」靜坐活動，就能夠促使大腦產生催產素，同時減緩大腦白質的衰退比率，並稱者這種呼吸訓練為「整合性身心訓練」（Integrative Body-Mind Training, IBMT）（Tanga, Lua, Gengc, Steinc,Yangc & Posnerb, 2011）。

除了懷孕階段，催產素通常是透過性行為和性高潮而產生。Ditzen 等人（2009）的研究認為：雖然男性和女性分泌催產素的機制非常相似，但是女性荷爾蒙會加速催產素的生理和心理功效。催產素可以降低血管壓力、抑制大腦皮質醇的過度分泌；其中擁有「親密感」是產生催產素、減緩個體身心壓力最有效的策略，因此對於女性當事人身心健康的影響特別明顯。

　　資料來源：Ditzen, Schaer, Gabriel, Bodenmann, Ehlert & Heinrichs（2009）；
　　　　　　　　Tanga, Lua, Gengc, Steinc,Yangc & Posnerb（2011）

第三章
高齡心理諮商服務的多元化模式

　　面對社會大眾對老人心理諮商服務的疑問或迷失：「老人需要心理諮商服務嗎？」、「心理諮商服務對高齡者有效嗎？」，需要更多相關諮商服務技巧的轉化。最重要的是引導大眾深入了解年長者的認知和心理特質，並從認知層次轉化為個人心智的改變與實踐。然而，不同領域、不同的學術專業背景，「輔導」、「心理諮商」、「心理協助」、「心理治療」等幾個名詞經常被混為一談，也讓人混淆不清。

　　上述四個名詞都是一種助人的歷程，的確有許多重疊的範疇，但四者對當事人的服務深度則有所差異。

壹、輔導

　　無論「輔導」或「心理諮商」都譯自英文「counseling」。「counseling」是指由受過專業訓練者，應用精神健康、心理學或人類發展的理論和原則等，透過認知、情感、行為或系統性的介入方式，協助當事人，並強調個人價值、個人成長、事業發展以及心理疾病。學者認為：輔導是一種教育的歷程，在輔導歷程中由受過專業訓練的輔導人員運用其專業知能，協助當事人了解自己、認識世界，引導當事人根據自身條件，例如能力、興趣、經驗、需求等，建立有益個人與社會的生活目標。並使其在教育、職業及人際關係各方面的發展上，能充分展現其性向，從而獲得最佳的生活適應。輔導也是

一種助人的方法，由輔導人員依據誠信原則，協助個體探索自我與剖析環境，有效解決面臨的問題，並積極管理自我，建構美好人生的歷程（吳武典，1990；周甘逢、徐西森、龔欣怡、連廷嘉、黃明娟，2003）。

　　輔導的目的在於當事人還沒有罹患精神疾病之前，協助當事人促進心理健康，預防心理疾病，是屬於預防層級的專業協助。輔導的意義主要是藉著「引導」來協助學員或當事人；輔導是要協助學員或當事人了解自己的知識、技能、個性、興趣，以及自己目前的處境及問題，協助其找出適當的解決方法。因此，輔導的目的可以簡單的歸納為三點：1. 協助當事人自我探索，增進自我了解；2. 協助當事人自我成長與適性發展；3. 促進當事人的社會與環境適應。輔導過程中主要在協助當事人增加對自我的了解、自我悅納、生活適應、解決問題、維繫人際關係、進行生涯規劃、增進心理健康並發展個人的潛能（吳武典，1990；周甘逢、徐西森、龔欣怡、連廷嘉、黃明娟，2003）。

貳、心理諮商

　　心理諮商是指受過專業訓練的諮商人員，針對當事人個別化、情緒性的問題給予協助或建議，以尋找補救方法。心理諮商是有目的性的談話過程。諮商者透過對話，幫助求助者探索自身以去除成長的阻力、增進成長助力，也增進其解決問題能力、面對問題的能力。諮商的內涵包括「個人」與「關係」的專業協助。諮商的任務在於提供機會給當事人進行探索、發現，同時協助當事人澄清該如何使自己的生活更令人滿意、更為豐富（徐西森，2011；鍾瑞麗譯，2012）。

　　臺北市政府衛生局社區心理衛生中心，其社區心理諮商服務的Ｑ＆Ａ，說明心理諮商的功能：「當我們覺得心理有困擾，希望有專業的心理師可以幫我們一些忙的時候，心理師會藉由晤談或其他問題處理技巧，引導我們釐清問題、處理問題與增進面對問題的能力。」鼓勵民眾只要有下列情形之一

都可以透過心理諮商尋求協助：1. 想讓自己活得更健康、更好、更有活力；2. 有人際、心理、家庭、工作、生涯等問題，想找人談談，抒解心中的壓力與不滿；3. 有憂鬱、失眠、苦惱、焦慮等困擾；4. 有輕度精神官能症，穩定用藥中，需有別於藥物之心理支持，經醫師開具診斷及照會醫囑者；5. 周遭的家人、親友、重要他人有前述困擾，或行為偏差的狀況，但不知道如何協助或因應（臺北市社區心理衛生中心，2014）。

　　整體而言，諮商和輔導的確有許多重疊之處，相對於強調預防特質的輔導工作，諮商可以說是比較個別化的專業助人工作，協助問題比較嚴重的個人。諮商具有補救性、問題性和情緒性的特點，也就是說，尋求諮商協助者通常已經發生問題，需要給予補救性的協助。而且，尋求諮商的人的問題會比較偏重在處理情緒和行為方面的問題或困擾（吳武典，1990）。

參、心理協助

　　至於最近開始受到重視的「社區諮商」，則是透過一個綜合性的服務架構與助人策略，可有效提升個人的發展及所有群體與社區的幸福感。社區諮商模式包括直接個人、間接個人、直接社區和間接社區等四個不同的服務面向，並且整合了脈絡、發展、生態、女性主義、多元文化、後現代主義等相關理論內涵，發展出具有前瞻、預防、多面向、環境覺察、賦權等特質的專業服務領域（何金針譯，2011）。社區諮商偏向「心理協助」，是一種社區型的心理協助模式。

　　以目前全國人口高齡化程度最高的日本為例，從 1946 年（昭和 21 年）起就開始的「民生委員・兒童委員」制度，是一種典型的社區心理協助模式。隨著日本全國各社區人口快速高齡化，再度被重視和討論。2010 年 7 月份東京足立區一位被發現已經死亡了三十二年，確仍然支領老人年金的案例，再度引起日本政府對各社區民生委員的重視。並呼籲社會工作人員和民生委員加強對社區年長者的生活心理協助。

　　我國由過去的國民健康局和目前的國民健康署領軍，各縣市正積極展開「高齡友善城市推動計劃」，以及 2013 年起推動「高齡友善健康照護機構認證」（呂雪彗，2015），包括建築型式與戶外開放性空間、交通運輸、住宅、社會參與、尊重與社會包容、文化參與及就業、通訊及資訊流通、社會支持及健康服務，無論社會參與、社會支持、健康服務等，都和年長者的心理健康有關，因此，日本「民生委員・兒童委員」制度非常值得我們借鏡。事實上，筆者和研究同伴們在 2012 年承辦雲林縣高齡友善城市導入計畫時，曾經到雲林縣不同鄉鎮辦理六場「高齡友善城市 World Café 深度匯談」。每一場會談都由當地 65 歲以上的長者參與深度會談，在訪談和表達過程中發現，鄉村地區的年長者非常關心和年紀相仿，但是因為行動不便，無法走出家門的老年朋友，一再表達希望政府和有關單位能夠透過訪視或談話，給這些年長者一些關懷。這些都是未來社區老人心理協助應該努力的方向。

　　日本已推動多年的「生活相談員」也是一種社區心理協助模式，目前已證實，透過志工或社會工作服務人員的談話，可以有效引導社區年長者走出心理的傷痛與陰霾（日本家族問題相談聯盟，2013）。「日本家族問題相談聯盟」是日本知名的 NPO 法人組織，主要服務內容為婚姻、家族、熟齡族群婚姻等各類心理諮商，也負責規劃、培訓生活相談員。為順應日本社區老化、健康促進等議題，日本家族問題相談聯盟長期辦理生活相談員的培訓，可免費提供老人面對面的諮商服務，或透過電話相談引導年長者走出傷痛、排除心理障礙，因此越來越多老人福祉機構服務或相關文獻，稱「民生委員・兒童委員」為「生活相談員」或「老人相談員」。目前日本老人福祉和長期照顧機構都非常重視「老人相談員」對機構入住者的心理健康協助。

延伸閱讀　老人相談員

一、老人相談員的角色

日本的「生活相談員」是社會工作的一環，具體的工作包含：（1）入住機構時的面談：例如說明入住方法與機構中的生活型態、說明入住費用與相關諮詢等。（2）一般生活上的諮詢：例如購買用品時的諮詢、維護與修理照護用具、照護相關諮詢、與其他入住者間的溝通協助等等。生活相談員的角色是幫助入住者自立並快樂生活，不僅僅是聆聽抱怨，也必須站在入住者的立場，以同理心理解被服務者的困難，並適切地決定給予哪些協助。至於專門在高齡照顧機構內服務的生活相談員，通常稱為「老人相談員」。

二、老人相談員的資格

目前日本老人照護服務機構大致分為三類：介護老人福祉機構，例如特別養護老人之家（care home）；短期入住生活介護（short-stay）和通勤介護（day-service）。三類機構所要求的老人相談員資格都由法律嚴格規定。主要有以下三種任用資格：

1. 社會福祉士
2. 社會福祉主事任用資格
3. 精神保健福祉士

資料來源：http://www.e-miyashita.com/shigoto/sg3.html

肆、心理治療

　　相對於輔導、心理協助和心理諮商，心理治療是由經過受過心理治療專業訓練並通過考核的人員，來提供當事人必要的服務。心理治療的服務提供者主要是心理師，以及接受心理治療訓練的精神科醫師。例如根據諮商心理學、臨床心理學和精神病學等理論，改善受助者的心理健康或減輕精神疾病徵狀。一般心理治療工作者普遍認為，心理治療應該包括下列的特點（柯永和，1993；徐西森，2011；鍾瑞麗譯，2012）：

1. 心理治療不同於一般人所說的「談話治療」；心理治療不單只是個人人生智慧的引導或智慧。

2. 心理治療必須建立在一種治療者和被治療者之間非常獨特的人際關係與互動基礎上；利用對話、溝通、深度自我探索，以及行為改變等的技巧，協助患者或當事人減輕痛苦經驗、處理心理問題、幫助個人成長，甚至治療當事人的精神疾病。

3. 心理治療是建基於心理治療理論及相關實證研究的治療系統，這些理論和研究主要包括：諮商心理學、臨床心理學和精神病理學等。

　　正如導論所述，本書係從高齡者心理諮商服務的積極性和預防性角度出發，引導目前從事老人福祉機構的照顧服務人員、居家照顧者、高齡者社會工作服務人員，認識高齡者對心理諮商的需求，學習諮商的基本理念和技巧，並將這些理念和技巧融入高齡者的照顧服務歷程中，減少高齡者心理障礙，提升其生活品質。因此所介紹的諮商服務技巧和案例，偏向上述所說的「心理協助」與「心理諮商」，而協助精神疾病當事人則偏向心理治療，本書沒有規劃太多的篇幅說明。

第四章
高齡者常見的心理困擾與疾病

壹、前言

　　關於高齡期心理問題的分類相當分歧，不同領域專業者的歸類和名稱也不盡相同。無論是高齡期心理困擾、心理障礙，甚至精神疾病，都是高齡者壓力調適不良的一種反應（李百麟，2014），是個體無法適應生活環境的體現。從心理困擾、心理障礙到心理或精神疾病，是一個連續光譜，個體展現的問題不同，所需要的專業協助也不相同。

　　高齡者到了一定年紀，心理認知方面的確有一些共通性的改變，包括：1. 記憶方面的改變，例如記不清最近發生的事情，記憶力明顯變差，且不容易記得人名。2. 容易陷入以自我為中心的思維模式，例如，在潛意識當中就希望周圍的人肯定自己過去的豐功偉業。3. 不容易接受新事物，因為意識到自己身體和心理各方面的功能逐漸衰老，害怕新鮮的事物發生時，不容易適應或接受。4. 對社會的變化有一種不安全感，高齡者通常會覺得自己已有一套價值系統和經驗系統，可能適應巨大的變化，例如面對人生第二春的選擇、學習網路世界等。5. 喜歡固執己見，喜歡倚老賣老，希望用自己的人生經歷來指導和教育自己的子女和年輕人。6. 容易產生焦躁感，也許是對生命終點的危機感，高齡者比年輕時期更容易感到焦躁。對此，神經認知生理學的學者則普遍認為，是高齡者大腦前額葉中央控制功能退化的結果。7. 喜歡有人陪伴卻不願意開口麻煩別人，隨著年歲增長，高齡者會越來越怕孤獨，但是因為自尊心強，不願意麻煩別人等等。

　　但是，有關高齡期的心理精神疾病，不同專業領域有不同分類，目前國

內各大醫院針對高齡者心理治療或門診的分類也不盡相同。葉怡寧等人（2012）從高齡者的情緒、行為和認知三個概念出發，主張「如果當事人的情緒起伏、行為表現、認知功能的異常已經造成顯著痛苦、影響到個人的生活與社會功能，就是一種疾病」。因此將高齡常見的精神疾病分為：失智症、譫妄症、老年憂鬱症、老年精神官能症、老年睡眠障礙、老年妄想症等六個大類。其中「老年精神官能症」又根據《精神疾病診斷與統計手冊》第四版（DSM-IX），細分為廣泛性焦慮症、強迫症和慮病症。

　　目前醫院精神科專為高齡者開設的「高齡者心理特別門診」，服務內容大致分為幾個類型：1. 失眠、睡眠障礙。2. 害怕焦慮等情緒緊張。3. 憂鬱、高亢等情緒異常。4. 壓力調適困難。5. 人際困擾。6. 有自殺想法或行為。7. 各種幻覺及妄想。8. 混亂怪異或攻擊性行為。9. 高齡者情緒及行為問題，皆可提供高齡者門診、住院、居家服務等多項醫療模式（臺北市社區心理衛生中心，2014；高雄醫學大學，2013）。

　　也有許多心理諮詢專家建議將高齡期心理或精神疾病分為：失眠或睡眠障礙、情緒緊張或焦慮、情緒異常或憂鬱、壓力調適困難、自殺念頭或行為、幻覺或妄想、混亂或攻擊行為等（大紀元新聞網，2006；健康樹，2015）。至於高齡者常見的「失智症」，有的學者將失智症列入高齡者心理或精神疾病，有的則將失智症歸屬為神經內科疾病。

　　本章綜合各種門診和諮商輔導概念，將高齡期的心理精神疾病歸納為「高齡期情緒障礙」和「老年性精神疾病」兩個大類。其中「高齡期情緒障礙」再分為「心理困擾」和「心理障礙」兩類；並針對高齡者喪親之慟（bereavement）的「悲傷治療」詳細介紹。「老年性精神疾病」則根據目前高齡者精神疾病門診，分為「老年性精神障礙」和「老年性精神疾病」。例如：失智症、憂鬱症、躁鬱症、器質性精神病、精神分裂異常、焦慮症、物質濫用、睡眠障礙、妄想症、譫妄，以及日常生活相關的精神障礙。

一、高齡期情緒障礙

　　高齡期情緒障礙從個體對壓力的不適應程度，可區分為心理困擾與心理障礙。高齡期的心理障礙或困擾，包括黃昏心理和黃昏症候群、自卑心理、無價值感，通常肇因於體力衰退或罹患疾病，感到生活失去樂趣，對未來喪失信心。也可能因退休後經濟收入減少，社會地位下降，感到不再受人尊敬和重視，甚至有一種嚴重的不安全感。

（一）心理困擾

　　「心理困擾」是一個非常普遍化的名詞，用來形容足以妨礙個體生活功能的不愉快感受或情緒。換句話說，心理困擾是一種心理上的不舒適感，而且這種不舒適感會影響日常生活。心理困擾可視為個體面對外在壓力的一種不適應反應，會讓個體對外在生活環境、他人和自己產生負面的觀點，並導致悲傷、焦慮、注意力分散和各種精神疾病症狀。因此心理困擾是一種主觀經驗，即使面對同一個情境，任何兩個人可能產生的心理困擾都不一樣，亦即，心理困擾的嚴重程度，以及對個人日常生活的影響，會依著外在環境的差異性，以及個人對目標物的覺知程度（Educational Portal, 2015）。

　　目前以提供全球化專業課程為主的 Educational portal 公司，羅列出可能導致心理困擾的幾個原因，包括：創傷的經驗，例如親人過世後的悲傷、離婚、被霸凌、不好的工作經驗；重要的生命轉折，例如搬家、畢業、退休或被迫進入機構長期居住；或者罹患腫瘤或其他重大疾病等。一旦悲傷、受挫等負面情緒沒有妥善處理，就會造成心理困擾，甚至演變成精神疾病。一般高齡者因為社會角色的改變，或者因為生理功能變化導致心理的不適應，多數屬於一種心理困擾。

　　任何無法調適的情緒、個人所謂「過不去的難關」，都可能造成心理困擾。因為平均餘命增加，因為子女或孫子女死亡需要心理諮商協助的高齡者的傷痛輔導，也逐漸受到重視。高齡者的喪親之慟是一個高齡者常見的心理困擾。輔導一般年輕當事人的喪親之慟原本就棘手、不易處理，高齡者的喪親之慟的諮商協助更加複雜。高齡者的喪親之慟可能是痛失父母、配偶、子

女或手足，甚至是孫子輩。喪親之慟通常會引發憂鬱症狀，但是對於高齡當事人而言，配偶過世也可能是一種解脫；高齡當事人的憂鬱症可能在親人過世前就已經發生；也可能是高齡者和過世親人之間有某種心結，所有的可能都使得高齡者的心理輔導工作更為困難。

（二）心理障礙

「心理障礙」通常是指一個人由於生理、心理或社會原因而導致的各種異常心理障礙、異常人格特徵的異常行為方式，是一個人表現為沒有能力按照社會認可的適宜方式行動，以致其行為的後果，對本人和社會都是不適應的。在臨床上，常採用「心理病理學」的概念，將範圍廣泛的心理異常或行為異常統稱為「心理障礙」，或稱為異常行為。心理障礙強調這類心理異常的臨床表現或症狀，不把它們當作疾病看待（權威醫學科普傳播網絡平臺，2015）。此外，使用心理障礙也容易被人們所接受，也能減輕社會的歧視。

「障礙」的產生不一定有嚴重的生理或心理上的問題或缺失，而是個體對內在和外在環境的適應狀態，是一種較為主觀的、個別化的狀態。以目前全面推動「無障礙環境」的概念為例，如果環境是友善的，對於以輪椅代步的身心障礙者或長輩來說，就會減少他們社會參與的障礙。因此，Educational portal（2015）認為，心理障礙是一種暫時性的狀態，是在心理健康和精神疾病所形成的一個連續光譜之間的一種暫時性的心理狀態，如圖 4-1。從心理協助到心理治療，助人者的專業需求漸次提高。

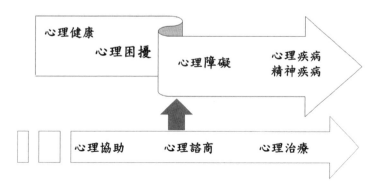

圖 4-1 從心理健康到心理或精神疾病的連續光譜

二、老年性精神疾病

我國「精神衛生法」第三條將「精神疾病」界定為：思考、情緒、知覺、認知、行為等精神狀態表現異常，致其適應生活之功能發生障礙，需給予醫療及照顧之疾病。其範圍包括精神病、精神官能症、酒癮、藥癮及其他經中央主管機關認定之精神疾病，但不包括反社會人格違常者。除了嚴格規定專科醫師的資格外，特別強調「社區」層級的精神復健與社區治療。其中，「精神復健」包括：為協助病人逐步適應社會生活，於社區中提供病人有關工作能力、工作態度、心理重建、社交技巧、日常生活處理能力等之復健治療。「社區治療」是指，為避免嚴重病人病情惡化，於社區中採行居家治療、社區精神復健、門診治療等治療方式。並訂定「精神疾病嚴重病人強制社區治療作業辦法」，強調社區照護的提供對精神疾病患者的重要性（衛生福利部心理及口腔健康司，2014）。

然而，有關老年性精神疾病的分類卻相當分歧，有的機構以「器質性」、「心因性」作為分類依據。例如將老年性精神疾病分為「老年性精神障礙」和「老年性精神病」（健康樹，2015）。高齡者因缺乏群體活動，或生活沒有愉悅感，所誘發的各種精神障礙，如神經衰弱、焦慮症、憂鬱症、恐懼症、強迫症、失憶症等，都可以歸屬為「老年性精神障礙」。至於因為某些慢性疾病引起的大腦衰退或心理上的改變，通常歸類為「老年性精神病」，包括：失智症、阿茲海默症、老年性精神分裂症等。

也有醫院或心理治療機構將精神疾病區分為「器質性精神疾病」（Organic Mental Disorders）與「功能性精神疾病」（Functional Mental Disorders）。前者是指因為身體的疾病或生理異常導致的精神疾病，如高齡者失智症、甲狀腺功能異常造成的情緒障礙等。不是因身體的疾病或生理異常導致的精神疾病，則歸類為後者，並可再細分為精神病與非精神病兩種。「精神病」包括精神分裂症、類精神分裂症、情感型精神病（包括躁鬱症、重鬱症）、情感型精神分裂症、妄想症等。「非精神病」則包括環境適應障礙、焦慮症、解離症、性格異常、藥酒癮等（林為文，2015）。

　　至於以高齡者為服務對象的高齡者精神科或高齡者精神疾病門診，通常將老年精神疾病分為：失智症、憂鬱症、躁鬱症、器質性精神病、精神分裂異常、焦慮症、物質濫用、睡眠障礙、妄想症、譫妄，以及日常生活相關的精神障礙。其中以失智症（Dementia）、憂鬱症（Depressive disorder）、妄想症（Delusion）、譫妄（Delirium）、物質濫用（Drug-related mental disturbance）和日常生活相關精神障礙（Daily-life or activity related mental disturbance）等六類最為常見，也就是一般高齡者精神科所稱的「6D」（鄭曜忠，2011）。至於高齡者因為「睡眠障礙」尋求心理協助的比例，也隨著新一代高齡者教育與經濟水平的提升，有逐漸增加的趨勢。

貳、高齡者常見的心理困擾或疾病

　　本章依序介紹高齡期較常尋求心理諮商服務或治療的幾種精神疾病，包括高齡者「喪親之慟的悲傷治療」，失智症、憂鬱症、妄想症、譫妄、物質濫用、日常生活相關精神障礙等六種精神疾病（6D），以及越來越普遍的高齡者睡眠障礙。

一、高齡當事人的喪親之慟

　　平均壽命的延長讓高齡者有更多機會面對生命重大事件的衝擊。依據世界衛生組織對健康的定義：「健康是生理、心理及社會皆達到完全安適狀態，而不僅是沒有疾病或身體虛弱而已」。高齡者的健康應從透過身體健康促進、心理適應及社會參與等三方面一同並進（黃富順，2012）。

　　高齡當事人因為身體疾病伴隨著年歲增加所帶來的心理痛楚，是一般年輕人無法體會的；因為自己的子女，甚至孫子女比自己更早去世的打擊，也不是一般年輕諮商工作者可以了解的傷痛。

（一）悲傷情緒的心理認知機制

　　面對痛失親人的當事人，即使最親近的家人都很難「安慰」當事人傷痛

的心情；高齡者失去子女或孫子女的傷痛，也不是一般年輕諮商輔導工作者能夠體會的。面對當事人的傷痛，我們的確很難扮演好安慰者的角色。

　　過去多年來，心理治療師或諮商工作者多數認為失去親人的悲傷處理是一種過程，例如「階段論」（stage theories）等普遍認為當事人的悲傷情緒，會隨著諮商工作的進行逐漸淡去（Bonanno, 2009）。Bonanno 根據自己和同事多年的研究，提出不同的看法，結合現代大腦神經科學研究的數據，透過大腦影像觀察來解讀當事人情緒的產生和再現情形，不僅肯定個體產生悲傷情緒的神經生理學意義，同時建議諮商工作者要了解情緒的特質，利用情緒「短暫多變、適合透過引導加以轉化」的特質，協助當事人自己處理和轉化悲傷情緒。

　　Bonanno 認為，悲傷的情緒剛開始是一種「傷心或難過」（sadness）的情緒，「傷心或難過」的情緒其實是個體自我保護、自我療癒的生理機制。正如恐懼的情緒會刺激杏仁核的功能，引發人體一連串的生理機制，使個體充分發揮潛能，逃離危險情境。「傷心或難過」的情緒也會提醒個體必須重新檢視自己目前的處境，同時想辦法改變這種處境，避免個體受到更多傷害，並維護自身安全。因此悲傷情緒是一種自然的反應機制，一般人都會從環境中擷取資源，讓自己恢復平衡。

　　終生奉獻在臨終關懷的 Elisabeth Kubler-Ross 也認為，人們往往忽略了悲傷的神奇療癒力量，事實上悲傷就和車禍或重大手術後身體的療癒力一樣驚人。悲傷是因飽嘗失落的痛苦與情感的斷裂，而產生的強烈情緒反應，悲傷有重要意義，悲傷是情感、精神、心理的治療之旅。人生很多問題都是因為悲傷沒有獲得解決或治療，如果當事人沒有好好走過悲傷，就會喪失治療靈魂、心理與情感的寶貴機會（張美惠譯，2008）。

（二）高齡當事人悲傷治療的任務

　　悲傷治療是協助人們在合理時間內，引發正常的悲傷，並健康地完成悲傷任務，以增進重新開始正常生活的能力。其終極目標是協助生者處理與逝者之間因為失落而引發的各種情緒困擾，並完成未完成的事務。著名的哈佛

醫學院及加州羅斯密德心理學院心理學教授 William Worden，二十多年來，以各類致命疾病與行為的臨床工作為主，他曾經提醒我們：悲傷治療的目的是「引發正常的悲傷」（李開敏、林芳皓、張玉仕、葛書倫譯，1995）。悲傷治療的至少應該包括：悲慟情緒的表達、失落感的體認、新生活的調適等。對高齡者而言，悲傷的情緒可能源自失去親人、社會新角色的不適應、受親朋好友的忽略，也可能是受到虐待卻無處求援，其悲傷情緒的表達和引導比年輕人更為複雜（Knight, 2004）。

　　針對當事人的悲傷治療，William Worden 提出四個特定目標（李開敏等譯，1995）：1. 增加失落的現實感。2. 協助當事人處理已表達的或潛在的情感。3. 協助當事人克服失落後再適應過程中的障礙。4. 鼓勵當事人向逝者告別，以健康的方式，並坦然地重新將感情投注在新的關係裡（李開敏等人譯，1995）。詳細說明如下：

1. 增加失落的現實感

　　面對失去親人的重要改變，個體首先會引發傷心或難過的情緒反應，是一種正常的生理反應，也是一種個體的自我回饋機制。傷心或難過情緒的產生是為了提醒當事人必須改變自己的想法、習慣或行為，以適應未來的生活。然而，「傷心或難過」的情緒是暫時性的，需要個體即時的覺察，並加以轉化，才不致於引發較長期的傷慟（grieving）。

　　在毫無心理準備下接到親人去世的當事人通常不願意接受事實，內心有一股強烈的不真實感。這個時候讓當事人體會親人死亡的真實感是最重要的。例如，提醒當事人「你失去兒子了」，不如直接告訴他（她）「你的兒子死了」。或者直接詢問當事人：災難發生時你在哪裡？當時的情況怎樣？如何發生的？是誰告知你的？葬禮怎麼舉行的？都可以增加當事人失落的現實感。

2. 協助當事人處理已表達的或潛在的情感

　　突如其來的意外、災難或失去親人，都會令人不安、產生悲傷、難過、

甚至是恐懼、愧疚或憤怒的情緒，這是個體自然的生理反應機制。諮商輔導工作者必須有敏銳的觀察力和覺察，同時鼓勵當事人將這些情緒表達出來或發洩出來。心理諮商工作者的任務既不是說服當事人忘掉親人、擺脫失去親人的悲傷情緒，也不是持續透過對話引導當事人留在失去親人的悲傷情緒裡，而是協助當事人「轉化」悲傷的情緒。失去親人時最大的傷慟，通常是因為擔心或害怕因此失去和親人之間的「連結」（bond），許多宗教或東方國家都有與去世親人對話的儀式；姑且不論這些宗教的真實程度，然而，一旦保留生者和去世親人之間的連結，就能夠減輕當事人的傷慟（Bonanno, 2009）。

　　Robert Neimeyer 在《悲傷治療的技術》書中，不斷提醒諮商工作者在面對當事人的悲傷情緒，除了先建立一種信賴、尊重的關係，必須「專注當下」（presence）。諮商工作者對當事人的專注是把自己的意識帶到當事人的內心，帶領當事人真實地覺察自己當下的情緒，並慢慢引導他們釋放這些情緒。她認為，在悲傷治療的過程中，諮商工作者「對當下的專注」已經為當事人搭建一座最好的舞臺，其中「歷程」是發展這齣治療劇情最佳的環境（章惠安譯，2015：3-16）。

3. 協助當事人克服失落後再適應過程中的障礙

　　正如上述 Bonanno（2009）和 Elisabeth Kubler-Ross 的觀點，傷心或難過的情緒是個體自我保護、自我療癒的生理機制。悲傷讓當事人體認目前的生活必須改變，並從環境中擷取資源，讓自己恢復平衡，包括設法取得與去世親人之間的連結。Bonanno 認為心理諮商輔導的主要任務，在於協助並引導當事人創造或保留失去的親人和自己的連結性，而且這種連結必須是積極、快樂、正向的。例如，鼓勵當事人保留去世子女的獎盃，讓自己以他們為榮；和去世子女的朋友定期聚會，感受年輕人的歡樂氣氛；鼓勵喪偶的中年人和新配偶聊聊去世妻子或先生的生活點滴，都是悲傷情緒的積極轉化。

　　當事人悲傷情緒的轉化不只是淺碟的「化悲傷為力量」，而是讓當事人

如實表達自己失去親人的悲傷情緒，同時長久留住親人和自己之間的連結。鼓勵當事人討論或回憶與逝者的往事，從正向的回憶開始，鼓勵他談談逝者的一些好處，或過去曾享有的美好回憶，可以讓當事人透過輔導再經驗對逝者的矛盾情緒。

4. 鼓勵當事人以健康的方式向去世者告別

悲傷治療過程中，必須協助當事人適度處理「依附情結」（attachment complex），對高齡當事人而言，這種依附情結不一定是對年長的父母，可能是自己的子女或長期照顧自己的朋友，也可能是長期陪伴自己的寵物。因此，如何以健康的方式向去世者告別，必須給當事人足夠的思考時間和主動權。例如，在摯愛的子女突然去世後，到底要不要保留子女的遺物？如何讓當事人覺得自己和去世子女之間仍然有一份連結？是否可以給子女祝福？都是可以討論的主題。當事人情緒尚未穩定前，很難有好的判斷力，容易產生不良適應而影響未來新情境的適應或新關係的建立；當他準備好時，自然就有能力做決定並採取行動。

在輔導過程中，諮商輔導工作可能會面對沒有重大失落經驗的人，誤判其正常悲傷行為表現為一種病態行為，因而造成更為嚴重的不良適應。輔導者亦有可能將正常悲傷行為當作病態行為輔導，導致延誤治療，甚至加劇悲傷的病態行為表現。因此，輔導者必須具備辨認「正常的」與「病態的」悲傷行為的能力，才能提供高品質的服務（陳宗仁，2014）。

因此，多數的實務工作者都提醒我們：諮商輔導工作者不要以陳腔爛調來撫慰悲傷者，例如：「很快就會結束」、「請節哀順變，勇敢一些」等，這些籠統的「安慰話」，對當事人都沒有幫助。

（三）高齡當事人的悲傷治療技巧

高齡者失去親人的痛苦可能來自老長輩、配偶、手足或年輕子女，不僅不同性別的高齡者在悲傷情緒的表達上有明顯差異，與自己關係不同的親人過世所引起的悲傷，情緒也有極大的差異（Stroebe & Stroebe, 1991）。通常鰥

夫比較會逃避面對不適應的情況，而寡婦的憂鬱情緒則會隨著時間穩定下來，喪夫的高齡婦女在第一時間和第二時間的憂傷測量值大約有 78%的差異，且沒有太大的變異情形（Stroebe & Stroebe, 1991）。Knight（2004）認為這些差異是否與精神動力典範所稱的自我防衛機轉（ego-defense mechanisms）有關，當高齡當事人表示對死亡沒有特別的感受時，是否真正代表當事人的真正感受，值得我們深入探究。因此悲傷治療時使用自陳量表來了解當事人的悲傷情緒是否適當，也值得商權。

面對身心普遍處於弱勢的高齡者或當事人家庭，諮商輔導工作者如何以當事人為中心，並掌握諮商倫理的兩難問題，是一個重要的課題（Bradley, Whiting, Hendricks & Wheat, 2010）。Bradley、Whiting、Hendricks 和 Wheat 等人提醒以高齡者為對象的諮商輔導工作者，必須增加自己的高齡學知識，包括臨終的生命照顧、喪親的悲慟處理等，特別是伴隨有長期身體疾病的高齡者，諮商輔導工作者都必須有更加寬廣的視野。

目前悲傷治療逐漸以「體驗」和「正念」引導為主軸，強調對當事人當下情緒的引導。例如，由 Robert Neimeyer 主編的《悲傷治療的技術》即提供諮商工作者很多實用的引導技巧，包括：調節情緒、與身體工作、轉化悲傷、改變行為、重建認知、面對抗拒、發現意義、重寫生命故事、更新連結等多類輔導技巧（章惠安譯，2015）。多數的輔導技巧都屬於認知行為典範，並以「第三波」（the third wave）認知行為典範為主，強調當事人的靈性開展、情緒覺察，並透過身體的體驗和行為的改變，改變大腦的思維。這些都是非常實用、非常適合作為高齡者傷痛輔導的技巧和媒介。

（四）治療師的敏感度與悲傷經驗

當事人的悲傷可以有很多種類型，不同人格特質的當事人所表現的悲傷也截然不同。研究者通常根據悲傷所引發的心理障礙程度和實證研究，把悲傷反應分為兩個類型：一般性的悲傷和複雜性的悲傷。後者通常導致長期性、行為上的改變（National Cancer Institute, 2015）。Bonanno（2009）進一步把一般性的悲傷反應再細分為三種類型：有彈性的（resilience）、可恢復

的（recovery）和長期悲傷（chronic grief）。Bonanno 認為，多數人的悲傷反應都屬於「有彈性的」，在失去親人半年後大致都可以回復一般的日常生活。「可恢復的」當事人，在親人去世至少一年以後，才能慢慢回復正常生活；至於「長期悲傷」的當事人則可能持續好多年，甚至引發嚴重的心理障礙或異常行為。

　　Elisabeth Kubler-Ross 在 *On Death and Dying* 書中提出臨終前的五階段：否認（denial）、憤怒（anger）、討價還價（bargaining）、沮喪（depression）、接受（acceptance）（張美惠譯，2008）。這些階段不只適用於面對死亡，也同樣適用於面對生命歷程中的各種災難，以及失去親人的悲傷情緒。Bonanno（2009）認為多數當事人在喪失親人之後，只要能接受親人的離去、適當表達自己的傷慟，重新找回自己和親人之間的連結，都能夠走出傷慟，面對未來的生活。

　　諮商輔導工作者的「敏感度」是根據高齡當事人的情緒反應，改變諮商輔導內容，也是心理調適和精神病理學最核心的知能（Bonanno, 2009）。例如，Coifman 和 Bonanno（2010）針對四十八位失去親人的中高齡者，探討如何避免高齡者的悲痛或喪親之慟轉化為憂鬱。透過四個月的晤談和觀察記錄發現，如果諮商輔導工作者能夠針對當事人的負面情緒給予立即性的回應，並改變諮商的內容，可以有效減少當事人產生後續的憂鬱情形，並減少因憂鬱所引發的認知障礙，特別是伴隨有長期身體疾病的高齡者，諮商輔導工作者的情緒回應敏感度更為重要。這一項研究再次強調諮商輔導工作者對當事人情緒反應的敏感度與回應能力的重要性，也是諮商輔導工作者專業培訓的重要內涵（張美惠譯，2006；蘇絢慧，2008；Bonanno, 2009）。

二、失智症

　　失智症不是單一項疾病，而是一群症狀的組合（症候群），其症狀不單純只有記憶力的減退，還會影響其他認知功能，包括語言能力、空間感、計算力、判斷力、抽象思考能力、注意力等各方面的功能退化，同時可能出現

干擾行為、個性改變、妄想或幻覺等症狀，嚴重程度足以影響其人際關係與工作能力（邱銘章、湯麗玉，2009）。

　　失智症多發生於 60 或 65 歲以上的高齡者，剛開始通常較為隱性，不被人察覺，但逐漸會出現健忘、做事丟三落四的情形，嚴重時則有明顯的記憶力變差，總是不記得最近一兩天的事情，並經常因此而生氣。接著，定向力也會出現問題，出門後容易迷路和走丟，通常家人都是此時才意識到問題的嚴重性，到醫院就診。如果失智情形隨著年齡逐漸惡化就是一種「阿茲海默症」，所以阿茲海默症是一種退化型失智症，通常在 70 歲以前發病；患者在社交或個人行為控制上出現問題，如不當的言論、不當的情緒表達、重複一些無法克制的動作，嚴重者會無端懷疑別人、攻擊打人，甚至生活不能自理，吃東西不知饑飽，大小便不能自控，終日臥床，無法護理等（李百麟，2014；陳達夫，2015）。

　　目前醫學界對失智症或阿茲海默症的了解越來越多，普遍認為大腦神經細胞受到傷害和大腦發生血管病變，都是造成失智症或阿茲海默症的重要原因。目前醫學界通常將失智症分為幾個類型，整理如表 4-1。

三、憂鬱症

（一）憂鬱症的一般症狀

　　憂鬱症是「一種低潮情緒籠罩的心理疾病，而不是一種短暫可消失的情緒低潮」，其特色是情緒極度低落，憂鬱不樂的狀態因而影響個人身體和日常生活社交功能。憂鬱症又稱憂鬱性情緒失調（major depressive disorder），是一種憂愁、悲傷、消沉等多種不愉快情緒綜合而成的心理狀態，幾乎成為所有精神疾病的共同特徵。它的起因是大腦中化學物質的不平衡。許多因素都可能引起憂鬱的情緒，但「憂鬱」這種感覺的發生，則是由於腦內化學物質分泌的改變所引起的。目前診斷憂鬱症的標準（DSM-IV）共有九個症狀，至少四個症狀以上，持續超過兩週，大部分的時間皆是如此，就有可能

表 4-1 醫學界區分的失智症類型

症狀名稱	主要症狀	生理上的病變
失智症	1. 記憶退化並影響生活或工作。 2. 無法勝任原本熟悉的事務。 3. 喪失對時間、地點的概念。 4. 判斷力變差、警覺性減低。 5. 抽象思考困難。 6. 東西擺放錯亂。 7. 行為或情緒出現改變。 8. 個性明顯改變。 9. 對生活事務失去主動去做的興趣。	大腦中類澱粉蛋白斑塊持續增加，引起大腦海馬迴和皮質層神經細胞的退化情形。
額顳葉型失智症	1. 也是一種漸進式的退化型失智症。 2. 出現時間較早，通常在 70 歲以前發病。 3. 在社交或個人行為控制上出現問題，如不當的言論、不當的情緒表達、重複一些無法克制的動作。	大腦額葉中的類澱粉蛋白斑塊會逐年增加。
血管型失智症	1. 記憶力降低、忘東忘西，但嚴重程度比阿茲海默症患者低。 2. 日常生活的處理能力緩慢、手腳肢體行動笨拙。 3. 抽象及想像能力減弱。 4. 臉部表情呆滯，但是病人有病識感，很少產生精神錯亂或人格改變的症狀。	因為大腦血管病變或中風，導致神經細胞的死亡；中風病人若存活下來，每年約有 5% 病人會有失智症。
阿茲海默症	1. 是一種漸進式的失智症，記憶減退情形會隨時間加重，又稱為「老年失智症」。 2. 預言能力的退化。 3. 判斷力和時空感變差。 4. 有二分之一的病患會有精神行為問題，如焦慮、易怒、憂鬱、妄想或攻擊性。 5. 患者的自主性功能會逐漸喪失。 6. 女性罹患阿茲海默症的機率是男性的 1.5 倍。	大腦皮質中有很多的類澱粉蛋白斑塊，許多神經細胞出現神經纖維纏結，這些病變會逐漸由海馬迴擴散到額葉、顳葉和整個大腦。

資料來源：秦秀蘭（2012）

是得了憂鬱症（教育 WIKI，2015）。這些症狀包括：

1. 憂鬱情緒：快樂不起來、煩躁、鬱悶。
2. 興趣與喜樂減少：提不起興趣。
3. 體重下降（或增加）；食慾下降（或增加）。
4. 失眠（或嗜睡）：難入睡或整天想睡。
5. 精神運動性遲滯（或激動）：思考動作變緩慢。
6. 疲累失去活力：整天想躺床、體力變差。
7. 無價值感或罪惡感：覺得活著沒意思、自責難過，都是負面的想法。
8. 無法專注、無法決斷：腦筋變鈍、矛盾猶豫、無法專心。
9. 反覆想到死亡，甚至有自殺意念、企圖或計畫。

　　目前各國在精神疾病診斷大多依循美國精神病協會（American Psychiatric Association，簡稱為 APA）主編的《精神疾病診斷與統計手冊》第五版（DSM-5）已於 2013 年 5 月 18 日正式出版。改編後 DSM-5 的特點主要是針對某些精神疾病提高其「診斷特異性」標準，也就是診斷標準嚴格要求排除真正沒有精神疾病的人。同時降低其「診斷敏感性」，也就是說，某些可能有精神疾患的前驅症狀不再被診斷為「疾患」。此外，DSM-5 也嘗試使用「連續光譜」（Spectrum）來區分不同精神疾病，心理疾患將不再只是「類別分類」（鄧明昱譯，2015；APA，2013）。

　　例如，針對「抑鬱障礙」再根據其程度的連續光譜分為：破壞性情緒失調障礙；重度抑鬱障礙，單次和反覆發作；持久性抑鬱障礙（心境）；經前苦惱障礙；物質／藥物引起的抑鬱障礙；由於其他醫療條件所致的抑鬱障礙；其他特定的抑鬱障礙；未特定的抑鬱障礙等。「神經認知障礙」也依其程度再區分為：譫妄、其他特定的譫妄、未特定的譫妄。

　　至於「重度和輕度的神經認知障礙」也依程度區分為：重度的神經認知障礙、輕度的神經認知障礙、由於阿茲海默症導致的重度或輕度的神經認知

障礙、重度或輕度的額顳葉神經認知障礙、重度或輕度的路易氏體型神經認知障礙、重度或輕度血管性神經認知障礙、因腦損傷導致的重度或輕度的神經認知障礙、物質／藥物誘發的重度或輕度神經認知障礙、因帕金森氏病導致的重度或輕度神經認知障礙，以及因為多種病毒引起的重度或輕度神經認知障礙。哀慟反應也包含於憂鬱症裡面，不再單獨列舉。這些改變都會影響未來憂鬱症與相關心理疾病的認定。

延伸閱讀　認識 DSM-5 的「雙極性疾患」

《精神疾病診斷與統計手冊》第五版對「情感性疾患」的分類有重大的改變，DSM-IV 的「情感性疾患」，在 DSM-5 切割為「憂鬱性疾患」及「雙極性疾患」兩個獨立分章。其中「憂鬱性疾患」分類中有重大的改變，簡要整理如下：

1. 加入兩個新診斷：「暴烈性心情失調疾患」、「月經前心情惡劣疾病」。刪除「低落性情感疾患」和「傷慟排除條款」。

2. 從 DSM-IV 到 DSM-5，「雙極性疾患」的重大改變包括：雙極性及相關疾患的診斷分項未改變，但在躁狂發作與輕躁狂發作的準則 A，新增加一句「並異常與持續地增加活動或精力」以強調除心情外，仍需有活動與精力的改變，才符合準則要求。

3. DSM-IV 原有的「第一型雙極性疾患，混合發作」，DSM-5 將其移除。新增「伴隨混合特質」的特性說明，適用於有憂鬱特質的躁狂發作或輕躁狂發作，以及有部分躁狂或輕躁狂特質的各類憂鬱發作。

4. DSM-IV 的「第二型雙極性疾患」適用於曾重複發生重鬱發作及至少一次輕躁狂發作的患者。DSM-5 特別提出若曾發生重鬱發作，但其輕躁狂症狀數目及有症狀時期不符合輕躁狂發作的準則，這些患者可以列作「其他註明之雙極性及相關疾患」。將有助於臨床繼續追蹤是否患者不屬於憂鬱性疾患而為雙極性疾患。

資料來源：鄧明昱譯（2015）

（二）老年憂鬱症

儘管老年期的憂鬱症是相當普遍的心理問題，但事實上憂鬱症是可治療的，只是一般人總認為老年人出現憂鬱症狀是正常自然而不重視。患者為了

逃避這些壓力刺激而以身體症狀為主訴，以期喚起家屬的注意及關心，因此影響醫療判斷，延誤治療的關鍵時間，甚至演變成認知障礙或失智症（為恭紀念醫院，2015），不可不慎。憂鬱症可能是失智症的前驅症狀，可能加速失智症的進展與惡化（施至遠、陳人豪，2013），根據研究，高齡期憂鬱症患者大約有一半以上會轉化為失智症患者（Reding, Haycox & Blass, 1985；李會珍，2014）。

老年憂鬱症呈現的症狀主要包括：憂鬱的情緒、興趣喪失、睡眠習慣改變、飲食習慣或體重改變、活動力降低、注意力難以集中、覺得自己一無是處、煩躁或行動遲緩、有死亡或自殺的念頭等（A 醫學百科，2015；施至遠、陳人豪，2013）。

高齡期的憂鬱症狀常常有身體不適的抱怨，懷疑自己生重病的「慮病現象」，也經常伴隨認知抱怨（或稱記憶抱怨），抱怨自己無法專注。經常有認知抱怨的高齡者則有憂鬱症傾向，彼此互為因果（李百麟，2014，施至遠、陳人豪，2013）。

此外，年長者隨著年紀增長，腦部功能退化或慢性生理疾病纏身，容易產生無用感和孤獨感，這種心理的負向情緒體驗可能導致抑鬱的情緒，逐漸變得離群索居，不願和人交往，不想出門做事，自我封閉，非常低落，容易失去信心，產生沒來由的自責，看不到希望和樂觀的未來，甚至抱有輕生之念，這也是老年憂鬱症常見的現象。由於老年憂鬱症與腦部退化相關性較高，因此在確定診斷並給予藥物治療後，治療效果通常比一般成年憂鬱症者好。

（三）憂鬱症的現代化治療

目前憂鬱症的治療方式主要包括：藥物治療、心理治療、電痙攣療法、光照治療，其中藥物和心理較為常見。藥物治療大約二到六週才會產生效果；心理治療則包括：認知行為治療、人際心理治療（Interpersonal psychotherapy）、支持性心理治療和團體治療都證實對憂鬱症患者有一定的療效（James, 2011；Kampfe, 2015；施至遠、陳人豪，2013）。本節特別介紹晚近行為認知典範的相關治療方法：

1. 深部腦刺激術、矯正神經訊息傳遞障礙

快速發展的神經認知生理學研究對憂鬱症的解析，也徹底改變心理疾病的諮商與輔導策略。根據最新的研究，人腦當中的海馬迴持續以每天增加大約 1,400 個神經元的穩定速率產生新的神經元，一直到老年。在人體記憶形成過程中，由外在感覺刺激引發先前經驗的相關記憶，這種認知過程稱為「模式完成」（pattern completion），是大腦海馬迴最重要的工作之一。但是在記憶能夠被提取前，必須先把訊息安置妥當，為了使眾多記憶不至於混淆，個體大腦必須就各種事件與情境的獨特性進行編碼，讓它們彼此有所不同，這個過程稱為「模式分離」（pattern separation），也是海馬迴另一項功能（潘震澤譯，2015）。

神經認知研究學者 Gunning-Dixon 和研究室夥伴（2009）表示：個體老化過程中所減少的「白質」，可能因此造成不同皮質區之間的「分離情形」（disconnection），因而造成某些認知功能的降低，這可能是個體認知老化的主要原因。Gunning-Dixon 等人甚至推測，這種皮質間的分離情形，可能是導致個體在高齡期罹患憂鬱症的主要原因。

憂鬱症患者的情緒網絡出現異常時，可以透過功能性磁共振造影等技術，了解當事人「情緒網絡反應」的高低狀態，如果當事人的情緒網絡反應較高，可以透過認知行為療法，回復當事人的情緒基礎反應；如果當事人的情緒網絡反應偏低，或根本無反應，則可以透過神經外科手術在當事人的鎖骨下方植入電極，以電流刺激神經網絡（連結腦區的神經纖維束），稱為「深部腦刺激術」（deep-brain stimulation）（謝伯讓譯，2015）。重度憂鬱症的病人多數肇因於腦神經網絡功能異常，未來可望透過深部腦刺激術，矯正病人神經訊息的傳遞障礙，迅速排除病人絕望或悶悶不樂的情緒狀態。

2. 跨顱磁性刺激、影響大神經迴路

國內由臺北榮民總醫院精神部與中央大學認知神經科學研究所的「視覺認知研究團隊」合作研究，也是透過深度大腦刺激來緩解憂鬱症患者的症狀，運用特定 θ 波的「跨顱磁性刺激」（TMS），發射短脈衝磁場引發腦內

產生電流，刺激大腦產生新的神經元，進而影響大神經迴路，幫助憂鬱症患者緩解症狀。該研究發現：使用特定的 θ 波，跨顱磁性刺激的確對重症憂鬱症者的情緒改善有顯著效果。另外，如果配合認知作業先活化病人的額葉功能，再進行跨顱磁性刺激治療，可增加治療效果（阮啟宏、徐慈妤、張期富、增祥菲、梁偉光、游家鑫，2015）。

3. 強調觀想的人際心理治療

一般人都認為，要擁有較高的「生活幸福感」，要少一點慾望、對生活少一點期待，才會滿意當下的生活、滿意自表現，擁有幸福感。事實上，個體對事情的期待是充滿能量的。Sharot（2012a）提出「樂觀傾向」（optimism bias）的概念，說明人類為什麼總是對未來充滿希望，例如總是說服自己明天會更好，相信自己不會離婚，相信自己的孩子比別人強等等。Sharo 認為，「樂觀傾向」是人類的天性，正因為樂觀傾向才讓人類持續往前進步，其中，最重要的是「期待」對個體的激勵作用，讓個體有努力的動機。因此在面對缺乏自主性的當事人，Barnn 認為，要給當事人看到明確的方向，正確的方向和目標就是當事人在航行中的「錨」（anchors）。

目前常用的呼吸導引或數息放鬆法、人際心理治療、正念減壓療法、神經語言程式學、身體流的復原技術、自我觀察與專注力、腦波振動、觀想靜坐等等，都很適合用來引導高齡當事人。主要在引導當事人透過觀想，覺察自己的情緒和生理機能的自然流動，讓肢體和情緒相互引導；在互為主體的過程中，讓個案體內原本打結的情緒逐步鬆開、釋放、最後消融（disresolve），終究能找到自己在人生航行中的「錨」。這些治療方法都已證實對憂鬱症患者有極佳且長期的治療效果。Zindel Segal、Mark Williams 和 John Teasdale 等人稱這種治療方法為「內觀的認知治療」。

Zindel Segal、Mark Williams 和 John Teasdale 等人用東方的智慧，強調引導當事人對當下內在思維、情緒的反思和反芻，「內觀」其實不是一種技巧，而是引導當事人觀看整件事情的發生、協助當事人不被事件的情緒所左右，目前已證實對憂鬱症有相當不錯的治療效果（唐子俊等譯，2007；

（Association for Contextual Behavioral Science, 2015; Linde, Rück, Bjureberg, Ivanov, Djurfeldt & Ramnerö, 2015; The Third Wave Psychotherapy, 2015）。目前國內也有許多心理治療工作者以「內觀的認知治療」針對憂鬱症患者給予協助，並有相當不錯的療效。其中，特別適合用來協助生命經驗豐富、後設認知發成熟的高齡當事人（唐子俊等譯，2007）。

此外，Myrna Weissman、John Markowitz 和 Gerald Klerman 等人從 2000年開始，也曾經結合精神動力和認知行為典範的理念，創立「人際心理治療」。人際心理治療運用許多精神動力學的概念，包括依附關係、人際解離等等。人際心理治療的重點包括：

1. 了解有關疾病的開始原因與症狀的變化，以及目前當事人在現實生活中發生的問題。也就是當事人目前的「人際關係」。
2. 發現適合處理目前人際關係的方式，以減緩當事人的憂鬱症狀。

目前國內也有學者和實務工作者已編製許多個人諮商或團體諮商的「人際心理治療」使用手冊，並證實可以快速、有效協助憂鬱症病患走出陰霾（唐子俊等譯，2006）。

四、妄想症

妄想症在高齡族群中相當普遍，主要原因也與腦部退化及孤獨、缺乏安全感有關，也是失智症中期以後常見的併發症狀。高齡者的妄想症，以被偷妄想和被害妄想居多。「被偷妄想」幾乎是許多失智症患者家屬共通的負擔，失智因為記性差，忘記自己把東西放在哪裡，於是就認為「被偷了！」會抓狂地拼命尋找。「被害妄想」則是認為有人要加害他或家人，因此擔心害怕，家人也因此不得安寧。至於「嫉妒妄想」則較常發生在男性高齡長輩，高齡者會莫名其妙認為配偶有外遇，甚至造成暴力攻擊。嫉妒妄想通常發生在患有失智症、酒癮症或帕金森氏症的高齡患者（顏義標，2015）。

　　真正令我們擔心的是，有些老年妄想患者因妄想被人迫害而有不適當的防禦行為，如退縮、不出家門，過著與世隔絕的獨居生活。有些患者因有被毒妄想，而不吃不喝造成營養不良。有些患者則是因被害或嫉妒妄想而騷擾家人及鄰居，甚至有攻擊暴力行為。另有些患者則感覺生活在草木皆兵的環境中，不如自己結束生命，因而出現自殺行為（啟新健康世界，2015）。

五、譫妄

　　譫妄是高齡期常見卻容易被忽略的精神症候，在失智高齡者更是常見。病症的表現主要是出現意識混亂、注意力不集中、無結構性思考與急性波動性的意識改變，在高齡者或在加護病房生命垂危的病人中相當常見。主要原因是高齡者腦部退化加上其他身體失調、藥物或疾病的影響。在診斷上，失智症、精神病或憂鬱症很容易與譫妄症產生混淆，甚至因誤判而延誤治療。譫妄症的處理應以預防為主，必須透過立即性的評估，並定期追蹤認知功能，以早期發現與處理，減少譫妄的發生與後續的後遺症（劉建良、陳亮恭，2011）。

延伸閱讀 認識高齡期譫妄症

譫妄是高齡期常見的精神疾病,如果早期發現、掌握治療的黃金時間,譫妄通常可以恢復。但是高齡者的譫妄很容易被誤判為失智,因而延誤治療,無法完全恢復。兩者的差異如下表:

Dementia(失智)	Delirium(譫妄)
不知不覺中發病	突然、清楚發病日期
緩慢逐漸惡化	急症,病程數日至數週
一般不可恢復	通常可恢復
定向感喪失,發生在疾病中後期	定向感喪失,發生在疾病初期
日與日之間症狀輕微變化	小時與小時之間症狀變化明顯
較少明顯的生理變化	明顯生理變化
意識不清,發生在疾病晚期	意識變化起伏不定
注意力尚可	注意力明顯變差
睡眠與清醒變化;日夜	睡眠與清醒變化;小時
精神運動變化,疾病晚期	精神運動變化,疾病早期

資料來源:黃宗正(2009/12/07)

六、藥物相關問題及精神障礙

年長者常會因為一些慢性疾病或不正確的用藥習慣,導致藥物交互作用或因藥物代謝不佳而引起情緒或精神障礙。

七、與日常生活相關的精神障礙

其他與日常生活相關的精神障礙包括焦慮、失眠、嚴重之失落、人際活動或社交退縮、有自殺傾向等問題。高齡者常見的「記憶抱怨」也是一種與日常生活相關的精神障礙,2006 年 9 月的《神經學期刊》曾經報導心理學博士 Andrew Saykin 的研究,該研究表示,即使高齡者的神經精神測驗結果正常,年長者的「記憶抱怨」仍然可能顯示個體有潛在的神經退化情形。例如,抱怨自己有顯著記憶問題但記憶測驗分數正常者,有 3%的機會出現灰

質（GM）密度減少，而診斷為輕度認知缺損（MCI）的病患則有 4%出現灰質密度減少。

　　Andrew Saykin 認為這些人是屬於「困擾的（worried well）正常人」，實際上他們已自覺有所改變，但是我們認為具有敏感度的測驗，卻無法偵測出這些微妙的改變，因此延誤治療的黃金時間。如果高齡當事人伴隨有憂鬱症傾向時，「記憶抱怨」必須被視為重要的身心健康指標。Saykin 博士表示，這個發現可以讓精神科醫師們有機會提供這些病患早期介入，以提高治癒的成功率，並維持當事人的身心功能（李百麟，2014；葉宗烈，2006；國際厚生健康園區，2015）。

　　至於高齡者的自殺傾向，美國臨床研究發現，自殺死亡率約為 6%，馬偕醫院自殺防治中心的臨床資料顯示，送醫急救的自殺企圖者，因為一時衝動而有自殺行為者大約占 53%。有自殺企圖者在求助動機和可望解除痛苦的情況下，會藉由各種不同的方式來傳達想死的訊息，特別是傳給他生命中具有特殊意義的人，因此有些自殺行為是當事人的一種情緒表達方式（陳韺，2015；王榮義，2015）。

八、睡眠障礙

（一）睡眠障礙的生理機制

　　個體每天晚上的睡眠都依照規律的週期進行著，根據不同類型的腦波活動可將睡眠分為三類，包括：清醒期、快速動眼期（Eye Movement Sleep，簡稱為 REM）和慢波睡眠期（Slow Wave Sleep，簡稱為 SWS）：

1. 清醒期：清醒期是個體睡眠後保持意識清醒的階段，個體在清醒期的腦波頻率是每秒鐘 8-25Hz，腦波的振幅最低。
2. 快速動眼期：因為「REM」是發生在個體從熟睡階段逐漸清醒的階段，因此「REM」又為「逆理睡眠期」（paradoxical sleep）。快速動眼期通常出現在睡眠的後半夜時間，主要和學習、工作有關，不管一天中經歷過多少好

或壞的景物，都要納入個體的長期記憶中，因此快速動眼睡眠和個體日常
新事物的學習、白天情緒的統整等有關。成人大約有 20%的睡眠時間處於
快速動眼睡眠期，80%的時間處於慢波睡眠期；高齡者的快速動眼期則通
常少於 15%。

3. **慢波睡眠期**：慢波睡眠期通常在前睡眠的前半夜較多，主要是因為一般人
經過一整天的用腦，腦力消耗很大，對於腦細胞與腦組織都是壓力與傷
害，生理時鐘自然會誘導我們睡覺，讓腦部溫度下降，進入修護階段，這
對生命的維繫相當重要。

　　一般而言，人類的慢波睡眠又可區分為四階段，透過腦波圖（EEG）的
監測，四個階段所呈現的腦波頻率都不完全相同（如圖 4-2）。整體而言，
人類睡眠不同階段的腦波頻率和腦波振幅大小如下。

　　我們逐漸沉睡，會先進入睡眠的第一階段，在幾分鐘之後，腦波圖的型
態轉換至睡眠的第二階段、第三階段，然後轉入第四階段，就是所謂的熟睡
狀態。然後再倒推回來，回到第三階段、第二階段，然後進入快速動眼期。
如此週而復始。在一次八小時的睡眠過程中，人類腦部大約會經歷四到五次
這樣的睡眠週期。個體如果在「快速動眼期」被喚醒，會很清醒，不會生氣
或鬧脾氣。但是當個體處於「慢波睡眠期」時，比較不容易被喚醒，一旦被
喚醒也容易賴床或發脾氣。

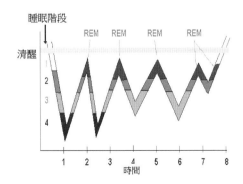

階段	腦波頻率	腦波振幅
清醒	8-25 Hz	低
1	6-8 Hz	低
2	4-7 Hz	中
3	1-3 Hz	高
4	少於 2 Hz	高
快速動眼期	多於 10 Hz	低

圖 4-2　人類睡眠的週期與腦波振福
資料來源：修改自小小神經科學（2012）

人類大腦中樞神經的體溫可以代表腦部的活動量，從早晨起床後，人類的大腦溫度會逐漸上升，午後趨於緩和，再繼續升高，黃昏時達最高點，然後在天黑入夜後的二、三個小時開始下降，凌晨時間會出現當天腦部溫度的最低點，這就是所謂的人體中樞體溫。個體進入慢波睡眠期時，全身肌肉都呈現放鬆狀態，生理狀態也會隨著改變。睡眠時體溫會下降，大腦會順利釋放出各種生長激素，其中，生長激素的分泌量是決定個體的免疫力和細胞的修復力。

最近 Giulio Tononi 和 Chiara Cirelli 研究睡眠在學習與記憶中扮演的角色，認為大腦神經細胞在深度睡眠期會進行突觸的刪修，神經元會減弱其連結，好回到基準線。睡眠會減弱神經元之間的連結，經由神經突觸的修剪，可能防止腦細胞不會因為每日的經驗而超載，也不會消耗過量的能量，才能讓個體擁有足夠的資源應付隔日的學習，稱為「突觸恆定理論」（潘震澤譯，2013）。一旦高齡當事人睡眠出現問題時，首先大腦中樞體溫會過高，造成各類生長激素的分泌不足，讓大腦持續處於「喋喋不休」的紛擾狀態，長期下來，除了造成精神上的耗損外，也會影響認知記憶功能。

目前神經認知科學研究都表示，睡眠可以有效幫助人類長期記憶的形成和保存。華盛頓大學（University of Washington）在 2011 年一項科學研究表示，「充足的睡眠」是長期記憶固化（consolidation）的必要因素，因此，缺乏充分睡眠的果蠅，無法形成完整的長期記憶，無法有效學習。人類睡眠品質對長期記憶的影響和果蠅一樣，擁有充足、良好睡眠的人，才能形成長期記憶，因此「睡眠」的質量對高齡者認知記憶的影響，比年輕人更加明顯、更加重要（Zhang, 2012）。

缺乏充足的睡眠會傷害身體的健康，最終則可能導致大腦白質的重量快速減少。2010 年的「生物精神病學」（Biological Psychiatry）一項報告指出：研究者針對三十七名不同睡眠品質的受試者進行實驗，觀察受試者的大腦重量，結果發現，睡眠不足的受試者，大腦有三個區域的白質重量明顯的減少，而且睡眠不足情形越嚴重者，大腦白質重量的減少情形越嚴重。研究者

甚至認為，睡眠不足也可能是引起阿茲海默症大腦產生類澱粉斑塊的重要原因之一（Zhang, 2012）。

（二）睡眠失調、異態睡眠

　　人的一生中有三分之一的時間在睡眠中度過，睡眠是個體維持身心健康不可缺少的部分。中國醫學幾千年來有各種不同的「安神」藥方，這些安神藥方多數被視為補品，可見自古以來人類對睡眠的重視。能夠獲得舒適的睡眠，才能達到安神的效果。一般所說的「睡眠障礙」包括「睡眠失調」和「異態睡眠」，睡眠失調是指睡眠量不足、想睡但是無法入睡，導致睡眠質量差。異態睡眠則是指睡眠期間出現行為或生理上的異常，例如呼吸中止症、原發性嗜睡症、夜驚等，通常都是內分泌障礙、代謝異常所引起（A 醫學百科，2015）。高齡期個體較常出現屬於睡眠失調、睡眠量不足的失眠，整夜睡眠時間少於五小時。例如入睡困難、睡眠不深熟、易醒或早醒等，都可能導致神經衰弱、焦慮或憂鬱症等。

　　儘管每個人需要的睡眠時間差異大，但是持續性的睡眠量不足，絕對是一種睡眠失調的不正常現象。一般而言，躺在床上三十分鐘以上卻無法入睡，就是「失眠」（A 醫學百科，2015）；至於不同個體之間的「睡眠不足」症狀和界定，則有相當程度的個別化差異，屬於主觀性的認定和覺察。

（三）導致高齡者失眠的主要原因

　　高齡者容易有失眠情形的主要原因，包括生理和心理兩類，兩者也有交互作用的影響。

1. 生理因素

　　導致高齡者失眠的生理因素包括：(1) 大腦所分泌的褪黑激素（metatonin）的分泌量會逐年下降，影響睡眠。(2) 白天活動量不足，躺在沙發或床鋪上的時間增加，晚上該就寢時沒有睡意。(3) 因為身體病痛，無法入睡。例如關節疼痛、心臟病、胃病等。(4) 睡前有吃宵夜的習慣，就寢後較難入睡。(5) 因疾病服用某種藥物，導致長期失眠。例如降血壓的用藥、

利尿劑等，都可能阻礙睡眠。

2. 心理因素

　　導致高齡者失眠的心理因素包括：(1) 生活環境的變換，無法快速適應。例如房間太熱無法入睡；因故搬入照顧機構，高齡者在心理上需要一段時間才能適應，都容易造成失眠。(2) 因退休或交出掌控權，內心的失落感會讓高齡者輾轉反側。(3) 因為生活缺乏目標，或過度操心家人的安全、產生焦慮感等。嚴重的焦慮感會阻礙大腦產生 α 腦波和 θ 腦波，讓高齡者無法擁有深度睡眠。缺乏深度睡眠則會影響高齡者大腦中生長激素的分泌，免疫力也會跟著下降。

（四）睡眠障礙的協助與治療

　　褪黑激素是由松果體所分泌，在正常情況下夜晚十一點到凌晨二點為分泌最旺盛的時段，人們會因而想睡覺，之後分泌量慢慢降低，直到約清晨八點左右，一睜開眼睛，松果體就停止分泌了。隨著年齡漸長，褪黑激素的濃度會持續滑落。到了 40 歲後，體內製造的褪黑激素的濃度不到 20 歲時的一半。松果體的分泌非常規律，只要有一天熬夜，次日褪黑激素分泌量就會減少，大約要十一天才會恢復正常，因此在這段時間中會出現失眠、白天想睡、哈欠連連的不正常情況。

　　北京朝陽醫院心理諮詢顧秀玲醫師特別提醒，失眠只是一種症狀，除了神經衰弱之外，抑鬱、焦慮的人都有可能出現這種症狀。一般人到精神科門診就醫時，很容易以身體症狀為主訴，例如口乾舌燥、疲乏、喉頭及胸部縮窄感、便祕等，卻經常忽略抑鬱等心理因素。如果失眠患者主觀把自己歸到神經衰弱，而沒有仔細尋找原因的話，很可能耽誤了恢復良好睡眠的治療，甚至耽誤治療憂鬱症的黃金時機（A 醫學百科，2015）。

參、結語

　　在文明高度發展的現代社會裡，精神心理的問題逐漸成為人們所重視的議題，臺灣也有越來越多的人開始重視高齡者的心理健康，然而，高齡者的心理協助、諮商輔導工作並沒有受到應有的重視。一方面是國內心理諮商服務人力的不足，高齡心理服務工作自然會被忽略；一方面則是大眾對高齡者心理相關研究不足，對高齡輔導諮商服務的內容了解不多，是國內快速增加的高齡者其身心健康的一項隱憂。

　　「高齡者心理治療」服務具有補救性質，受服務的高齡者通常有明顯的精神症狀，需要立即給予協助、甚至用藥。至於「高齡者心理諮商」則是以一般高齡者可能遭遇的心理困擾為主，是一種預防性的協助。高齡者心理諮商服務的對象可能是家裡的長輩、社區裡需要幫助的獨居高齡者，也可能是長期居住在機構裡的長輩。以目前國內的諮商專業人才的培育情形，「心理諮商」並沒有受到應有的重視。

　　高齡者是一個非常多樣化的族群，隨著個人化、豐富的生命經驗，高齡者可能面臨的心理困擾充滿了異質性。高齡者的心理疾病雖然已逐漸得到在各大醫院精神科醫師或心理師的專業治療，但是能夠接受服務的人數仍然非常有限。以高齡者為對象的高齡者心理治療、高齡者精神障礙的治療，通常以「高齡者心理特別門診」納入各大醫學院的門診類別。

　　正如 Nance Guilmartin 對治療與痊癒的不同觀點（林雨蒨譯，2011）：「治療」通常是一種生理或身體疾病的處理；「痊癒」則是允許當事人在自己已有的身體和心理基礎或能量上，擁有內在自我療癒的能力。對於生命歷練豐富、充滿智慧；身體上卻逐年衰老的高齡者而言，「心理的痊癒」也許比「心理的治療」更具有意義。因此，高齡者心理諮商服務者，不只是一位專業的治療者，更應該是高齡當事人的陪伴者。一方面陪伴高齡者覺察自己內心的傷痛或不愉快情緒，並設法消融這些傷痛；一方面陪伴他們透過學習、成長，完成心理上的自我痊癒。

延伸閱讀　**適合中高齡者的安眠湯飲**

安神湯
將生百合十五克蒸熟，加入一個蛋黃，以兩百毫升水攪勻，加入少許冰糖，煮沸後再以五十毫升的水攪勻，於睡前一小時飲用。百合有清心、安神、鎮靜的作用，經常飲用，可收到立竿見影之效。

靜心湯
龍眼肉、川丹參各九克，以兩碗水煎成半碗，睡前三十分鐘服用。可達鎮靜的效果，尤其對心血虛衰的失眠者，功效佳。

酸棗仁湯
酸棗仁九克搗碎，水煎，每晚睡前一小時服用。酸棗仁能抑制中樞神經系統，有較恆定的鎮靜作用。對於血虛所引起的心煩不眠或心悸不安有良效。

養心粥
取黨參三十三克，去子紅棗十枚、麥冬、茯神各十克，以兩千毫升的水煎成五百毫升，去渣後，與洗淨的米和水共煮，米熟後加入紅糖服用。可達養氣血安神的功效，對於心悸（心跳加快）、健忘、失眠、多夢者有明顯改善作用。

百合綠豆乳
取百合、綠豆各五百克，冰糖少量，煮熟爛後，服用時加些牛奶，對於夏天睡不著的人，有清心除煩鎮靜之效，牛奶含色氨酸能於腦部轉成血清素促進睡眠。

三味安眠湯
酸棗仁九克，麥冬、遠志各三克，以水五百毫升煎成五十毫升，於睡前服用。以上三種藥材均有寧心安神鎮靜的作用，混合有催眠的效果。

桂圓蓮子湯
取桂圓、蓮子各二十克煮成湯，具有養心、寧神、健脾、補腎的功效，最適合於中老年人，長期失眠者服用。

資料來源：亞太中醫藥網（2015）

延伸閱讀　吹泡泡、深呼吸，幫助入眠

睡前進行深呼吸可以幫助我們穩定情緒、放鬆心情，有很好的助眠效果。但是，對於不容易專注、大腦經常處於喋喋不休的人來說，深呼吸的練習仍然非常困難。此時，可以使用一般用來飲用珍珠奶茶的粗大吸管，用嘴巴含住，直接對著吸管慢慢吹氣，想像自己正在「吹泡泡」（類似裝在塑膠罐給小朋友吹的泡泡），可幫助我們入睡。因為吹泡泡的動作就像在做深呼吸，很容易幫助我們降低血壓和心跳，減少焦慮，使身心平靜下來，容易入睡。

第五章

高齡者心理健康狀態的評估

壹、身心整合的健康觀點

　　多年來，有關心理健康的定義通常採用聯合國世界衛生組織的定義：「一個人的健康應該包括身體健康、心理健康、社會適應良好和道德健康，也就是指個人在生理、心理和社會三方面達到最佳狀態和協調」。隨著神經認知科學研究的發展，目前研究者對個人心理健康逐漸有不同的界定，「社會適應」的狀態對個人心理身體健康的影響受到更多的重視。例如，新版的ICD-ICF[1] 在探討身心障礙的分類時，即把障礙的產生放在「健康狀態」下討論，主張身心障礙的內涵至少包括四個單元（黃惠璣，2009；衛生福利部）：

1. 身體系統功能和結構；
2. 活動：主張每個身體系統都有不同活動機能；
3. 參與：主張所有身體系統都有參與活動的功能；
4. 外在環境因素：即影響身體系統參與活動功能的環境因素。

1　ICD 是「國際疾病傷害及死因分類標準」（International Statistical Classification of Diseases and Related Health Problems，簡稱為 ICD），由聯合國世界衛生組織所創立，是一個提供編號，對疾病與許多徵兆、症狀、異常、不適、社會環境與外傷等所做的分類標準，目前最新的版本為第十版（ICD-10）。ICD-10 只有疾病診斷與健康條件的資訊，並未包含功能性狀態的描述。因此世界衛生組織於 2002 年公布了「國際健康功能與身心障礙分類系統」（International Classification of Functioning, Disability, and Health，簡稱為 ICF）的國際通用版本，以補充 ICD-10 的不足。目前在討論身心障礙分類時都稱「ICD-ICF」模式，強調健康與身心互動。

根據 ICD-ICF 的健康與身心互動模式的概念，如圖 5-1，個體的健康不僅受到個人和環境因素的影響，也必須讓肢體的每一部分真正參與活動，才能維護它應有的功能。因此，即使是長期臥床、身心障礙、行動不便的機構入住者，都有權利參與活動，也都需要照顧人員給予全部的關注和引導（Kostanjsek, Rubinelli, Escorpizo, Cieza, Kennedy, Selb, Stucki, & Üstün, 2011）。國內 2012 年 7 月 11 日起推行的「身心障礙鑑定及需求評估」也依據 WHO 所頒布的「國際健康功能與身心障礙分類系統」（ICF）的分類，將原有十六類改為八大類。並明訂在鑑定與評估時，必須由醫事、社工、特殊教育與職業輔導評量等專業人員組成專業團隊。

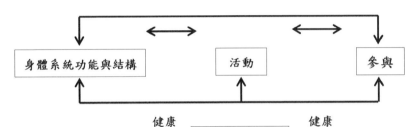

圖 5-1 ICD-ICF 健康與身心互動模式
資料來源：黃惠璣（2009：6）

例如，陳李綢（2014）教授剛編製完成的「正向心理健康量表指導手冊」也認為個人心理健康至少包括：自我悅納、人際關係、情緒平衡、家庭和諧和樂觀進取等五個指標。該量表用來評估青少年和大專學生的心理健康情形（心理出版社，2015）。

至於高齡心理健康相關評量工具並不普遍，目前發展較為成熟的以失智症和憂鬱症的相關篩檢為主。因此針對失智症相關的檢測工具，以及適用於成人或高齡者的心理健康評量工具，下文詳細介紹，方便讀者選用。

貳、失智症相關的檢測工具

一、簡易心智狀態問卷調查表

　　「簡易心智狀態問卷調查表」（SPMSQ）經常用在評估高齡者目前的心智狀態，因為簡單、容易評估，適用範圍相當廣。簡易心智狀態問卷必須由當事人自己回答，不可以由他人代答。問題如下，主要在了解當事人的現實感和精神狀態。

1. 今天是幾年幾月幾日？＿＿年＿＿月＿＿日
2. 今天是星期幾？
3. 這裡是什麼地方？
4. 你的電話號碼是幾號？你住在什麼地方？
5. 你幾歲了？
6. 你的生日是哪一天？
7. 現任總統是誰？
8. 前任總統是誰？
9. 你媽媽叫什麼名字？

二、AD8 極早期失智症篩檢量表

　　AD8 極早期失智症篩檢量表可提供最早期的失智症篩檢，主要包含阿茲海默症、血管性失智症等較常見的疾病症狀。以「是、有改變」作為計分依據。AD8 的篩檢項目包括：

1. 判斷力上的困難。例如：落入圈套或騙局，財務上不好的決定，買了對受禮者不合宜的禮物。
2. 對活動和嗜好的興趣降低。
3. 重複相同的問題、故事和陳述。
4. 在學習如何使用工具、設備、和小器具上有困難。例如：電視、音響、冷

氣機、洗衣機、熱水爐（器）、微波爐、遙控器。

5. 忘記正確的月份和年份。

6. 處理複雜的財務上有困難。例如：個人或家庭的收支平衡、所得稅、繳費單。

7. 記住約會的時間有困難。

8. 有持續的思考和記憶方面的問題。

三、結構式臨床失智量表

隨著失智症患者數量的增加，「台灣失智症協會」已於 2003 年 10 月修訂「結構式臨床失智量表」（Structured Clinical dementia rating，簡稱為 SCDR）。SCDR 適用於評估個案因「認知障礙」而產生功能退化程度。SCDR 融合 ADL 和 IADL 兩種評量的項目，將兩種評量表所要測量的內容整合在一起（台灣失智症協會，2014）。

因此，SCDR 的評量者要分為幾個部分：

1. 記憶力（Memory, M）：

在了解當事人最近一個月在記憶力上的改變。將記憶力分為四個程度：M-0.5、M-1、M-2、M-3。回答時，「0」代表沒有此狀況；「1」代表有此狀；「N」代表不確定。

2. 定向力（Orientation, O）：

在了解當事人對人、時、地三方面，是否清楚。將記憶力分為四個程度：O-0.5、O-1、O-2、O-3。回答時，「0」代表沒有此狀況；「1」代表有此狀；「N」代表不確定。

3. 判斷力及問題解決能力（Judgement+Problem Solving, JPS）

在了解當事人是否能夠獨立完成各項操作，包括：自行服藥、依照衣物種類來調整洗衣機、使用電視遙控器選臺或調節音量、開關收音機及選臺四類問題的處理能力。回答時，「0」代表沒有此狀況；「1」代表有此狀；「N」代表不確定。

4. 社區事務（Community Affairs, CA）

在了解當事人最近一個月執行各類社區事務的狀況，包括：購物、交通、財務管理、其他等四個類型活動的行程度。回答時，分為 0、0.5、1、2、3 等五個等級，以及不確定（N）。

5. 居家及嗜好（Home+Hobbies, HH）

在了解當事人最近一個月執行各類居家活動和個人嗜好的狀況，包括：使用電話、準備食物、家務料理、嗜好、洗衣服等五方面。回答時，分為 0、0.5、1、2、3 等五個等級，以及不確定（N）。

6. 自我照顧（Person Care, PC）

在了解當事人最近一個月執行各類自我照顧活動的狀況，包括大便控制、小便控制、梳洗、如廁、吃飯、上床或起身、行走、穿脫衣服、上下樓梯、洗澡等十項。回答時，分為 0、0.5、1、2、3、4、5 等七個等級。

目前 SCDR 已在各大醫院廣泛使用，各醫院也逐漸發展一套自己的檢測流程和工具，例如馬偕醫院根據 SCDR，進一步設計成「臨床失智量表（CDR）評估工作單」。該評估工作單分為「照顧者或家人」填答部分和「病人本人」回答部分。「照顧者或家人」填答部分包括：記憶力、定向力、判斷及解決問題能力、社區事務、家居及嗜好和個人照料等六類問題。由「病人本人」回答的部分則包括：記憶力、定向力、判斷及解決問題能力等三個項目。

參、適用於成人或高齡者的心理健康評量工具

適用於成人或高齡者的心理健康評量工具，多數是關於高齡憂鬱症的篩選，憂鬱傾向是導致中高齡者智能障礙的關鍵因素，善用適當的憂鬱檢測工具，是老人心理健康照顧的重要工作（財團法人董氏基金會，2015）。目前各大醫療院所、董氏基金會、臺灣憂鬱症防治協會和行政院衛福部所屬的「健康久久衛生教育網」等，都有相關的憂鬱症篩檢訊息。目前較常使用且

適合作為一般中高齡者心理健康評估的檢測工具包括：成人心理健康量表、貝克憂鬱量表（BDI-II）中文版、台灣人憂鬱症量表、老年憂鬱量表（GDS-30 題），適用於智能障礙成人精神評估的「成人發展性障礙者精神評估檢核表」，以及最新的多元化心理壓力問卷（高雄市立凱旋醫院心靈診所，2005）等，整理如下。

一、成人心理健康量表

成人心理健康量表（Adult Mental Health Scale，簡稱為 AMHS）適用於 20 歲以上的成人，可作為評估成人心理健康狀況之科學性工具，作為個別輔導協談、大專校院、企業、公司實施心理健康評估工具。量表共二十八題，內容含括生理、心理與社會三個層面，並融入正向與負向的心理健康概念，建立生理慮病、焦慮煩躁、憂鬱低落、社交困擾與正向樂觀等五個分量表，以了解成人在各向度的心理健康狀況（心理出版社，2015）。

成人心理健康量表的施測時間大約十分鐘，可個別施測或團體施測。目前普遍作為成人心理健康狀況的科學性工具，個別輔導協談、大專校院、企業、公司實施心理健康評估使用。本量表是國內黃財尉、李美遠、曾柔鳴三位學者運用後設分析與結構方程模式技術，統合整理並確認國內心理健康量表的主要內涵編製而成。

該量表整理國內近十年的八十七篇心理健康相關研究，經後設分析與結構方程模式，證明生理慮病、焦慮煩躁、憂鬱低落、社交困擾與正向樂觀等五向度對心理健康的預測效果頗佳；並以「貝克憂鬱量表」為效標，總量表與各分量表之間均呈現中高度的負相關，顯示該量表具備良好的時間穩定性以及內容一致性。量表的計分採五點量表計分，分量表與總量表可對照性別常模得到百分等級，分數越高代表心理健康程度越佳。

二、貝克憂鬱量表（BDI-II）中文版

貝克憂鬱量表（BDI-II）中文版由美國 NCS Pearson, Inc. 授權中國行為

科學社於臺灣地區獨家翻譯出版。貝克憂鬱量表（BDI-II）適用於 13 歲至 80 歲民眾，用來評估當事人的憂鬱程度，該量表功能設定為：1. 測量青少年及成人之憂鬱嚴重程度；2. 區辨有憂鬱症狀和沒有憂鬱症狀之精神病患；3. 作為臨床研究的工具，可作為診斷及安置的參考。

　　該量表採團體或個別施測（請評量者視受試者情況決定）施測時間大約五到十分鐘，計分方式採取人工閱卷，該量表包含二十一組題目。每組題目均包括四個句子，依憂鬱的特定症狀之嚴重程度排列，給予 0 到 3 分不等之分數。該量表的內部一致性（α 值）為.92-.93；重測信度（時距為一週）為.93（中國行為科學社，2015）。

　　貝克憂鬱量表（BDI-II）內容涵蓋了 DSM-IV 中對憂鬱症狀及嚴重程度的診斷準則。量表內容的症狀評估與《精神疾病的診斷與統計手冊》第四版（DSM-IV）中的憂症診斷判準一致，除了症狀持時間修改為二週之外，有關體重減輕、精力喪失、睡眠與食慾改變等評估項目，也依照 DSM-IV 做了修改。主要目的是為了評估病人是否有和 DSM-IV 診斷準則一致的憂鬱症狀及嚴重程度。

三、台灣人憂鬱症量表

　　目前網路上最常見的憂鬱症篩檢工具，是由董氏基金會及臺灣憂鬱症防治協會所提供的「台灣人憂鬱症量表」（財團法人董氏基金會，2015），是相當穩定的憂鬱症篩檢工具，也是目前各大醫院使用率最高的成人憂鬱症篩檢工具。「台灣人憂鬱症量表」共有十八題。回答計分包括：「沒有或極少（1 天以下）」者為 0 分；回答「有時候（1-2 天）」為 1 分；回答「時常（3-4 天）」者為 2 分；回答「常常或總是（5-7 天）」者為 3 分。

　　加計總分後，根據分數將個人的憂鬱指數為分為五個等級：1. 憂鬱指數在 8 分之下者，表示個體的情緒狀態很穩定；2. 憂鬱指數在 9 分到 14 分者，表示最近的情緒起伏不定或者被某些事情困擾著，應該了解心情變化的緣由，做適時的處理；3. 憂鬱指數在 15 分到 18 分者，表示個體所遭受的壓

力荷量已到臨界點了，必須儘快給心情找個出口；4. 憂鬱指數在 19 分到 28 分者，此時個體通常會感到相當不順心，無法展露笑容，建議立即找專業機構或醫療單位協助；5. 憂鬱指數在 29 分以上者，會不由自主的沮喪、難過，無法掙脫，必須趕緊到醫院找專業及可信賴的醫生檢查，進行必要的治療。

此外，余民寧、劉育如、李仁豪等人（2008）也進一步將該憂鬱量表結構化，編製成「臺灣憂鬱症量表」（Taiwanese Depression Scale，簡稱為 TDS）。臺灣憂鬱症量表包含認知、情緒、身體與人際等四個向度，共有二十二題，評量時採用李克特氏四點量表計分方式，分別為 0、1、2、3 分。量表內容包括四個因素，分別是 1. 認知向度（六題）；2. 情緒向度（六題）；3. 身體向度（六題）；4. 人際向度（四題）。余民寧、黃馨瑩、劉育如等人（2011）曾經以大臺北地區的憂鬱症患者二百一十三人，以及二百名大學生，並以「美國流行病學中心的憂鬱症量表」（CES-D 憂鬱症量表）作為效標，使用結構方程式模型進行量表信效度分析，了解臺灣憂鬱症量的信效度。研究結果顯示，臺灣憂鬱症量具良好的信效度，與「CES-D 憂鬱症量表」之效標關聯效度達.92；以四個向度分數作為預測因子進行區別分析，得到 93.46%的正確分類率，ROC 曲線下的面積也高達.99，表示本量表具有相當良好的區別力。

四、老年憂鬱量表

「台灣老年憂鬱量表」（Taiwan Geriatric Depression Scale，簡稱為 TGDS-30）是根據 Brink 等所編製的「老年憂鬱量表」（Geriatric Depression Scale，簡稱為 GDS-30）翻譯為中文，稱為「中譯老年憂鬱量表」（CT-GDS）。可用來測量老年人在過去二星期內自我覺察的感受，此量表通常在初期就可以檢測受試者是否有憂鬱症。

有鑑於大量社區篩檢或繁忙臨床篩檢的實用性，各種短式量表 GDS-15、GDS-10,、GDS-1 等應運而生。其中「短式 GDS-15」共十五題，目前

最常被用來進行老年憂鬱症的篩檢。而最簡短的則是耶魯大學所發表的「GDS-1」，只問「您是否常常感覺心情悲傷或憂鬱？」一題，即可提早發現個體的憂鬱症傾向，其信、效度與三十題的 GDS-30 相當（葉宗烈，2006；臺灣憂鬱防治協會，2015）。

五、成人發展性障礙者精神評估檢核表

有感於智能障礙者心理健康需求越來越受到重視，譚偉象、張彧顥兩位學者針對國外已廣泛使用「成人發展性障礙者精神評估檢核表」（Psychiatric Assessment Schedules for Adults with Developmental Disabilities Checklist，簡稱為 PAS-ADD）進行翻譯編輯而成。「成人發展性障礙者精神評估檢核表」可用來快速篩檢成人智能障礙者是否需要進一步評估精神狀況，該量表可用在團體篩檢，或是對可能有心理疾病風險的智能障礙者進行定期監控作業。

該量表共二十五題，分為以下三個分量表：

1. 可能的器質性狀況：評估關於腦部病變引發精神狀況的可能性。
2. 情感性或焦慮性疾病：評估具有情感性、焦慮性疾病症狀的可能性。
3. 精神病：評估具有精神病症狀的可能性。

該該中文版量表各分量表的內部一致性介於.58 至.78 之間，總分內部一致性為.83。進一步以「重度身心障礙者診斷性評估工具第二版」（DASH-II）作為效標時，也發現該量表具有良好的同時效度。依照檢核表上的分數進行計分，並由手冊中的切截點可了解智能障礙者在各分量表之狀況，以作為是否對智能障礙者進行進一步評估的參考（心理出版社，2015）。

六、多元化心理壓力評估工具

隨著大腦神經科學研究技術的發展，目前研究機構和醫學研究都陸續開發多元化的評估工具。國內工業技術研究院 2012 年進行多維度的心理壓力

評估工具的研究，建立「多元化心理壓力問卷」，透過生理、心理以及行為三種維度方式評估，反映完整的心理壓力面向。問卷內容分為主觀問卷和客觀生理量測，「主觀問卷」是一種自評量表，有三種版本：心臟復健專用之短版（五題）、一般民眾心理壓力短版卷（五題）、心理壓力長版（三十一題）。「客觀生理量測」則包括「心跳變異率」（HRV）測量和血壓、血糖、體重等生理記錄。目前已彙整了八個常用問卷，可有效縮短評估時間並提升評估效度（工業技術研究院，2015）。

　　目前各大醫院精神科所採用的「身心壓力評估」也是一種多元化的心理壓力評估工具。身心壓力評估主要服務對象為時常感到壓力大，或有身體、情緒、行為等方面困擾者。評估的主要目的在於了解個案所遭遇的壓力源、性格、因應方式，以及這些壓力源與身心症狀的關係，並提供個案壓力調適的建議，讓個案能夠減緩壓力所引起的身心症狀，以促進身心健康。身心壓力評估評估過程中所使用的生理測量儀器皆為自主功能檢查儀器，包括指溫感應器、末梢血液流量感應器、肌肉活動電位感應器、皮膚導電度感應器，以及呼吸頻率與振幅感應器等，用以檢測包括體表溫度、心跳速率或血流量、肌肉緊繃程度、汗腺分泌、以及呼吸頻率等自主神經功能，這些評估工具是屬於非侵入性的檢查，因此相當的安全（高雄市立凱旋醫院心靈診所，2005）。

　　為了讓讀者了解目前適用於成人以上的心理健康評量工具，除了上述五種評估工具外，也彙整相關的評量工具如表5-1。

表 5-1 國內目前常用的成人及高齡者心理健康相關評量表

量表名稱	適用年齡	目的	內容	評量時間	題數
成人心理健康量表（AMHS）	20 歲以上成人	評估成人心理健康；可於個別輔導協談、大專校院、企業、公司實施心理健康評估時使用。	內容含括生理、心理與社會三個層面，並融入正向與負向的心理健康概念，建立生理慮病、焦慮煩躁、憂鬱低落、社交困擾與正向樂觀等五個分量表，以此了解成人在各向度的心理健康狀況。	10 分鐘；個別施測或團體施測	28 題
成人發展性障礙者精神評估檢核表（PAS-ADD）	成人智能障礙者	由熟悉智能障礙者的主要照顧者填寫。	分三個量表，可評量狀態包括： 1. 可能器質性狀； 2. 情感性或焦慮性疾病； 3. 精神病。	10-15 分鐘	25 題
貝克憂鬱量表（BDI-II）中文版	13-80 歲	用來評估個案的憂鬱程度，作為診斷及安置的參考。	包含二十一組題目，每組題目均包括四個句子，依憂鬱的特定症狀之嚴重程度排列。量表內容的症狀評估與《精神疾病的診斷與統計手冊》第四版（DSM-IV）中的憂症診斷判準一致，除了症狀持時間修改為二週之外，有關體重減輕、身體心象改變、精力喪失、睡眠與食慾改變等評估項目，也依 DSM-IV 做了修改。	約 5 分鐘	21 題
貝克無望感量表（BHS）中文版	17-80 歲	本測驗主要是測量受試者對未來的負向態度。	本測驗是由二十一題是非題所組成的，測驗分數可以反映無望感的三個主層面：對未來的感受、喪失動機與喪失期望。	5-10 分鐘	21 題

量表名稱	適用年齡	目的	內容	評量時間	題數
貝克焦慮量表（BAI）中文版	17-80 歲	本測驗用以測量青少年與成人之焦慮之水準，可區辨焦慮與非焦慮相關診斷的患者，作為焦慮患者的篩選工具。	本測驗分為四個量表，共有二十一個項目，每個項目均描述焦慮的主觀、身體或恐慌之相關症狀。	5-10 分鐘	21 題
生活品質三十六題簡短版（SF-36）	14 歲以上的成人	經常被用來評估慢性病患者的照顧品質。	涵蓋八個範疇，身體功能、身體健康導致角色限制、身體疼痛、一般身體健康、活力狀況、社會功能、心理健康導致角色限制、心理健康。範疇為 0-100 分，分數越高代表生活品質越高。	10-15 分鐘	36 題
台灣簡明版生活品質問卷	青少年及成人		問卷內容包括四個向度：生理與獨立程度、心理與靈性／宗教／個人信念、社會關係、環境等。本問卷採用李克氏五點量尺。	10-15 分鐘	28 題
基本人格量表（Basic Personality Inventory，簡稱為 BPI）	國中七年級以上的成人	適用國中至成人之輔導工作，了解個人之人格特質；用於醫療診所與諮商中心的人格評量與診斷。	1.此量表為「是-否」作答方式。2.分十個分量表：慮病 vs. 健康、抑鬱 vs. 開朗、人際問題 vs. 人際和諧、迫害感 vs. 信任感、焦慮 vs. 自在、虛幻感 vs. 現實感、衝動 vs. 穩健、內向 vs. 外向、自貶 vs. 自尊、異常 vs. 正常。	30 分鐘	150 題

資料來源：修改自心理出版社（2015）、中國行為科學社（2015）

Part 2

諮商輔導理論

| 前言
心理諮商與輔導技巧的典範轉移

壹、典範轉移的歷史軌跡

　　隨著科學的演進與人類知識的開展，人類對於個體的人格結構、行為特質有越來越深入、具象的了解。這些了解會引導我們從不同的角度和視野來詮釋個體的人格結構和行為表現，因此讓觀察者傾向看到這些結構或特質的某些因素，這就是孔恩（Thomas Kuhn）所說的「典範」（paradigm）或「取向」（approach）轉移。社會科學家孔恩，認為：典範是一組描述科學探索的假設，這些假設會決定科學家如何去概念化、研究、蒐集和解釋資料，決定科學家如何思考某一個特定的主題。不同典範代表不同的思考架構，可能有助於引導研究者思考，但有可能因此限制了研究者的視野，讓研究者因此看不到其他的觀點。

　　近十多年來，神經科學（Neuroscience）研究技術的快速發展，已明顯改變人對各類社會行為、心理疾病的看法與治療技術。1992 年 Cacioppo 和 Bernston 即提出「社會神經科學」的概念，其內容是指研究者透過神經科學的知識，重新了解並界定人類各種社會互動行為與過程，以及該行為所引發的各種神經生理機制（Farmer, 2009）。所關注的是個體「神經認知機制」、「行為產生歷程」與「情緒引發歷程」三者之間的互動。呼籲社會科學研究者從神經科學的角度了解人類行為的原因，縮小社會行為研究與神經科學研究之間的鴻溝，才能找到根本的解決策略。

　　例如，Kring、Johnson、Davison 和 Neale（2014）曾經從變態心理學的角度來討論典範對心理諮商工作者的影響。他們的研究表示，傳統的心理諮

商典範可能幫助心理諮商工作者從某種角度看到當事人的行為症狀、內在起因等等，但也可能因為受到典範的限制，無法對當事人的行為有完整的解釋。整合個體神經認知科學的知識與諮商服務技術，才能讓諮商工作者的助人專業技術得以充分的發揮。

　　隨著哲學思潮的轉變與整體科學研究技術的進步，有關諮商典範的分類與研究也有所更迭。傳統的諮商觀點依據各種諮商技術對人性的不同觀點，將諮商理論分為四個典範或取向：精神動力典範、認知行為典範、存在人文典範和多元系統典範。Gerald Corey 進一步將心理諮商理論和技巧歸類為五個大類、十一種治療取向（修慧蘭等譯，2009），包括：

1. 精神動力取向（psychodynamic approaches）：包括精神分析治療法（Psychoanalytic Theory）、阿德勒治療法（Adlerian Theory）。強調諮商過程中的洞察、潛意識動機、人格重建等。

2. 經驗與關係取向的治療法（experiential and relationship-oriented therapies）：包括存在取向、個人中心取向、完形治療。主張當事人有自我引導的能力，諮商工作應該重視當事人當下的經驗、當事人自我覺察和自我引導能力的激發。

3. 行動治療法（sction therapies）：包括理情行為治療法（Rational emotive behavior therapy，簡稱為 REBT）、現實治療法、認知治療法。諮商治療的重點在協助當事人建立新的行為模式。

4. 系統觀點（systems perspectives）：包括女性主義治療、家族治療（Family therapy）。強調從系統脈絡中來詮釋當事人的行為和心理健康。

5. 後現代取向（postmodern approaches）：包括社會建構、焦點問題解決短期治療（Solution-focused brief therapy，簡稱為 SFBT）、敘事治療（Narrative therapy）等。主張諮商治療的焦點在協助當事人在他們生活的脈絡或系統中適應或進行他們的生活。

　　此外，也有許多學者從諮商治療的發展歷史，將諮商治療分為精神分析治療、人文諮商學派、行為諮商學派、從整體著眼的心理諮商、後現代主義諮商理論（沈湘縈、楊淑貞、楊惠雯、胡景妮、簡宏江、吳佳慧，2010）。其中「人文諮商學派」又分為存在主義治療和個人中心治療；「行為諮商學派」包括行為治療、認知治療、理情行為治療、內觀的認知治療；「從整體著眼的心理諮商」則包括完形取向心理諮商、超個人心理學取向心理諮商、家庭取向心理諮商；「後現代主義諮商理論」則以敘事治療為核心。至於一些實用的焦點問題解決短期諮商、音樂治療與遊戲治療等諮商技巧等則單獨介紹，完整呈現諮商技巧的發展歷程。

　　儘管每一個典範或觀點都可能引導諮商工作者從不同的角度，使用不同的輔導技巧協助當事人，但是諮商工作者的任務都相同。諮商工作的宗旨都在於：「提升或恢復當事人對自己的了解，明白自己有哪些可用的資源，勇於冒險、改變自己，以追求個人成長或適應生活情境。」（楊淑智譯，2008）。各時代心理諮商的理論基礎，通常反映當代的思潮典範，從傳統以單一個體為分析單位的精神動力典範、存在人文典範、行為典範；到強調整體的完形典範、家庭系統典範、結合神經科學研究的認知典範，以及最近逐漸受到重視的量子心理觀點，都是諮商工作者需要深入了解的幾個主要典範。

貳、諮商技術的發展與高齡諮商工作

　　目前許多諮商主要的心理諮商和輔導技巧的發展，主要有幾個方向，都是高齡心理諮商工作的核心概念：

1. 強調人類身、心之間的交互影響，而不是二元對立的諮商理念。
2. 諮商服務重視個體自我療癒能力的激發，而不只是個體心理問題的解決。
3. 諮商服務在引導個體情緒的抒發、消融，而不只是控制情緒。
4. 諮商服務在引發個體的身體覺察、體現知識（或稱具身知識）（emboied

learning），而不只是理性的說服。

5. 強調協助個體大腦神經迴路的形成，而不僅僅是個體外表行為的改變。

　　不同的諮商典範自然有不同的人性觀點與洞見，由於高齡當事人普遍擁有豐富的生命經驗，以高齡者為對象的諮商者必須熟悉多種諮商典範和技巧，才能在不同諮商工作階段，順利引導當事人並給予適當的協助，許多諮商技術的使用也通常是多種觀點的整合。

　　例如高齡當事人常見的寂寞、孤獨、憂鬱、自殺傾向、失智症狀等心理困擾或疾病，都與當事人生理機能或大腦認知功能有明顯的交互作用。高齡者情緒的引導則越來越強調高齡者負向情緒的抒發與引導，強調藉由體驗引導高齡者觀想、自我覺察、自我改變。至於以電流刺激神經網絡，矯正神經訊息傳遞的「深度腦刺激術」（deep-brain stimulation），已證實能夠快速消除憂鬱患者絕望和悶悶不樂的心情。

　　因此本書仍依照傳統的四個典範依序介紹：精神動力典範、認知行為典範、存在人文典範和多元系統典範。每一種典範的介紹都包括：人性觀點、心理諮商服務的目的、諮商工作者與當事人的關係，以及主要的諮商技術。至於特別適合用來協助高齡當事人自我覺察的引導技巧、完形諮商技巧、正念減壓治療、焦點問題解決短期諮商、神經語言程式學等等，將於第三部分專章介紹。

參、主要諮商典範的比較

　　無論是哪一種典範，心理諮商工作者和當事人之間的「關係」都是心理諮商工作的核心。不同典範或與取向，諮商工作者與當事人之間的關係有不同的特質，所選用的諮商技巧也有所差異，以下概述四個典範的內涵，並整理如表 B-1，以供比較。

一、精神動力典範

　　精神動力典範以深層心理的分析與焦慮的解除為諮商服務目的，重視當事人的情感轉移。諮商服務者扮演專業者的角色，透過傾聽和移情作用，引導當事人分析並處理潛意識，以減低當事人的焦慮。

二、存在人文典範

　　存在人文典範包括個人中心治療、存在主義，強調「諮商工作者與當事人的關係」是諮商服務的核心。諮商工作者扮演傾聽者的角色，透過專注的傾聽、點頭表示接納、同理心等。強調當事人的自我覺察能力、自我效能的提升。至於重視諮商服務提供者和當事人之間的關係，但更偏向引導者角色的「完形治療」也列入存在人文典範。完形治療的諮商服務提供者必須透過一種信賴關係，引導當事人進行自我調節，包括對自己的感官訊息和外界環境的覺察、選擇與回應，並有所改變。重要的引導技巧將於第三部分討論。

三、認知行為典範

　　認知行為典範則強調行為的改變，重視治療技巧。以良好的諮商關係為基礎，由諮商服務者扮演指導者和質問者的角色，協助當事人釐清自己的心智與思考模式。隨著神經科學研究技術的發展，從行為治療、認知治療到目前的內觀或稱正念減壓治療，認知行為典範的發展已進入所謂的「第三波」。由於認知行為的諮商技巧格外適合用來協助高齡當事人，因此有較多的篇幅介紹。

四、多元系統典範

　　多元系統典範包括各類家族治療和社會建構論的治療觀點，以敘事治療、家庭治療和家族治療為核心。諮商者和當事人是合作關係，諮商服務者扮演傾聽者、對話引導者、賦權者，賦予當事人足以改變自己的權力。諮商目的以解決目前發生的問題為主，並鼓勵當事人發展新的適應行為。

表 B-1　主要心理諮商典範的比較

典範	諮商工作核心	關係的特質	諮商者的角色與功能	常用諮商技巧
精神動力典範	・深層心理的分析 ・焦慮的解除	重視當事人的情感轉移	・專業者 ・透過傾聽、移情作用引導當事人	・自由聯想 ・潛意識引導 ・夢的解析 ・移情的處理
存在人文典範	・強調個體的自我覺察能力 ・提升當事人的自我效能	彼此關係是諮商的核心	・傾聽者 ・接納、同理心 ・提升當事人自我覺察和自主性 ・引導當事人對此時此刻內在感官和外界環境的覺知	・個人中心治療 ・內在自我對話 ・曼陀羅創作 ・對夢的覺知 ・藝術治療 ・空椅法 ・完形治療
認知行為典範	・第一波以行為治療為主 ・第二波強調當事人認知和信念的改變 ・第三波強調當事人內觀、靈性價值觀、情緒引導	彼此關係是諮商的基礎	・指導者、質問者 ・協助當事人釐清自己的心智與思考模式 ・引導當事人對感官訊息的覺察	・鬆弛訓練 ・系統減敏感法 ・社會技巧訓練 ・對話行為治療 ・正念減壓治療 ・現實治療
多元系統典範	・以解決目前發生的問題為主 ・鼓勵當事人發展新的適應的行為	諮商者和當事人是合作關係	・傾聽者 ・對話引導者 ・賦權者	・家族治療 ・敘事治療 ・結構家族治療 ・短期焦點解決 ・社會建構論治療

　　Magnuson 和 Noremru 特別提醒諮商工作者，要深入思考個人特質典範之間的契合情形（陳增穎譯，2015）。他認為「建構理論」是諮商工作者要持續學習、終身奉行的，也是諮商工作者完成榮格（Carl Jung）所說的「個體化」（indivulization）必要的功課。正如神經語言程式學的重要假設：「地

圖不等於疆界」（The map is not the territory），遵循著單一的諮商理論通常無法讓諮商工作者完全掌握當事人故事敘說的內涵，在不同的諮商過程中也許需要使用不同的諮商典範和技巧。最重要的是，諮商工作者必須擷取單一的諮商工作取向，並將多種典範融會貫通，加以統整。

「建構理論」包括探索個人的價值觀與核心信念、重要諮商理論的探尋和熟悉。Richard Watts（1993）也曾經將諮商工作者建構理論認同與個人化的歷程分為四個階段：1. 探索個人的價值觀與重要理論；2. 審視一或二種主要理論；3. 將多種理論進行統整，並思考其內在一致性；4. 發展個人化的諮商取向。Richard Watts 認為從個人價值觀的探索、熟悉諮商理論與角色，到統整出一種適合自己的諮商取向、檢視該諮商取向和個人價值觀、個人人格特質和經驗的契合程度，是每一位諮商工作者一輩子的功課。

對於有豐富生命經歷的年長當事人，到底應該採取精神動力典範，重新整理當事人過去的歷史經驗？或者使用認知典範，聚焦在當下問題的解決？或者採取存在人文典範，讓年長當事人透過生命回顧，了解過去的情緒，並為未來生活做一些前瞻性的規劃？的確是見仁見智的問題（Knight, 2004）。Kinght 博士曾經引用班杜拉（Albert Bandura）在 1969 所出版的《行為修正的原則》（*Principles of behavior modification*）書中對心理治療目的的描述：班杜拉用修理汽車來隱喻心理諮商或心理治療的目的，他認為心理諮商應該是調整汽車的引擎就可以解決問題，讓汽車再度運作；但是「精神動力」典範的治療卻總是想徹底修理引擎（Knight, 2004）。

不同的諮商典範，對老年當事人界定和服務導向都有所不同，但是在實際面對老年當事人的諮商服務工作，多數採取「整合觀點」。

第六章

精神動力典範

　　精神動力典範的諮商服務主要包括：精神分析治療法、阿德勒治療法。強調諮商過程中的洞察、潛意識動機、人格重建、焦慮的處理。

壹、人性觀點

　　無論是古典精神分析學派（Classical Psychoanalytic Theory）、新佛洛伊德精神分析理論（Neo-Freudian Psychoanalytic Theory）、個體關係理論（Object Relations Theory）或分析心理學（analytical psychology），都將人視為一個有機體。主張個體天先與生俱來的驅力，是決定其日後人格發展的關鍵因素，因此個體的早期經驗明顯影響個體的行為展現。

一、古典精神分析學派

　　古典精神分析學派是由佛洛伊德（Sigmund Freud）所提出，強調「性驅力」對個體自我概念的決定性，重視潛意識（unconscious）對個體行為的影響力。以「本能」為中心，是一種「決定論」的人性觀點。佛洛伊德提出來的人格結構是由本我（the id）、自我（the ego）和超我（the superego）所組成：

1. 本我：屬於生物層面，是個體與生俱來的本能，沒有道德或邏輯觀念，完全依循享樂主義。包括生的本能（life instincts），即性慾力（libido），以

及死的本能（death instincts），即攻擊趨力。本我部分多數屬於潛意識層面，除非透過練習，否則個體通常不會覺察到本我的存在，也無力控制本我對行為所產生的作用。

2. **自我**：屬於心理層面，是個體和外界現實環境接觸、互動的部分。自我通常依循現實原則來調節「本我」與「超我」二者之間的衝突。

3. **超我**：屬於道德規範層面，負責判斷行為的好壞，是個體將社會標準或父母價值觀內化的結果。

佛洛伊德認為個體人格的發展是遵循固定的階段依序發展，稱為性心理（psychosexual）發展階段，包括：口腔期（0-1 歲）、肛門期（1-3 歲）、性器期（3-6 歲）、潛伏期（6-12 歲）、性徵期（12-18 歲）等五個階段。強調個體的「本我」在每一個階段都有不同的慾望，因此每個階段都有特殊的發展任務，個體的「自我」必須協調本我和超我之間的衝突，否則就會造成心理焦慮，甚至產生「固著」現象，影響個體的人格發展。例如所謂「肛門滯留人格」（Anal retentiveness），根據佛洛伊德的精神動力觀點，就是個體在肛門期（1-3 歲）階段，因為父母過於重視其排便的訓練，而在日後養成過於重視細節的性格。

二、新佛洛伊德精神分析理論

至於「新佛洛伊德精神分析理論」則是對佛洛伊德古典精神分析學派的修正，除了遵循原有佛洛伊德所提出的人格結構與潛意識歷程，還加上社會文化概念，將焦點放在「社會與自我的發展」。包括以艾瑞克森為主的「心理社會發展理論」、榮格所提出的「集體潛意識」（collective unconscious）、阿德勒（Alfred Adler）所提出來的「個人心理學」（individual psychology），都屬於新佛洛伊德精神分析理論，是對古典精神分析學派的修正，強調個體的心理社會發展特質。

例如，艾瑞克森的心理社會發展理論，將個體的發展分為八個連續的心

理社會（psychosocial）發展歷程，包括：嬰兒期、幼兒期、學齡前兒童期、學齡期、青少年期、成年初期、中年期、老年期等，每一個階段都有其相對應的發展任務，個體必須完成每一個階段的發展任務，才能順利進入下一個階段。艾瑞克森心理社會發展八個發展階段是對佛洛伊德性心理發展階段的延伸，可以呈現個體從嬰兒期到老年期的完整性。儘管艾瑞克森的八個心理社會發展階段並沒有絕對的年齡界限，仍然可以和佛洛伊德性心理發展階段做一個適當的比較，每一個階段的發展任務如表 6-1。

表 6-1 佛洛伊德性心理發展階段與艾瑞克森心理社會發展階段的比較

時間	佛洛伊德 性心理發展階段	艾瑞克森 心理社會發展階段	心理社會發展任務
0-1 歲	口腔期	嬰兒期	信任 vs. 不信任
1-3 歲	肛門期	幼兒期	自主 vs. 羞愧、懷疑
3-6 歲	性器期	學齡前兒童期	創造進取 vs. 罪惡感
6-12 歲	潛伏期	學齡期	勤勉 vs. 自卑
12-18 歲	性徵期	青少年期	自我認同 vs. 角色混淆
18-35 歲	性徵期（續）	成年初期	親密 vs. 孤立
35-60 歲	性徵期（續）	中年期	生產 vs. 停滯
60 歲-	性徵期（續）	老年期	統整 vs. 絕望

　　相較於佛洛伊德從性心理的觀點把人格發展分為口腔期、肛門期、性器期、潛伏期、性徵期等五個階段。艾瑞克森的心理社會發展觀點更適合用來詮釋成人及高齡者的人格發展，也是目前高齡學理論較常引用的人格發展。艾瑞克森的心理社會發展的重要觀點包括：

1. 社會文化環境因素，強調社會文化對個體人格發展的影響。
2. 強調個體的能動性，主張個體必須在自我和社會之間取得一種平衡。
3. 強調不同人格發展階段的持續性，個體在每一個階段都必須完成該階段的

發展任務，才能順利過渡到下一個發展階段。

4. 主張個體在每一個階段都可能遭致不同的危機，這些危機都是人生的轉捩點，能夠突破發展的危機個體才能臻於成熟。

　　例如個體如果在嬰兒期沒有受到適當的照顧，無法建立對人的信任感，到了兒童期就不容易發展自主性，間接影響人生中期和後期的自我認同和親密感的建立。同樣的，如果青少年期無法完成自我認同的任務，到了成年期就不容易和伴侶發生適當的親密關係，導致婚姻問題。例如為了追求極端的親密感，因此有過度的依賴感；因為害怕與人有親密關係，影響夫妻和家庭生活。在實際的助人經驗中也常發現，當個體過度使用自我防衛機轉，就表示個體無法順利完成該階段任務，因此以不適當的方式來面對壓力，長期下來就會形成特殊人格或僵硬的身體。

三、客體關係理論

　　以克萊恩（Melanie Klein）為主的「客體關係理論」，也是佛洛伊德性心理發展觀點的延伸，強調生命早期經驗對個體心理發展的決定性。客體關係理論認為個體在生命初期與母親、主要照顧者或重要他人的關係，會影響兒童的心理結構，並決定他們成長後與他人的互動模式。克萊恩認為，嬰兒的主要照顧者必須讓嬰兒有機會體驗自己與他人的差異性，一方面能把別人理想化，一方面能以自己為傲，同時體驗依附關係和獨立性。

　　克萊恩因此主張，母親或主要照顧者必須是「剛剛好的母親」（good enough mother），而不是「完美」的母親。能夠適當滿足嬰兒的依賴需求，但又能引導嬰兒學習容忍挫折。為了讓嬰兒體驗依附關係和獨立性，必須有一個過渡性的客體（transitional object），引導嬰兒心理能量轉移，讓嬰兒有機會學習逐漸脫離依附關係、逐漸能自助性地控制自己以外的環境，發展獨立性與「真我」。例如兒童經常懷抱的小熊、抱枕，都是一種很好的過渡性客體。

四、分析心理學

以榮格為主的分析心理學也是佛洛伊德性心理發展概念的觀點轉換。相較於佛洛伊德的人格決定論，榮格對「自我」的結構性和發展性有更多的描述，對傳統和現代心理學、諮商理論都有很大的影響。榮格的重要理論簡單整理如下：

（一）主張個體的自我具有獨立性、連續性和統整性

主張每個人都具有成為「完整個人」的潛力，會超越過去，朝向未來、且和諧地發展，自我能夠統整調和發展的人就是人格健康。並提出「個體化」的概念，認為個體化是個體自我發展的終極目標，是人格的潛意識和意識兩個層面的和諧統整，也是個體發展的基本目標。例如透過「曼陀羅的繪製」，可以讓人格成長趨於圓滿，曼陀羅的繪製即是一種個體化的歷程（游琬娟，2008）。從榮格的心理學來說，認識自己的本來面目，就是個體化的過程，指意識與無意識的整合，本我的心靈結構與意識中的浮現，導致對整全的心靈發展過程，成為一個完整的人（申荷永譯，2003）。

（二）主張人格特質的相對性

榮格主張人格包括內在、外在兩種性格傾向；男女兩性的相對應人格特質；第一人格和第二人格的展現等。例如，榮格認為自我是意識的中心，「第一人格」是一種人格面具、自我意識和自我認同。個體用來和外界交往的面具。第二人格則是以陰影和無意識的方式呈現，是隨著文化習得而來的自我層次。經常轉化為慣性化的意識，主導著我們的言行，也是陰影透過某種管道來表現自己的方式。（如圖 6-1）。

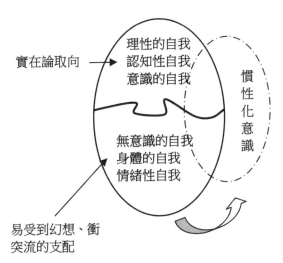

實在論取向 ⟶ 理性的自我
認知性自我
意識的自我

慣性化意識

無意識的自我
身體的自我
情緒性自我

易受到幻想、衝突流的支配

圖 6-1 榮格所提的意識、無意識與慣性化意識
資料來源：申荷永譯（2003）

（三）提出個人潛意識和集體潛意識的概念

主張個體的自我有兩個來源，即「個人潛意識」和「集體潛意識」，其中，個人潛意識所指內容和佛洛伊德的概念相同，個體潛意識中的不愉快經驗如果持續累積就會造成「情結」。榮格所說的「戀母情結」、「戀父情結」都是嬰兒對雙親的情感被長期壓抑的呈現方式。至於「集體潛意識」則是人類在種族演化中，留下的一種普遍存在的原始心像與觀念，也就是榮格所稱的「原型」（archetypes）。原型代代相傳，留存在同族人的潛意識中，成為個體人格結構的基礎之一。因此，個體人格的成長除了童年的記憶，也會受到歷史、種族的影響。

貳、心理諮商服務目的

精神動力典範認為人類大部分的心靈都藏在心理表層以下，屬於潛意識層面，潛意識就像巨大冰山在水面以下的部分，是冰山的主體；人類的意識層面只是心理現象的表層。負向壓力或情緒被隱藏或壓抑在潛意識部分，是

造成心理疾病的主要原因。

　　個體在生活中面對壓力時，為了應付或適應挫折與減低焦慮，會學習或採取某些適應行為，以保護自己、維護自己的尊嚴或安全、減少焦慮的痛苦等，稱為「自我防衛機轉」，個體常用的自我防衛機制包括：否認、轉移、昇華、壓抑、合理化等。個體在面對壓力時，選擇使用適當的自我防衛是一種自我保護、健康的自我功能；一旦過度使用自我防衛機轉，就可能形成特殊人格。

　　因此，精神動力典範的心理諮商服務目的主要在：「減輕當事人的焦慮痛苦、引導當事人學會做選擇」。首先協助當事人減少焦慮，避免個體過度使用自我防衛機轉；繼而加強個體自我功能，使個人行為更能依據現實，較少受到本能衝動或非理性罪惡感所驅使。

　　精神分析學派認為，焦慮是因為本我、自我和超我在爭取心理能量的控制權，而產生的一種緊張狀態（修慧蘭、鄭玄藏、余振民、王淳弘，2013）。因此精神分析的相關治療，都在引導當事人的「潛意識動機」浮現到意識層面，接著引導當事人以成熟、充滿內在資源的自我，重新面對緊張或壓力，並學會做選擇。

參、諮商工作者與當事人的關係

　　精神動力典範的諮商工作者，必須協助當事人將深藏在潛意識的焦慮提升到意識層面，幫助當事人覺察這份焦慮或恐懼，並以合乎現實的方式或充滿資源的方式來處理焦慮。因此諮商工作者首先要與當事人建立工作關係，在和當事人之間的人際互動歷程中，扮演主要的聆聽者和詮釋者。在聆聽和詮釋時，必須留意當事人的抗拒、移情反應，同時有能力覺察自己在諮商引導過程中的反移情作用。

　　例如，透過自由聯想，引出當事人的潛意識，針對童年經驗討論與重建，引導當事人獲得領悟，重新經驗並建構自我概念，以強化其自我功能。

肆、重要的諮商技術

一、傳統精神動力典範的意識引導

　　傳統精神動力典範的諮商技術主要包括：潛意識引導、夢的解析、抗拒的處理與分析、自由聯想以及移情的處理等。目前社會團體工作較常使用的「團體諮商」有越來越普遍的趨勢，其中，精神動力團體可為參與成員提供一個概念架構，用來了解自己過去的經歷，以及這些經驗對自己的影響，也是精神動力典範諮商服務的範疇。

二、現代心理系統的體驗認知

　　一般人想到「潛意識」，通常只會聯想到佛洛伊德的內在趨力、性本能等，事實上，透過目前腦造影技術，人類對潛意識的影響力有更多的認識，更重視個體生理動作對心理狀態的影響。現在神經心理學面對於潛意識的研究不再侷限於「人們想要什麼？」的基本議題，也不再侷限於佛洛伊德所稱的：「潛意識心靈具有和意識活動完全獨立的運作方式」；而是主張每個人都擁有一套心理系統，這個系統能在意識可以覺察或無法覺察到的兩種狀態下運作。換句話說，無論我們是否覺察得到，潛意識不僅刺激我們選擇某個特別的選項，也會激起某些動機協助我們完成目標（謝伯讓譯，2014）。

　　目前一些「體驗認知」（embodied cognition）的研究發現，人類許多的生理動作和知覺感受都可以誘發出具有象徵性或隱喻內涵的心理狀態。例如，想起過去曾經傷害別人的情感，讓我們比較想要友善地幫助別人，並和他人合作。這是一種補償心態。另一個案例是知名的「馬克白效應」，在實驗室內先提醒受試者回想過去感到罪惡感的行為，並宣稱實驗室可能有細菌感染，建議他們去洗手。結果發現，受試者在洗手之後，所有的友善或助人傾向都會消失，顯示洗手這個動作已減輕他們的罪惡感。

　　類似的研究也經常出現，例如讓受試者短暫握住一杯熱咖啡或冷咖啡，結果發現，哪怕握住的時間非常短暫，手握熱咖啡的受試者容易覺得眼前的

人比較溫暖、友善且大方。這些研究都在探討生理經驗如何透過比喻的方式，不知不覺影響人們的決策和行為，其原因是因為心中的抽象概念和外在的真實世界中的事物有緊密的連結，因此可以影響個體的心理感受和行為，稱為「概念鷹架」（conceptual scaffolding）（謝伯讓譯，2014）。

第七章
存在人文典範

　　存在人文典範的諮商服務包括：個人中心治療、內在自我對話、藝術治療、完形治療等，非常強調「諮商工作者與當事人的關係」，諮商者與當事人彼此的關係是諮商服務的核心。在諮商服務過程中，諮商工作者主要扮演傾聽者的角色，透過專注的傾聽、點頭表示接納、同理心等，給予當事人支持。諮商目的則強調當事人的自我覺察能力、自我效能的提升。

壹、人性觀點

　　存在人文典範強調個體自我的積極性功能，對人性和個體自我的發展採取積極的觀點，對人性的主要觀點包括：

一、「人性本善」的人性觀

　　存在人文典範認為，人的本性是善良的，強調個人的尊嚴與價值。主張個體是一個持續成長的有機體，只要後天環境適當，自我就會自然成長。

二、環境的決定性與個人覺知

　　存在人文典範主張個人生活在經驗世界中，無論心智發展或行為都是外在環境和自我功能交互作用的結果。一方面持續精神動力的自我概念，承認個體本我對個體行為和心智發展的影響，但肯定自我的主動性；一方面肯定環境對個體行為的影響，但強調個體可以透過自由意志改變環境。

三、自我效能與個體發展的主要動力

　　個體終其一生都在追求自我的成長與充實，使自己逐漸達到完美的境界。這種不斷向上求進的意志，是個人行為發展的主要動力。因此，非常重視個體「自我意志」與「自我效能」，有效能的「自我」才能有效調節本我和超我之間的衝突，提供個體自我實現和快樂的可能性；自我效能是個體發展的主要動力。

貳、主要諮商理論

　　存在人文典範的心理學理論主要有馬斯洛（Abraham Harold Maslow）的需求理論和羅吉斯（Carl Ranson Rogers）的個人中心治療理論（Person-Centered Theory）：

一、馬斯洛的需求理論

　　馬斯洛的需求理論將個體的需求分為五個層次或七個層次，本書採用最新的七階層論，從低階到高階依序為：生理需求、安全需求、歸屬與愛的需求、尊重的需求、求知的需求、美感的需求、自我實現的需求。馬斯洛認為，個體尋求生理、安全、歸屬與愛與尊重等四需求，屬於「基本需求」或「匱乏需求」，是因為缺乏而產生的需要。求知、美感和自我實現等三個需求，則可歸屬於「發展需求」，是因為個體擁有存在的價值之後所產生的需要，強調個體自我實現的成長動機，如圖 7-1。

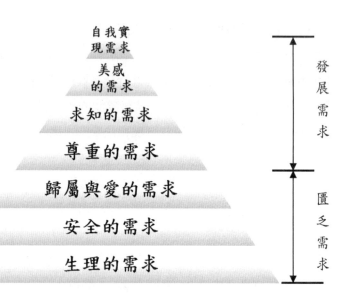

圖 7-1 馬斯洛的需求理論階層圖

二、羅吉斯的個人中心治療理論

　　羅吉斯是「個人中心治療理論」的代表人物，受人本心理學影響，羅吉斯對人性採取積極樂觀的觀點。相信人是理性的、能夠自立，對自己負責，有正面的人生取向；相信個體具有自我了解和自我解決問題的潛能；在尊重和信任的前提下，個體有積極及建設性發展的傾向。然而，個體在與他人和外在環境互動時，經常為了獲得他人的贊同，因此扭曲個人意志或內在自我價值，迎合他人，因此造成心理困擾。

　　羅吉斯的個人中心治療特別強調尊重、同理和助人關係，主張諮商工作者應該提供當事人一個溫暖接納的環境，讓當事人在無條件的接納及諮商員本身的示範當中，學習感受、統整並看重自己。至於「同理」則了解個案的經驗與感受，能夠感同身受。在同理過程中諮商員必須傳達能夠且願意了解當事人感受的理念，並區分為初層次同理、高層次同理，運用在諮商的不同時期和時機，目的在鼓勵個案更接近自己，進一步確認個人內在的不一致。

　　羅吉斯非常重視諮商關係的品質，認為諮商員和個案間的關係是平等

的。諮商工作者必須透過真誠一致、無條件積極正向關懷、接納以及正確同理了解的態度，並使用傾聽、接納、同理與反應等技術，藉由平等的關係以及諮商員的示範，使個案可以從中學習看重自己及對自己也能夠真誠一致。

　　羅吉斯認為，在協助當事人的過程中，諮商工作者必須進入當事人的內在參考架構，進行同理性的理解。同時強調諮商關係的品質，認為「諮商關係」是諮商展現效果的充分且必要條件。認為諮商工作者應該具備三個條件或人格特質：真誠一致（congruence and genuineness）、無條件的正向關懷（unconditional positive regard）和正確的同理心。諮商工作者必須營造一個讓當事人可以安心表達內在感受和想法的環境，讓當事人逐漸了解自己內心的需求，進而選擇朝向自我實現（陳婉真，2008）。因為，一旦人們不再需要在乎別人的評價和喜好；不再需要遷就他人和外在環境的要求或限制時，當事人就會隨著與生俱來的自我實現需求而發展，自然朝向正向、積極的生活。

參、心理諮商服務的目的

　　存在人文典範的諮商服務將當事人視為一個「完整的個體」，諮商服務的目的一方面提升當事人的自主性，一方面提升當事人自我負責的能力，以滿足個體自我實現的動機。諮商服務目的主要包括：

1. 提升當事人的自我覺察能力，覺察外在環境或他人如何阻礙自己的目標追求或達成。
2. 培養當事人審視人際關係的能力，並藉此改變人際互動模式。
3. 鼓勵當事人體驗現存的焦慮或困擾，並以新的生活態度面對它並掌控它。

　　諮商過程中必須協助當事人了解自己的需求、渴望和害怕，並為自己負責；引導當事人找到人生真正的意義，並努力完成它。引導當事人循序漸近地接近自己的內心，真誠地和自己接觸、和身邊的人接觸。有完整和真實的

接觸經驗，讓個體保持平衡，但不失去自主性，也就是讓當事人擁有豐富的心理資源。

肆、諮商工作者與當事人的關係

存在人文典範諮商的重心是「人」，而不是「問題」本身，非常重視當事人在諮商過程中的經驗和自我成長。因此，「諮商關係」則是促使當事人人格改變的充分且必要條件。

基於對個體自我意志以及自我效能的重視，羅吉斯提出「無條件的正向關懷」和「同理心」的概念，主張諮商服務工作者必須具有三個基本條件：真誠一致、無條件積極關注、同理心。強調諮商服務者和當事人之間互動關係的營造，諮商服務者必須無條件地正向關懷和接納當事人，運用正確的同理心，引導當事人體驗當下的肢體覺察。

伍、重要的諮商技術

存在人文典範主張當事人的「主動性」是決定心理諮商輔導與治療是否成功的關鍵因素（吳四明，2013），包括：當事人的自我觀察能力、審視人際關係的能力、覺察並處理壓力的能力、順利說出自己的人生故事等，是當事人可以自己掌握、努力的幾個部分。主要的諮商服務技巧包括：個人中心治療、內在自我對話、曼陀羅創作、對夢的覺知、空椅法、藝術治療、完形治療等等。

一、個人中心治療的三個重要階段

由於存在人文典範強調個體的自我覺察能力和自我的效能，通常將諮商過程區分為三個主要階段：

1. **初始階段**：主要在協助當事人檢視他們對外在世界的價值、信念，以及用哪些假設來決定自我的效能。羅吉斯稱這個階段為「非指導式」（non-directive）諮商階段。

2. **中期階段**：主要在鼓勵當事人針對自我價值進行探索，並重新建構對自己的價值判斷和態度，羅吉斯稱這個階段為「當事人中心」（client-centered）諮商階段。在這個諮商階段中，諮商服務工作者必須營造一種溫暖、可信賴的諮商關係，才能鼓勵當事人卸下自我防衛，真正覺察內在的自我。

3. **最後階段**：羅吉斯所稱的「個人中心」（person-centered）諮商階段即屬於諮商的最後階段，諮商服務者必須協助當事人將諮商過程中發覺自己的力量、找到他人或環境互動的方法，並且將所學到關於自己的一切，付諸行動。

二、高齡者的主動性與自我覺察

（一）高齡者自我覺察的重要性

由於逐漸失去經濟和家庭掌控權、體力逐漸衰退，高齡者會逐漸失去自信心，因此如何透過體驗、對話，提升高齡當事人的「主動性」，是高齡心理諮商服務的關鍵因素。「自我覺察」的能力使個體隨時把握自己的心智，更是老年期心理健康的基礎。然而，從實際與高齡者相處的經驗發現，多數的高齡者都缺乏自我覺察的習慣和能力。隨著歲月的流逝，高齡者通常會喜歡倚老賣老，導致思考和認知缺乏彈性。一方面無法及時覺察子女或朋友對自己的情緒；一方面又不敢表達自己內心真正的需求和期待。對日常生活逐漸變得無感，既沒有喜悅感覺，也會逐漸缺乏同理心，阻隔了和家人互動的樂趣，拉大了家人之間的距離，甚至對自己身體感官的退化，都無法及時覺察。

透過持續的自我覺察，當事人才能學習從自我中抽離，以便在各種感覺、官能和想法發生和影響到自己的情緒或行為之前，覺察到它的存在，並加以確認和評估。例如，經常進行自我觀察，知道自己面對他人快生氣或暴跳如雷前，通常會有哪些生理反應，包括臉部開始抽筋、手腳變冰冷、開始

快速眨眼等反應。

　　自我觀察是自我覺察的基礎，透過持續的自我觀察練習，可以明顯改善高齡者的人際互動和生活適應。例如，與人相處時如果發覺自己生理上有一些負面的反應，可以立即停止人際互動，先自己靜一下，做些深呼吸和緩和運動。等待這些生理反應消失後，再繼續與他人談話和互動，可以有效減少人際衝突，避免傷害手足、朋友或親子的情感。自我觀察練習越早開始進行越好，事實上，許多研究都表示，自我觀察的練習可以增進大腦前額葉在「情緒意識化」上的功能，減緩老年中後期額葉功能的退化程度（Brann, 2015）。

　　越來越多人倡導的「靜坐」，也是一種自我觀察練習，每一次的自我觀察基本練習，可以持續問自己幾個問題，同時要忠實回答自己，包括（吳四明，2013）：

　　・我現在身體有什麼樣的感覺？
　　・我現在在想什麼？
　　・此時此刻我在做什麼？
　　・此時此刻我是如何呼吸的？
　　・在這個新的片刻中，我自己想要些什麼？

　　在實際和高齡者互動的過程中，筆者也常常以上述的問題來引導高齡者討論自己的心情、期待和困擾等。剛開始他們都無法說出自己真正的感覺，但是經過多次的呼吸引導、身體語言的觀察練習，都能明確指出自己的情緒和生理反應。例如，想到不愉快的事情，有一股酸酸的感覺從太陽神經叢位置慢慢往上蔓延；想像練習時，嘴角稍稍上揚，即使小事都可以有較強的愉悅感等；都是很簡單但有效的「次感元」練習，也可以作為正向「心錨」（anchoring）的設定。

　　練習自我觀察可以幫助我們了解自己的心路歷程，不至於受限於情緒起

伏的過程，使我們可以發揮情緒的彈性，但不至於壓抑或否定我們自己的感覺。自我觀察可以協助我們密切地關注自己，更可以彌補高齡者情緒處理缺乏彈性的遺憾，是高齡者學習如何肯定自己、安撫和規範自己的好方法。

（二）自我覺察的練習技巧

1. 深度呼吸的練習

　　情緒是個人精神狀態的直接表現，長期的肌肉壓力會讓身體無法適切地回應外界的刺激。無法適切抒解壓力或表達情緒的人，呼吸會越來越短促，個體的能量也越來越消弱。當個體遭受不愉快、傷心或苦難的時候，身體會把這些傷痛鎖在肌肉裡，長久以後，肌肉裡的壓力會轉為憤怒，甚至以暴力來表達傷痛的情緒。因此，即使是單純的呼吸都能減輕當事人對生理和心理傷痛的覺察。

　　Newberg 和 Waldman 已長期推動觀想，並鼓勵大家以靜觀修行來加強額葉與前扣帶活躍度，提升個人的認知、情緒與溝通機制。兩人提出鍛鍊大腦的八大法，包括：微笑、保持智能活躍、有意識地放鬆、打呵欠、靜觀、有氧運動、對話與信心（鄧伯宸譯，2004），非常適合作為高齡當事人個別諮商或團體諮商的呼吸引導技巧。至於長期靜坐已證實可以增加大腦的灰質部分，不同模式的靜坐和呼吸引導，則可對大腦不同部位的灰質有不同程度的影響（Brann, 2015）。

2. 規律寫日記

　　強調內隱式情緒調適的學者，其強調情緒的評估與再評估的概念，透過情緒的再評估，將情緒調適機制內化為個人的自我信念（Koole & Rothermund, 2011）。例如 Worsch、Bauer、Miller 和 Lupien（2007）以「寫作引導」引導高齡者學習處理生活中的負面情緒刺激、緩和負面情緒，可減少高齡者神經認知功能的損傷，都是嘗試透過教育引導受試者針對刺激的再評估作用，適當處理個體的負面情緒，而不是壓抑或不回應，減少負向偏執對高齡者神經認知功能的傷害（Gordon, Barnett, Cooper, Tran & Williams, 2008）。

　　目前神經認知科學的實驗也證實，個體意念的改變、主動性的行為改

變，都會引發大腦結構上的改變，因為持續性的行為改變可以形成新的大腦神經迴路（郭乃文，2014；林雅玲譯，2014）。事實上，即使只是流水帳式地記下每一天的心情，都會讓人擁有較好的心情指數。如果能夠養成每天書寫感恩和讚美日記，甚至大聲朗讀自己的感恩和心情日記，對個體情緒的調適效果更佳。根據筆者帶領高齡讀書會的經驗，規律寫讚美日記不僅讓自己覺察到行為上的許多小細節，也是讓我們身心安適的好方法。

3. 規律運動

規律運動不只是為了提升身體的生理功能，對個體情緒的幫助更大。運動後大腦中的多巴胺、血清素、腦內嗎啡等神經傳導物質都會明顯增加，讓個體擁有好情緒。其中，「多巴胺」是個體行為養成「獎酬增強」過程中重要的神經傳導物質。激發多巴胺產生的方式有兩種，一種是透過新學習或大笑所帶來的興奮感，刺激多巴胺的分泌；一種則是透過「成癮」物質或活動來刺激多巴胺產生，例如賭博、服用興奮藥物等。兩者的效果都是透過「獎酬增強」讓個體的行為固定化。因此，如何善用多巴胺的獎酬增強功能，改變高齡者的生活作息、行為模式，也是現代心理諮商的助人技巧之一（郭乃文，2014；Sharot, 2012b）。

延伸閱讀　呼吸引導的簡要步驟

和緩地將注意力放到呼吸上可以引發身體的鬆弛反應，在最初十分鐘內就可以刺激大腦不同部位分泌多巴胺，讓身體自然地體驗到喜悅感。呼吸的引導有非常多的派別，本次以最單純的呼吸引導為主。

1. 準備一片音樂 CD，以輕柔古典音樂或爵士音樂為佳。

2. 引導學員選擇站立的地點或座位，採站姿者，最好能打赤腳，站立在軟墊或瑜珈墊上進行體驗。採取坐姿者，不管是坐在椅子上或盤坐者，都要提醒參與者將身體打直，但腰部放鬆。

3. 基本的呼吸引導語

   (1) 現在我要邀請就您現在的位置，選擇您覺得最舒服的姿勢，調整一下您身體的位置；對，也許只是移動一下您臀部的位置，就會有不一樣的感覺喔！對，再調整一下自己的肩膀或頭部，我們的肩膀常常是最容易讓我們感覺到疲累的地方。很好，接下來，我要邀請您輕輕地閉上眼睛，輕輕地搖擺身體，當您一邊聽著我的聲音，一邊輕輕地擺動自己的身體時，您會覺得越來越輕鬆（此時的聲音可漸慢）。

   (2) 接著我要邀請您將上下嘴唇微微張開成圓形，用力地把腹部的空氣吐乾淨，盡量發出聲音，把氣吐乾淨，對；接著用鼻子用力吸氣，對，感覺氣流通過您的鼻腔進入大腦的美好感覺。很好，再次用嘴巴專心把氣吐光，1、2、3、4，大約四秒鐘，再次用鼻子吸氣，1、2、3、4。很好，再次吐氣，1、2、3、4；吸氣，1、2、3、4。

   （這個階段大約進行五至六次，就會有很好的放鬆作用）

   (3) 接下來我要邀請您把吐氣的時間延長為六秒鐘，吸氣時在心裡數 1、2、3、4；吐氣時，則在心裡數 1、2、3、4、5、6。吐氣時，您可以持續用嘴巴吐氣，也可以閉上嘴巴，用鼻子吐氣，很好。

   (4) 接下來我想邀請您試著把兩邊的嘴角微微往上揚，對，我看到了您微笑的臉了，繼續深呼吸，此時，您是否可以感覺到自己內心湧起一種喜悅感？對，不管是吐氣或吸氣，您都可以感覺到氣流經過身體的一種愉悅感覺。

   (5) 初次練習時，這個階段可以持續二到三分鐘，但第二次以後可增加為五到十分鐘，同時將吐氣時間延長為八秒鐘。

4. 引導者的提醒：人體的胸腔是一個密閉的空間，靠著胸腔內壓力和外界大氣壓力的差異，人體才能自然的呼吸。呼吸導引時，必須引導體驗者先學會充分的「吐氣」，才能吸入充足的氧氣。因此，光是單純的呼吸或吐納就足以讓我們學會「謙虛」，懂得把自己內心清空，才能有所得。

第八章
認知行為典範

　　認知行為理論（Cognitive-Behavioral Theories）包括傳統的行為學派、認知行為理論，以及晚近的神經認知科學，都是從個體可觀察到的行為出發，分別針對個體的不適應行為給予協助或治療。Ian James 長期專研高齡者的心理諮商服務，根據他的經驗，由於高齡者豐富的生命經驗，較多固執化的行為模式。除了一些器質性精神疾病外，高齡者的心理困擾多數肇因於認知扭曲、心智模式的僵化，或大腦神經傳導物質的分泌異常所致，因此非常適合透過認知典範的諮商服務技巧給予協助（James, 2011）。

壹、人性的觀點

一、從行為典範到認知典範

　　行為學派以科學方法的原理原則為基礎，處理當事人當前所遭遇到的問題及其相關的影響因素。理論的核心是「外在環境如何形成或塑造個體的行為」，包括行為的增強（reinforcement）、修改（modification）或消弱（elimination）。行為學派認為個體所有的行為都是學習來的，無論是個體的適應行為或不適應行為，都是學習的結果，因此相信「個體有能力改變自己」。

　　隨著科學研究技術的發展，行為學派逐漸重視個體「信念和心智模式」對外在行為和心理健康的影響，亦即逐漸重視個體認知架構對心理健康的影響，即稱為「認知行為學派」。根據認知行為學派的觀點，個體對感官所接

收到的資訊、經歷、環境和事件有不同詮釋，因此形成各種不同的人格特質。一般而言，個體對外界訊息和個人經驗的認知，經常因為不適切的認知情形，導致負面的自我價值，影響個體的自我效能，包括：資訊的概括化、資訊的扭曲和刪減等。高齡者面對年長子女的關心，常常因為錯誤的解讀，導致心理的壓力或憂鬱情形，例如：「兒子看到我的時候總是不高興！」、「兒子不讓我自己做這件事，一定是覺得我老了，沒有用了！」都是在認知基模對資訊的過濾過程中，發生了訊息的變型或扭曲，也因此形成個體特殊化的觀念、價值觀或自我印象（秦秀蘭，2012）。

　　認知行為學派主要觀點包括：1. 個體的想法會導致各種情緒與行為；2. 個體的情緒和身心疾病都是源自於負向思考模式；3. 個體的情緒性症狀可以透過改變心智模式和思考模式來改善。認知行為治療的學者 Beck 認為，情緒障礙者的認知模式通常包含兩個層次：

1. **淺層的負性自動想法**：個人會依據生活經驗，建立個人的認知假設或認知基模（schema），使人傾向選擇與個人思考模式一致的信息，因此產生偏執的認知模式或認知世界。
2. **深層的功能失調性認知假設或基模**：個人的認知基模中，有些是極端消極的、被扭曲、被刪減過的或過度類化的訊息，因此表現出功能失調的態度或行為。

　　筆者根據認知行為學派的觀點，將個體認知外在世界的過程描繪如圖 8-1。

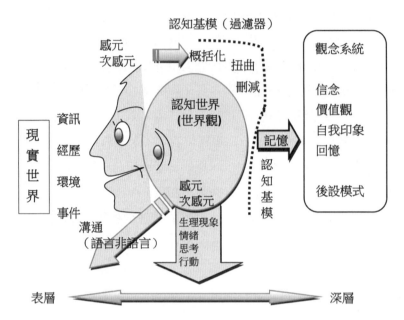

圖 8-1　個體認知世界的形成過程
資料來源：秦秀蘭（2012）

二、個體認知模式與信念的三原色

　　個體的健康同時受到身體和心理的影響，這種身心靈交互影響的情形在高齡者更為明顯。例如長年臥病的人會因為心理壓力大，覺察到自己的智力正在快速的降低；反之，認知或記憶力的衰退，常引起高齡者自卑、逐漸隱退到人群後，因而更加速認知功能的衰退。因此，不論高齡者是否擔負職場或社區志工的主要工作，保持高齡者的「心理和認知功能」的活化，都是高齡教育的核心工作。

　　資深的心理諮商工作者 Ian James（2011）認為，自我（self）、未來（future）和外在情境（surroundings）是影響個體情緒的三個主要因素，並將這三個因素稱為「三原色」（Triads），三者交互作用決定個體的情緒狀態。其互動關係如圖 8-2：

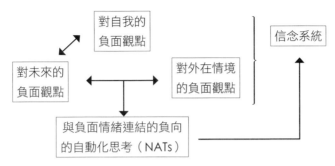

圖 8-2　三原色模式和認知主題
資料來源：James（2011）

　　James 的原色模式和認知主題（cognitive themes），將個體主要的負向
情緒依據情緒的強度分為：憂鬱（depression）、焦慮（anxiety）和憤怒
（anger）三類。三種情緒和三原色的關係可整體如表 8-1（James, 2011）。個
體透過對自我、未來和外在情境的負向覺察所形成的產物，就是 Beck 所說
的「負向的自動化思考」（negative automatic thoughts，簡稱為 NATs）。認
知典範認為，這些負向的自動化思考，就是形成高齡當事人負面經驗和情緒
的根源。因此，諮商工作所關心的就是如何拆解個體在這三原色上的負向連
結。James 認為，因為在生理和社會情境上處於相對弱勢，自我、未來和外
在情境三者是連相互影響、緊密連結的，如果只拆解高齡當事人三原色中的
任何一個是沒有用的。

表 8-1　James 三原色的認知主題

三原色的認知主題（自我、未來、外在情境）		情緒
三原色	覺得自己一文不值或不適任，對世界充滿負向觀點，覺得未來一點希望都沒有。	憂鬱
	覺得自己很容易受傷害，整個外在環境是混亂的，未來世界也是不可預期的。	焦慮
	覺得個人沒有受到公平對待，外在環境對自己是敵對的，所以急於採取措施來保護自己。	憤怒

　　James 自 2001 年起，即延續榮格「慣性化意識」的概念（如圖 6-1），把個體的信念體系形容為一個「容易破碎的蛋」（fragile egg）（James, 2011）。認知是一種訊息的接收、處理和接受的過程，James 用細胞膜的半透膜特質（semi-premeable）來詮釋罹患憂鬱症當事人的信念體系（如圖 8-3）。個體訊息的處理過程可以分為三種方式，第一種是與個體原有的負向信念相符的負向訊息，會自動透過半透膜進入信念體系；第二種處理模式是直接拒絕正向訊息，不讓正向訊息通過細胞膜進入信念體系；第三種處理模式是將正向訊息轉為負向訊息，再讓它進入信念體系。因此，即使是正向、積極的訊息，都可能因為當事人負向的自動化思考，而被個體信念拒絕，永遠無法進入個體的信念體系參與作用。

　　例如，60 多歲的王媽媽退休多年，因為經濟關係參加職業訓練和媒合，受訓後開始在一社福機構兼職。職訓局和身邊朋友都覺得這是一個難得的機會，王媽媽卻為此悶悶不樂，並持續保持負向的思考模式。包括：他們會僱用我是因為工資比較低；我的體力不好、這份工作會不會太累；我年紀大，一定會遭到其他年輕人的排斥等等，都是一種負向自動化思考的結果。

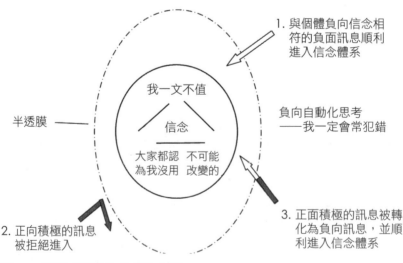

圖 8-3　憂鬱者的訊息處理示意圖
資料來源：James（2011：20）

三、主要的認知行為典範理論

　　隨著學術研究與神經認知科學研究的發展，從行為典範到認知典範是一種必然的歷程。認知行為典範主要的學者和諮商治療理論包括：1. Pavlov 所提出來的古典制約，主張經過配對刺激讓個體產生反應；2. Skinner 的操作制約，主張透過行為後果（獎賞或懲罰）來影響行為表現；3. 班杜拉的社會學習理論，強調環境、個人因素和個體行為對行為反應的影響；4. Ellis 和 Beck 的認知行為治療，強調「認知歷程」，主張情感、行為對個體行為的影響和認知一樣重要，個體行為的養成歷程必須透過認知、情感和行為三者的互動。至於量子力學逐漸發展成「量子心理學」（Quantum Psychology）（Wilson, 1990），也有很多學者將之列為認知行為典範。其中，Ellis 和 Beck 的認知行為治療與 Wilson 所提出來的量子心理學，都對高齡當事人的諮商服務有極高的實用性，一般讀者卻相對陌生。因此，特別介紹如後。

（一）Ellis 和 Beck 的認知行為治療

　　Ellis 和 Beck 的認知行為治療認為，個人的心理困擾通常是因為不合理的思考模式，導致自我制約，並形成自動化思考的結果。真正造成心理困擾的不是問題本身，而是當事人的「心智模式」。個體是經由內在的成熟與外在環境的同化與適應，並結合新舊經驗處理訊息，主動發現與學習，進而建構自我的認知基模。在個體成長過程中，受到個體早年經驗和重要事件的影響，外在訊息可能形成一種自動化的思考，讓個體得以生存下去；也可能被類化、斷章取義或二分法等，形成認知扭曲，造成個體心理障礙或心理疾病（如圖8-4）。

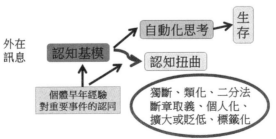

圖 8-4　個體認知扭曲與自動化思考的形成歷程

（二）神經認知科學的典範

大腦神經科學研究的進展，不僅僅改變人類對個體行為改變、認知歷程的了解，讓我們對高齡者認知功能的改變有更積極的觀點，也改變了目前心理諮商、宗教信仰與超個人心理學的研究趨勢。有關人類「行為」的研究，過去都被列入人文社會科學，隨著大腦科學研究技術的發展，許多神經認知科學研究者紛紛投入大腦在行為養成過程中所產生的變化，對於許多心身性疾病患者的治療有很大的助益。當我們越明白大腦在認知過程中的各種神經認知機制，我們就越能了解認知扭曲或錯誤的認知模式對高齡當事人心理健康的影響程度。

例如，根據神經認知科學的研究，個體在提取相關訊息時是一種相當複雜的機制，至少牽涉到兩個不同的大腦皮質區：內側顳葉（medialtemporal lobe）和額葉頂葉控制網絡（frontal parietal network）。與「內側顳葉」有關的是記憶或事件的細節部分；至於「額葉頂葉控制網絡」則和記憶的整體架構有關。研究者以磁共振造影技術觀察發現，個體在提取真實的記憶內容時，「內側顳葉」會有明顯被激活的情形；在提取個體認為是真實，但事實上是一種假的或當事人創造出來記憶（false memory）時，則是「額葉頂葉控制網絡」有明顯的激活情形（Cabeza, 2002）。Brann（2015）表示，對當事人而言，在提取個人所創造出來故事，是在「經驗」一個新的故事，而不只是一個假的記憶。

許多研究已證實，與事件或記憶有關的「情緒」因素對個體的記憶內容有極大的影響力。情緒強度越高的記憶或事件，越能夠引發個體的深刻記憶。尤其是女性當事人，情緒對個體記憶的影響更為明顯（Brann, 2015）。因此，情緒性的語言不僅具有強大的心理暗示作用，也是引發當事人虛假記憶的重要媒介。這種情形對於閱歷豐富的高齡者而言，更是屢見不鮮。

神經認知研究也發現，經常感覺到孤獨、寂寞的人，左側顳葉後上端腦溝的灰質明顯較一般人薄且稀疏。只要經過一些具有互動式的遊戲訓練，參與者的灰質都可以明顯增加，對社會性互動的覺察能力會明顯增加，因而減

少孤獨感覺（Kanai et al., 2012）。首先諮商工作者要以專業者的身分，讓當事人知道：個體的記憶的確可能是被我們所「創造」出來的；讓當事人了解：個人的記憶是可以加以改變的。

事實上，Rosemary Farmer（2009）即從社會工作服務的角度提醒從事社會工作的助人者：「社會服務工作內容與個體神經生理機制事實之間，有嚴重的脫節（missing link）」。Rosemary Farmer 強調，社會工作服務者必須深入了解人類重要的神經認知反應機制，才能根本了解個案或當事人的需求，以及時提供他們適當的服務。

（三）第三波認知行為典範

有關神經認知科學研究工具和技術的發展，讓人類對大腦的結構和功能有深入的了解，也根本改變心理學和諮商工作的歷程。越來越多的心理學家和諮商工作者結合西方的諮商技術和東方的觀想，強調個體當下的內觀、自我覺察、對自我和外在刺激的接納，才能讓行為的改變持續下去。這些整合性的行為認知技術稱為「第三波的認知行為治療」（Third wave cognitive behavioral therapies），第三波的認知行為治療是現代心理治療技術的新發展，是傳統的行為改變技術、認知治療的延伸，特別強調當事人健康和幸福感的「整體」（holistic）改善，而不只是減少心理或情緒性症況的發生（Association for Contextual Behavioral Science, 2015; Linde, Rück, Bjureberg, Ivanov, Djurfeldt & Ramnerö, 2015; The Third Wave Psychotherapy, 2015）。

第三波的認知行為治療是建立在「認知治療之父」Aaron Beck 所提的認知典範之上，並結合量子腦動力學（quantum brain dynamics）的概念。目前，無論是個人心靈成長、諮商工作服務、人際互動、企業管理，只要與人有關的討論，「量子腦動力學」的觀點都與「神經認知科學」的觀點並駕齊驅、相得益彰，大大擴展人文社會科學的研究深度與寬度。

「量子腦動力學」是從量子理論（quantum theory）出發，提出「量子腦」（quantum brain）的概念，以解讀人類的大腦控制機制與個體的意向（intention）、注意力（attention）和行為之間的交互影響，解讀人類深層的心理思維和行

為反應機制。

　　量子理論認為，任何一個量子體都可以在同一個時間存在一個以上的地方，它並不存在於任何時空之中，只有當我們在觀察它的時候，它才會成為「粒子」。量子體在某一個空間停止存在時，會同時出現在另一個空間，卻不是利用某個時間穿越此時與彼時的中介空間，稱為「量子跳躍」（quantum jump）。無論距離多遙遠，某一個量子可以同步影響相互關聯的另一個量子體，這就是量子的「非場域」（non-locality）特質，或稱為「量子遠端作用」（quantum action-at-a-distance）。所有的粒子基本上都是息息相關的，所有的知識都存在於量子訊息場域，隨時可以取用。不論物體存在於宇宙的哪一個地方，每一個物體會發出自己的量子全像。每一個量子的訊息場彼此相連結，所有的結合點都是明亮且密度很高的光點（Brann,2015；Wilson,1990）。

　　不同過去牛頓思維（Newtonian thinking）重定律、法則和控制，強調「靜態」、「不變」。量子思維（quantum thinking）重視的是不確定性、潛力和機會，強調「動態」、「變遷」。根據量子理論的觀點，觀察者也是參與者（observer can't be left out of the description of the observation），在觀察者與被觀察者之間，是「觀察者」創造了被觀察的世界。神經科學上，也認為覺知是對訊息或象徵物的主動察覺，而不是被動的接收訊息（Wilson, 1990），這些概念與目前許多神經認知科學的研究結果相呼應。透過電腦斷層掃描來觀察人類大腦在產生意向、行為控制時所產生的變化，讓我們對大腦神經控制機制與個體行為之間的互動關係有更深入的了解。

　　Wilson（1990）從量子物理學和大腦的軟體之間的相似性，發展量子心理學。Wilson 認為，量子物理學的研究常聲稱：「我們不可能發現絕對的真實，只能了解或知道統計上的真實。」同樣的，我們對於大腦的了解只是透過儀器測量所得到的數據，至於大腦真正的祕密和實情，並不是我們能理解的。Wilson 的量子心理學主要是建立在對物質和心智的研究，讓我們對真實有更多的了解，可以解釋目前諮商工作上許多疑點，例如，對於心理層次的對話、表達等，不同專業的心理學家有不同的分析方法和詮釋。

　　Wilson 認為量子物理學和大腦的軟體之間的相似性可以整理如表 8-2。

表 8-2　量子物理學和大腦的軟體之間的相似性一覽表

量子物理學	大腦的軟體
對物質和心智的研究	對物質和心智的研究
觀察者也是參與者 觀察者創造了被觀察的世界	覺知是對訊息或象徵物的主動察覺
我們不可能發現絕對的真實，只能了解 或知道統計上的真實	我們對於大腦的了解只是透過儀器測量所得 到的數據
宇宙的大小其實是人類創造出來的	大腦的模式規劃形塑我們的認知
貝爾定理——「一個粒子將會對另一個 粒子的行為瞬間產生影響」	大腦中複雜的「電子穿隧」現象
宇宙的涵括性、整體不可分割	大腦對於事物詮釋的涵括性、整體不可分割

　　認知行為典範的發展，從著重「行為的改變」到強調「認知模式的改變」，再演變到目前強調「身心合一、身心互動」的概念，從量子腦動力學來解讀人類的大腦控制機制與個體的意向、注意力和行為之間的交互影響。主張個體的大腦會透過神經傳導物質控制個體的行為，個體的行為也會反過來影響大腦的結構和運作機制（Brann, 2015; Wilson, 1990）。

延伸閱讀　認知行為治療的第三波

典範的轉移是一種漸進式、持續成長的歷程，認知行為典範的發展大致分為三個階段：

1. 第一波以當事人行為的改變為主，偏向「行為治療」。
2. 第二波強調當事人認知和信念的改變，偏向「認知行為治療」。
3. 第三波強調當事人內觀、靈性價值觀、情緒引導、連結與接納，偏向「辯證行為治療」。目前第三波的認知行為治療大致有四個主要的治療技術：
   (1) 接納與承諾治療（Acceptance and Commitment Therapy）
   (2) 辯證行為治療（Dialectical Behavior Therapy）
   (3) 後設認知治療（Metacognitive Therapy）
   (4) 內觀的認知治療（Mindfulness-Based Cognitive Therapy）

資料來源：Association for Contextual Behaviorl Science（2015）

貳、心理諮商服務的目的

從 Ellis 和 Beck 的認知行為治療到神經認知科學和量子心理學，除了肯定個體行為有改變的可能，個體有能力改變自己；也越來越強調個體心理健康和行為之間的互動關係。因此，綜合認知行為典範的心理諮商服務的目的包括：

1. 引導當事人透過新的學習，建立新的大腦迴路，以增加個人的選擇，提升個人的適應性。
2. 引導當事人以理性的信念取代無效的非理性思考；協助當事人以正向的思考取代負向的思考模式。
3. 提升當事人的自我覺察能力，重新找回自己與他人之間的連結。例如，高齡治療團體常用的「敘事治療」，即是透過個人故事的敘寫，引導當事人體驗一個新的生命經驗，建立新的大腦迴路。

對高齡當事人而言，聚焦於當下、此時此刻問題的「認知典範」是比較適合高齡者的（Knight, 2004）。Knight 表示：雖然「生命回顧」已被認為對高齡當事人具有相當的治療功能，但是生命回顧的使用，是定位在生命回顧和角色轉換之間的連結，期待當事人有能力改變過去的歷史，同時開創新的角色，或者支持一個全新的未來生活。

參、諮商工作者與當事人的關係

相較於精神動力典範，在諮商服務的過程中，當事人必須扮演更積極的角色，主動參與改變的過程，才能在行為變過程中提升當事人的自我控制和自我效能。其中，「自我控制」是指個體對自身的心理與行為的主動掌握，能夠調整自己的動機與行動，以達到預定目標的自我實現過程。「自我效能」

則是指人們對自身能否利用所擁有的資源去完成某項工作行為的自信程度，也就是一個人對於靠自己能力來完成工作的信心。目前已證實，低自我效能與抑鬱症有關；高自我效能感則可以幫助人保持健康的生活方式，提高了免疫系統，幫助減緩緊張，並減少疼痛。

在諮商服務過程中，當事人和諮商者都必須主動參與行為的改變，彼此是一種「同盟關係」或「合作關係」，諮商者和當事人都必須採取主動角色。

肆、重要的諮商技術

美國史丹佛大學（Stanford University）在 2008 年所出版的 *Handbook of Behavioral and Cognitive Therapies with Older Adults* 是第一本針對認知典範如何用來協助各類高齡當事人的諮商工作指導手冊。其中，對於照顧者的心理諮商服務也有系統化的引導（Steffen, Gant & Gallagher-Thompson, 2008）。認知行為典範認為諮商服務者可配合當事人的特殊需求，調整治療技術。除了大腦神經科學的手術治療外，認知行為典範的諮商服務工作多數在協助當事人覺察自身的焦慮反應，以及對焦慮的慣性反應；覺察自己對焦慮的誇大或自我效能的低估，藉此改變當事人對焦慮的態度，引發有效的行為。

認知行為典範的諮商服務技術包括認知、情緒和行為等三個層面的技術，並一再完成認知作業，以增加當事人的適應性。其中，「認知」層面包括：駁斥非理性信念、執行認知家庭作業或改變個人的語言；「情緒」層面的技術包括：理性情緒的想像，建立新的情緒模式、幽默的運用、角色扮演、羞愧攻擊練習（shame-attacking exercise）、正念減壓治療等；「行為」層面的技術包括：鬆弛訓練、系統減敏感法、行為示範等。都是目前經常使用在高齡諮商服務或高齡社會團體工作的服務技術。

目前神經認知科學研究常用的「深度腦刺激術」（deep-brain stimulation）已證實對憂鬱症患者有相當好的療效。透過以電流刺激神經網絡，可以矯正神經訊息的傳遞障礙，快速消除憂鬱患者絕望和悶悶不樂的心情。重大創傷

後遺症或其他憂鬱症患者，因為缺乏「模式分離」的功能，無法分辨舊有的記憶和新形成記憶的差異性，因而引起恐慌發作。透過電擊，加強患者神經元的新生，就可能產生「模式分離」的功能，讓患者有能力形成「新的記憶」，與過去對憂鬱和恐慌症患者試圖消除不愉快經驗的治療方法大不相同（潘震澤譯，2015；謝伯讓，2015）。

　　第三波的認知行為典範強調：身心互動、身心整合的概念，神經心理學運用腦科學知識來了解人類的行為，強調基因與環境都會影響大腦功能，探索認知與情緒關聯。強調個人的知識、經驗和行動技能，都是引發動機與產生行為變化的基礎（郭乃文，2014）。身體與心理不是互不相干的實體，而是交互影響；許多研究也證實當我們感受壓力時，會在身體部位產生相對的反應。因此目前行為認知典範的諮商服務已逐漸減少單純的晤談模式，而是引發較多個體的身體覺察、體現知識，引導個體情緒的抒發，語言則成為一種引導的媒介。例如目前常用呼吸導引或數息放鬆法、正念減壓治療、神經語言程式學、身體流的復原技術、自我觀察與專注力、腦波振動、觀想靜坐等等，都是透過個體的身體覺察、情緒的自然流動，讓肢體和情緒相互引導，在互為主體的過程中，讓個案體內原本打結的情緒逐步鬆開、釋放、終究消融。

　　從 Ellis 所提出的「理情行為治療」，到第三波的認知行為典範，都非常適合高齡當事人的多元化特質。例如，國內目前已廣泛推廣的「正念減壓治療」或「內觀的認知治療」，強調直接引導當事人覺察自己與他人關係的認知或情緒狀態的「人際心理治療」，以及一般常見的「神經語言程式學」，或稱為「身心程式語言學」，都屬於認知行為典範的諮商服務技術，非常適合用來協助高齡當事人，將於諮商技巧專章詳細介紹。

延伸閱讀 Mindfulness-based 的界定

心理諮商典範的轉移是一種漸進的歷程,所呈現的是心理學發展的歷史軌跡。「Mindfulness-based」在國內有人譯為「正念」,例如「正念減壓」(Mindfulness-based stress reduction,簡稱為 MBSR);有人譯為「內觀為本」,例如「內觀為本的認知治療」(Mindfulness-based cognitive therapy,簡稱為 MBCT)。儘管兩者的中譯文不同,但對於「Mindfulness-based」的界定是完全相同的。

「正念減壓」源於美國麻州大學醫學院的(Center for Mindfulness Biography,簡稱為 CFM)(國內譯為正念減壓)主持人 Jon Kabat-Zinn 博士於 1979 年創立的標準八週課程,引導方法係結合西方醫學/心理學與東方傳統的禪修方法。「內觀為本認知治療」也是以 Jon Kabat-Zinn 主持的正念禪修中心(Center for Mindfulness Biography)所提出來的概念為基礎。根據 Jon Kabat-Zinn 的概念,「Mindfulness」是一種狀態,是個體以一種不加評判的態度,刻意地留心覺察當下此刻的信念或情緒狀態。

資料來源:唐子俊等譯(2007);Center of Mindfulness(2015)

第九章
多元系統典範

壹、人性觀點

　　不同於精神動力典範、認知行為典範和存在人文典範，多元系統典範是從系統的觀點來看待個體的心理困擾，從建構主義的角度來看待個體心理困擾的產生。各種家族治療和多世代家族治療、社會建構理論等，都可歸屬於多元系統典範。對人性的觀點包括：

1. 個體的心理困擾是在系統中被建構出來的，所謂的真理或事實，都是一種具有「主觀性」的概念或觀點。
2. 不同的人使用不同的語言或價值判斷，所有的觀點都是在特定的文化或歷史脈絡中形成。
3. 以「系統」觀點來看待個體的心理困擾，探討個體在整個家族系統中的互動模式。
4. 當事人所敘說的故事或事實，都是在他們所處的「文化情境」中運作的結果，因此形成他們獨特的看法。

貳、心理諮商服務的目的

　　多元系統典範的諮商服務，可簡單區分為「社會建構論」與「家庭系統典範」兩個領域進行說明。

一、社會建構論的諮商服務目的

社會建構論的諮商服務認為，個體的心理困擾都是在系統中被建構出來的，然而，所謂的真理或事實，都是主觀性的觀點，都是不同社會文化影響的結果。因此諮商服務的目的主要是：「透過提問、對話，引導當事人表達各種觀點，和個人獨特經驗；並賦予當事人或家庭成員權力，讓他們充分表達自己的觀點，增加彼此的了解，以促成彼此的改變」。

二、家庭系統典範的諮商服務目的

家庭系統典範的諮商服務者相信當事人的心理困擾，都是他們在所處環境中互動的結果，透過當事人生活或家庭系統的了解，才能找出當事人心理困擾或心理障礙的成因。因此，諮商服務的目的是：「藉由改變整個家庭的互動模式，增加個體的心理適應能力」。

不管是家庭系統典範或社會建構論的諮商服務，都在解決目前發生的問題、鼓勵當事人發展新的適應行為。諮商的重點都是當事人與系統中的人、事、物之間的關係處理，在家庭等系統的脈絡下改變個體。包括：增加當事人的多元觀點、減輕當事人的焦慮、重新建構自己的生命故事、發展當事人的適應力和自主性等等。

參、諮商工作者與當事人的關係

不同於精神動力典範和認知行為典範中，諮商服務工作者的專業角色，多元系統典範重視多元、尊重、合作和賦權的概念，強調諮商服務工作者與當事人之間的合作關係。諮商工作者不是專業指導者，而是扮演顧問或指導者的角色，是一位深具同理心的傾聽者或合作者（collaborator）。

多元系統典範強調「家庭系統」對個人的影響，重視所有成員在家庭各次系統中所扮演的角色。諮商服務者與當事人及其生活系統中的重要他人形成一個「回饋小組」，透過語言取向、敘事取向或問題導向的諮商策略，與

當事人共同面對問題，創造出一個新的解決方法。因此，諮商服務工作者的指導、同理心的使用，比諮商技術更重要（陳婉真，2008）。

肆、重要的諮商技術

　　儘管多元系統典範在家庭治療上自成一格，但事實上有許多諮商服務技術都是結合精神動力和認知行為典範的結果（Morgan, 2011），包括：1. 以客體關係理論為基礎，與當事人建立安全一致的關係，探索當事人對於過去與當下的覺察。2. 引導當事人「洞察」自己對於過去和當下事務的覺察，作為認知重建的基礎。3. 諮商者善用認知治療的引導技術，引導當事人積極且建設性的改變。多元文化的諮商技巧通常需要諮商師具有調整傳統技巧與增進文化的能力，才能勝任。

　　整合性多元系統典範的諮商非常適合短期的諮商，以及功能性小團體的諮商，其中「敘事」和「語言歷程」的重新建構，則是多元性諮商典範的重點。重要的諮商技術包括：家族治療、透過家系圖的繪製澄清家庭互動的關係、敘事治療、焦點問題解決短期治療、女性主義治療等等。本章特別針對較常用來協助高齡當事人的「家族治療」和「敘事治療」進一步介紹。

一、家族治療

　　家族治療是二十一世紀蓬勃發展的顯學之一，主要是在探討個體行為與家庭互動的關係。家族治療的觀點認為，個體的行為與心理問題其實是整個家庭運作所造成的副產品。產生的症狀可能會發生在家庭成員當中某一個適應力較差的成員身上，這個發病的人通常稱為「被指認的當事人」（identified patient，簡稱為 I.P）透過「被指認的當事人」的症狀顯示出家庭危險的警訊，顯示整個家庭、家庭的互動規則需要修正與調整。部分心理諮商學者因此認為，「家族治療」事實上是一種「關係治療」，治療的焦點在於當事人的人際關係上（修慧蘭、鄭玄藏、余振民、王淳弘譯，2013）。

　　不同於以往諮商與心理治療各理論派別以「個人」為治療對象，將諮商重心設定為「探索當事人內心世界與思維架構，重建當事人的心理歷程，尋找問題及解決困擾」。家族治療則是分析家庭中各成員之間複雜且缺乏平衡的關係，以了解個別的病態角色與精神病理，並藉各種理論對家庭中所呈現的病理現象做治療，建立可以處理內在與外在衝突的健康家庭功能。以當事人所屬的整個家族系統為治療核心，探討其家庭成員彼此的互動模式，從中研究病理特徵，進而設計治療策略與介入計畫。換句話說，家族治療是以家庭互動模式來探討問題，當事人的問題只是家庭功能不良的一種病徵，唯有改善家庭系統，方能有效治療當事人，以發揮其功能，適應社會生活。

　　由於家庭系統的多元化面貌，過去一百年來家族治療的發展也以「量身剪裁」的方式發展出多種治療取向。主要的治療取向包括傳統已發展成熟的精神動力模式、跨越世代模式（Transgenerational models）、經驗模式（Experiential models）、結構模式（The structural models）、策略模式（Strategic models）、行為與認知行為模式（Behavioral and cognitive-behavioral models）等六個模式；以及新近發展的社會建構模式（一）（Social construction models I）和社會建構模式（二）（Social construction models II），以及心理教育模式（psychoeducational models）（Goldenberg & Goldenberg, 2013）。

　　由於高齡人口的增加以及新一代高齡者身心特質的變化，以高齡者為對象的家族治療將越來越受重視。Hughston、Christopherson 和 Bonjean（2012）特別針對各種不同安置狀態、身心健康程度不同的高齡者，以及主要照顧者，介紹適用的家族治療，包括：被迫退休、藥物或酒精依賴者、罹患失智症、有自殺傾向、身體失能等高齡者。諮商服務的內容則包括：家庭照顧者與高齡者的互動、支持策略、家庭結構的安排、家庭決策規劃等。

　　以下簡單的介紹幾個家族治療模式：

（一）精神動力模式

　　「精神動力模式」的家族治療以 Nathan Ackerman 為代表，他整合了個人內在取向的精神分析理論與強調人際關係的系統理論，提出精神動力模式的

家族治療。他將家庭的功能不良視為家庭成員間角色互補的失敗、持續未解決的衝突，以及偏見的代罪羔羊所造成的結果。精神動力取向的家族治療焦點放在當事人的過去，諮商工作的重點在於幫助當事人解開這種連鎖的病態。

（二）跨越世代模式

「跨越世代模式」以 Murray Bowen 為代表，Murray Bowen 是家族治療領域的主要建構者，他的理論以自然系統觀點為基礎，將家庭概念化為「情緒關係系統」，因此強調諮商過程中當事人過去與現在的經驗與情緒的處理（修慧蘭、鄭玄藏、余振民、王淳弘譯，2013；Goldenberg & Goldenberg, 2013）。並提出一些主要的連鎖概念，以解釋當事人在家庭中發生的情緒歷程。包括：自我分化、三角關係、核心家庭情緒系統、家庭投射過程、情緒截斷、多世代傳遞過程、手足位置、社會退化與家庭圖等概念。其中「自我分化」（Differentiation of self）和「三角關係」（Triangles）兩個概念是 Murray Bowen 的主要貢獻，也是影響家族治療的關鍵。

「自我分化」是指當事人以家庭系統觀點出發，檢視個體情感與家庭維持結合或獨立的過程，也就是當事人在家庭系統中調整彼此距離的模式。當事人自我分化的程度越大，越能區分情緒與思考；承受巨大壓力時也不易產生焦慮感或症狀，且越不易受到家庭不良功能的影響。至於「三角關係」則是一種三人關係中，二人對抗一人的互動經驗。例如，高齡者當事人一旦面臨被迫入住照顧機構時，為了舒緩壓力，會把第三者（媳婦）拉進自己和兒子的關係中，以形成二人（母子）對一人（媳婦）的三角關係，暫時轉移母子關係的緊繃情緒。如果三人關係仍不能維持平靜；為了避免焦慮增加，將會有第四人涉入，形成連鎖的三角關係。

（三）經驗模式

「經驗模式」的家庭治療以 Carl Whitaker 和 Virginia Satir 為代表，主張個體有權自我決定，在追求自我實現的歷程中，經由克服僵局來獲得成長與成熟，治療時重視當事人現在的經驗。強調個人性支持的重要性，因個人性

支持有助於當事人當下的自我覺察，能有自尊且能清楚地與家人溝通。

　　經驗主義取向治療強調讓家庭成員有自發性、表達情緒的自由及個人成長的機會，因此「人際互動的經驗」才是當事人成長的主要動力。根據筆者的經驗，對於交出經濟與家庭掌控權，逐漸喪失自我主導能力的高齡者而言，「經驗模式」的家庭治療可以讓高齡者認為個人能在家人關係中仍然保有個人性，唯有如此，高齡者才可能與家人或主要照顧者有真正的親密關係，此與目前高齡教育政策主張提升高齡者的「自主性」不謀而合。

（四）結構模式與策略模式

　　「結構模式」的家庭治療以 Salvador Minuchin 為代表，「策略模式」的家庭治療則以 Jay Haley 和 Cloe Madanes 為代表。兩者都是從系統理論出發，強調家庭單元的主動性、組織的整體性，以及家庭是經由溝通模式形成的組織方式；並以家庭成員間的聯盟、界限與權力關係來描述家庭系統，主張許多心理疾病與行為是家庭結構或權力運作不良之反應。常用的技巧包括：重新框架（reframing）、使用家庭隱喻（family metaphors）等等。

（五）行為與認知行為模式

　　「行為與認知行為模式」的家庭治療試圖藉由影響個人思考模式來改變思想與行為，主要以「學習理論」為基礎，傾向於強調家庭中特定的行為問題，而非對家庭動力的全面了解；行為與認知行為模式的家庭治療透過發展出定期監督、以資料為基礎的介入程序等，將科學方法帶入治療過程，並強調環境、情境和社會的行為決定因素。其主要治療理論與技術包括：行為分析、制約、行為增強與形塑、契約的運用和認知重建等等。

（六）社會建構模式（一）和（二）

　　社會建構模式（一）強調焦點問題解決短期治療與合作治療（Collaborative therapy）；社會建構模式（二）則以敘事治療為主。其中，敘事治療將稍後討論；焦點問題解決短期治療則將專章討論。

（七）心理教育模式

　　「心理教育模式」結合了心理和教育兩個概念，認為諮商工作者的任務不僅僅是異常行為的診斷者，而是一位引導者，諮商過程中必須針對當事人的不適應行為、沒有獲得滿足的情緒進行引導；同時進行目標導向、生活適應技巧的指導。這些技巧包括一般技巧和特殊技巧。因此，心理教育模式的家庭治療應包括三個層式的協助：1. 提供適當的訊息；2. 協助當事人將這些訊息內化為個人的能力；3. 將這些能力付諸行動（Jerry, 1977）。

　　例如，針對高齡者對於自己記憶力逐漸退化，因為「認知抱怨」所導致的憂鬱或退縮情形，諮商工作者必須除了提供高齡者正確的神經認知知識，也必須透過團體引導活動的體驗或討論，讓他們把這些知識與個人在認知上的改變加以整合，排除不必要的心理障礙或疑慮。

二、敘事治療

（一）敘事治療的內涵

　　一如上述，「敘事治療」是多元系統諮商的重要技巧，一方面融合各種後現代的理論，並以社會建構理論為核心。社會建構的概念主要包括：「自我」、「認定」與「社會結構」（尤其是語言）之間的關係。Crossley 認為：敘事治療是社會建構取向，非常強調自我與社會建構之間的關係，尤其是「自我」與「語言」之間的關聯。例如，當我們思考問題時，很容易忽略時間的存在。我們會期待時間是靜止的，讓我們可以剖析事情的原因；但實際上，生命的過程會不斷持續。然而，在敘述故事的當下，時間的確如當事人所預期的「靜止」卜來了（朱儀羚、吳芝儀、蔡欣志、康萃婷、柯嬉慧譯，2004）。

　　在敘述治療的過程中，必須掌握治療的目標（White, 1995），當事人透過個人生活故事的敘述，可以看到個人生命的意義，發現個人內攝的價值觀。當事人所形成的故事內容，往往與其所處的生活文化有關，敘事治療就是在提供一個「架構」（frame），協助當事人看到自己如何受到在文化隱含假設的影響。

　　諮商工作者的任務則是以真誠的態度，與當事人建立合作的諮商關係，傾聽當事人對問題的陳述，使用「外化」或「例外」（exceptions）的敘述技巧，經由解構與敘寫的過程，鼓勵當事人重新創造自己的故事（White & Epston, 1990）。也就是藉由讓「人」和「問題」分開，外化提供空間，探究人和問題之間的關係。打開重寫對話的可能性，在新的故事中活出新的自我形象，並賦予這些故事新的意義，開創個體新的關係與未來（陳阿月，2008）。

　　諮商工作者在從事敘事治療時必須掌握幾個原則：

1. 諮商治療者要有開放的心胸，聆聽當事人的敘述。
2. 在敘事治療過程中，必須「外化問題」，清楚人是人，問題是問題，不會把問題加諸在個人身上。
3. 敘事治療的諮商輔導者，將自己當成與當事人平等對話的交談者。
4. 敘事治療的對話不應以薄弱的說法表達了事，如「開心」或「不開心」，必須詳細描述。
5. 敘事治療的對話，必須豐富個人所表達的內容，減少溝通時的誤解，也不至於由別人揣測說話者的意思。
6. 諮商者必須提高個人敏銳的覺察能力，同時對未知有所期待，將每一次對談，都當成嶄新及令人無法預見的經驗。

（二）敘事治療的歷程

　　敘事治療的目的在於創造有關於問題與生活的故事，完整的敘事治療至少包括下列幾個歷程（修慧蘭、鄭玄藏、余振民、王淳弘譯，2013；ÓHanlon, 1994）：

1. 諮商師與當事者之間建立一種平等、合作的關係，對問題加以定義。
2. 將問題擬人化，排除壓迫性傾向的歸因。
3. 了解問題如何困擾、支配和打擊當事人。

4. 邀請個案，從不同的觀點看待自己的故事，並找到替代的意義。

5. 協助當事者尋找他生命經驗中，主要困擾問題的例外情形。

6. 從歷史事件中，找到一種足以逃離壓迫性的問題，或打敗問題的新觀點。

7. 請個案思考自己渴望的未來是什麼？有一天問題完全被解決了，會發生什麼情況？

8. 發現或創造一個觀眾，以便支持或成就個案的新故事。因為個案的問題通常源自於社會脈絡，所以有一個支持的社會環境，是非常重要且必須的。

Part 3

操作練習或討論案例

第十章
高齡心理諮商服務者應有的專業知能與技巧

在撰寫本書的過程中，我不斷問自己：

「高齡者諮商服務的目的是什麼？」

「以高齡者為對象的諮商輔導人員，應該要有哪些特殊的專業知能、人格特質？」

「誰有能力或資格擔任高齡當事人的諮商服務者？」

「在生命經驗的寬度與廣度相差懸殊下，高齡諮商服務工作者如何彌補個人對高齡心靈的體驗和理解的不足？」

壹、諮商工作者的「為他者」角色

對於一般的諮商工作者而言，以高齡當事人為對象的諮商工作的確充滿挑戰。這些挑戰可能源自於諮商工作者對高齡當事人的特質不夠了解，包括：個體生理老化的機制、高齡者與年長子女或家人之間的互動模式、諮商工作者個人對死亡的恐懼、個人諮商技巧或經驗的限制等，最後才是諮商工作者對目前可提供高齡當事人的相關服務資源不夠清楚（Kampfe, 2015; James, 2011）。

例如，「藥物濫用」是高齡者最常見的心理問題之一（高淑芳，2006），所以從事高齡者諮商輔導人員應具備藥物的相關知識，以區分是心理問題或是藥物過量導致高齡當事人的心理困擾或疾病。至於諮商輔導人員

能否協助高齡者克服對藥物的心理依賴，則需要諮商輔導人員、護理人員、醫師以及其他相關專業人員的合作。

正如本書導論部分提到的「高齡諮商服務工作的四個領域」（圖 A-1）所示，Levinas 也曾經從「為他者」的觀點來討論諮商工作者的角色：「在諮商和助人現場，他人總是優先於自我，個人的存在則因為他人的存在而存在；我們每個人都是朝向他者而生的，我與他人的關聯之間會產生一個無條件的『為他』責任。」個案通常帶著不同的樣貌和問題來到諮商助人者的面前，在諮商現場，個案會透過諮商者迴向自己；同時，諮商師也會透過個案迴向自己，在這種雙向關係裡，雙方各自保有獨特性（黃莉棋，2014）。

如果諮商者無法認清自己的位置，而是以一種高高在上、專業者的角色，指導個案該如何、如何做，該如何把個案導向健康、遠離煩惱等等，不僅抹殺了個案的獨特性，也違反 Levinas 所說的「為他者」的助人者特質，對個案而言更是一種無形的暴力，這種情形發生在高齡諮商助人領域更加明顯、嚴重。Levinas 的為他者概念不僅是一種諮商倫理，也是一種諮商者的技巧，面對高齡個案，「世代差異」原本就是諮商過程中相當大的阻力，也是諮商工作者的難題，如果無法體認個案的獨特性，諮商或助人的歷程就會更加困難。

然而，不管諮商工作者的技巧運用多麼純熟、精湛，真正影響當事人的，不是諮商工作者所使用的技巧，而是諮商工作者的信念和價值觀。Hubble、Duncan、Miller 和 Wampold（2010）的研究也表示，「諮商工作者」是諮商工作績效最強而有力的預測因子。諮商工作者本身的價值觀、人格特質與諮商工作的取向息息相關，因此，「諮商工作者本身」對整個諮商工作的影響至深且鉅，包括：關係的建立、選擇與個人信念和價值觀相符的諮商典範或模式、洞悉並開發當事人的優勢和資源、給予當事人希望感與期待等等，都是「諮商工作者本身」對整個諮商工作績效的影響。

諮商工作者結合個人的天賦才能與人格特質，加上諮商工作者應有的專業態度和技巧，接受督導和良師（mentor）的指導，能夠順利與當事人建立

同盟關係，就是運用「諮商工作者本身」作為治療工具。

貳、高齡心理諮商服務人員應具備的條件

相較於一般的年輕族群，高齡者心理困擾的評估顯得格外的複雜，包括了解問題呈現的基準點、心理因素的關聯性分析、情緒表達的確認、處遇範疇的決定等等。以下將高齡者諮商或心理協助工作者應該具備的條件分為認知、情意和技能等三方面加以說明。其中，「情意」部分包括諮商工作的倫理覺知和素養。

一、認知方面的條件

以高齡者為對象的諮商工作者在認知上必須具備的條件包括：

（一）有正確且與時俱進的高齡學知識

導致高齡者心理障礙的因素非常多樣化，至少包括生理、心理和社會三類的因素（McDonald& Haney, 1997; Wacker & Roberto, 2008），因此諮商工作者必須對個體的生理老化過程、心理老化特質，以及高齡者社會形象對高齡者心理的影響，有完整且正確的認知。諮商工作者不僅要正確引導高齡當事人認識自己大腦在老化過程所做的各種努力，也同時可以透過有趣的練習，增加高齡者大腦彈性，重拾自信心。因此，越深入了解高齡學或高齡者醫學的知識，越能產生對高齡當事人的深度同理，對高齡者的諮商服務也越有信心。

例如，多數高齡者在日常生活中偶而忘了鑰匙放置地方、停車位置、某些物品的名稱，是一種「語意性記憶」（lexical memory）或「事件記憶」（event memory）的遺忘，都屬於「陳述性記憶」，是高齡者記憶衰退的主要部分，也是一種「正常的遺忘」（秦秀蘭，2012），不必過度擔心。如果因為過度擔憂，造成心理壓力，便可能對大腦老化造成二度傷害。不如指導高齡者透過學習新行為，形成新的大腦迴路，順利改變行為。例如，指導高齡

者出門前，先跨出門轉身、把鑰匙插入大門的鑰匙孔後，再把門扣上。多練習幾次，自然能塑造新的行為。

延伸閱讀　高齡者認知功能老化的三道防線

從高齡者認知特質的認識、了解可能影響高齡者認知功能的因素，到善用策略協助高齡者維持良好認知功能，就像捍衛高齡者認知功能的三道防線。是每一位以高齡當事人為服務對象的諮商工作者必要的任務。

1. 高齡者的認知特質──編碼技巧不佳、提取資訊或再認時間較長，因此影響短期記憶的功能。
2. 影響高齡者認知功能的因素──教育與學習、情緒與壓力處理、營養與生體健康、心理社會適應情形。
3. 高齡者認知功能的改善──善用媒介物、編碼技巧的學習、認知再訓練、肢體的放鬆、大腦功能的活化。

（二）對個體身心靈的老化歷程有完整的了解

人類是社會性的個體，個體所生活的社會、心理和物質環境都可能影響個體的身心健康。目前受到高度重視的「社會腦」（social brain）（Dunbar, 2007）的概念提醒我們：社會文化因素對年長者認知功能的影響，超乎我們的想像。隨著歲月的累積，影響年長者的內、外在環境既複雜且多元，因此，年長者心理諮商服務人員不僅要深入了解年長者的社會性結構與角色，也必須了解個體在老化過程中的生理、心理和情緒的變化，才能真正掌握年長者的身心發展特質和需求。例如為了避免「記憶抱怨」對心理造成不必要的傷害，讓老年人對大腦認知老化有正確的了解，對年長者心理健康的維護非常重要。

（三）持續參與訓練、接受督導與自我成長

由於高齡人口快速增加，諮商服務的對象有高齡化的趨勢。Kampfe（2015）提醒工作者必須視高齡當事人為「高齡消費者」，才能用心學習並

深入了解高齡消費者的特質和真正需求。針對高齡當事人的諮商服務工作，Kampfe 認為工作者必須透過一連串的自我練習和體驗活動，讓自己充分體會高齡者在生理和心理上所遭受到的氛圍，才能降低世代差異對諮商效果的影響。

　　因此 Kampfe 建議以高齡當事人為服務對象的諮商工作者，透過個人或團體方式，進行一些自我練習和體驗作業，讓自己更了解高齡者日常生活中可能產生的生理或心理壓力。例如：

1. 無論白天或晚上，打開電視並持續盯著電視機看，至少持續四小時。並寫下自己生理和心理上的感受。

2. 列出自己到了高齡期一定要做的所有事情，無論是積極性的或消極性的都要詳細列出來。

3. 用表格列出與高齡者有關的正面和負面的訊息，例如有錢的、有愛心的；負面的可能是倚老賣老、邊邊的等等。

4. 列出上述的表格以後，請思考幾個問題：

　(1) 這些訊息反映出一般高齡者通常有哪些觀點？

　(2) 您覺得這些訊息對一般高齡者可能有哪些影響？

　(3) 您覺得這些訊息對一般諮商工作者可能有哪些影響？

　(4) 您覺得這些訊息對您自己的諮商工作可能有哪些影響？

5. 進行一次腦力激盪，面對上述的負面觀點，您覺得可以有哪些不同的做法，包括高齡當事人本身、一般社會大眾、諮商工作者以及您自己本身。

諮商工作者的團體練習活動

1. 請其中兩位團員面對面坐好，兩人之間的距離大約十五步的距離，其中一人扮演諮商工作者，另外一人扮演高齡當事人。
2. 由團隊中的其中一個人開始，輪流大聲說出自己對高齡當事人的負面刻板印象。
3. 任何一位團員大聲說出自己或整體社會對高齡當事人者的刻板印象後，就請這位團員站在諮商工作者和高齡當事人之間。活動繼續進行，直到至少有四到五位團員站在諮商工作者和高齡當事人之間。
4. 沒有其團員想大聲說出對高齡當事人者的刻板印象後，活動先暫停。領導人接著詢問團員：「請問大家，現在諮商工作者看得到當事人嗎？」
5. 團員回到原位，並引導大家思考這個練習活動的啟示。
6. 這個活動可以重複進行一次，把高齡當事人換成年輕當事人；站在諮商工作者和當事人之間的人則扮演高齡者。結束再邀請所有參與訓練者分享並討論社會對高齡當事人者的刻板印象可能有哪些影響。

這個活動可以引導諮商工作者了解個人對高齡者的刻板印象，或偏見對自己的影響，團體式活動可以與個人的自我練習交互進行。

資料來源：Kampfe（2015）

二、情意方面的條件

以高齡者為對象的諮商工作者在情意上必須具備的條件包括：

（一）有一顆澄明、溫暖的心

由於高齡當事人有豐富的生活經歷、多樣化的人格特質，為了避免世代差異造成的溝通障礙，諮商工作者更需要有澄明的心境，才能如實反映當事人的情緒，並給予適當的情感回應（McDonald & Haney, 1997），而不是耍嘴皮子、賣弄自己的諮商專業技巧。根據心理分析學派的觀點，為了成為一位心理分析師，心理諮商者也必須有被分析、被治療的經驗，才能擁有心理

分析治療的基本心態。如果諮商者的意識只是不斷被壓抑，那麼諮商者和當事人之間的關係都只是一種個人式、水平式的移動，無法深化，諮商者本身則容易陷入精疲力竭的情境。

（二）有開放的胸襟和謙卑的態度

在實際諮商工作中，高齡當事人經常會懷疑年輕諮商工作者的能力，這是司空見慣、屢見不顯的。面對高齡當事人豐富的生命歷練、精彩的生命故事，諮商工作者必須以開放的心胸，並以同理心接納高齡當事人的情緒，並表現出願意了解、傾聽當事人述說個人的歷史、過往的心情，減少世代差異的負面效應（Knight, 2004），試著了解高齡者的社會情境，當事人自然會慢慢卸下心防。

諮商輔導工作者的任務是要「盡力把自己放在過程中的悲憫中心，而不是教導當事人這個世界有多麼美好」。每一個人或多或少都有自己的心理問題，心理諮商者不是要把當事人的問題當成問題來解決，而是要協助當事人將問題轉化成扣敲個人自主性的「敲門磚」。

（三）願意向高齡當事人學習

諮商和輔導工作者經常會鼓勵當事人探索自己，找回自己曾經擁有的力量。對許多高齡者而言，被新一代文化和科技拒絕、被視為落伍或無能，是一種無法忍受的心理壓力，也是一種致命的心理傷害。面對高齡當事人，必須把當事人的生命放在歷史洪流中來解讀，才能幫助我們了解高齡當事人。Knight（2004）因此建議年輕諮商輔導工作者要抱著向高齡當事人學習的心，例如，有更敏銳的觀察力、了解高齡當事人所使用的不同語彙、留意不同文化背景對當事人的影響等等。更重要的是，用高齡當事人可以了解的語言和詞句和他（她）們溝通，才能真正掌握事實的真相。

（四）坦然面對高齡當事人結案的困難

由於高齡當事人的心理困擾或障礙通常是盤根錯節，且和當事人的生理狀態和社會人際關係有關且相互影響。因此面對高齡當事人的結案，很可能

讓諮商輔導工作者感到無力。Knight（2004）因此提醒諮商輔導工作者以實際的觀點來看待心理治療，他認為高齡諮商服務的貢獻在於「讓高齡者更有能力解決他們的問題，以及讓高齡者免於焦慮、沮喪、人際關係的困擾等」。

（五）實踐助人專業倫理的理念

由於當事人與社會大眾對心理助人專業的公共信任（public trust）是助人專業安身立命的基礎，「助人專業倫理的理念」可以說是專業助人者的核心價值。而助人專業倫理的實踐，則有賴於具體專業制度與實務工作習慣的建立，比如助人專業倫理教育的實施，專業學會與公會倫理委員會的運作，專業證照制度與相關法律條文的訂定，助人實務機構的規定，與個人合乎專業倫理的工作習慣等，都是具體實踐助人專業倫理理念的必要做法（牛格正、王智弘，2007）。助人專業倫理對內規範助人專業人員的專業行為與維持助人專業的服務品質，對外建立社會大眾對助人專業的公共信任與維護當事人的最佳權益（王智弘，2005）。

事實上，比起年輕個案，高齡當事人的保護和諮商保密工作困難許多，特別是當高齡者的認知功能嚴重退化、判斷力不足時，當事人的隱私和自主性的維護等問題會變得更加複雜。

三、技能方面的條件

以高齡者為對象的諮商工作者在技能上必須具備的條件包括：

（一）熟悉諮商基本理論與技巧

熟悉心理學各種典範、理論和諮商技巧，是諮商工作者應有的基本素養，從精神動力典範、存在人文典範、認知行為典範，到多元系統典範，都有不同的理論架構和治療技巧。其中，「接納和傾聽」可以說是高齡諮商服務最核心、基本的技巧。例如，資深的心理醫師 Helen Strauss 即使到了老年時期仍然從事諮商服務工作。他表示，因為自己的年齡和高齡當事人的年紀

相近，對他們的自我概念、價值觀都有較多的了解，有很多時候，「純粹傾聽」就能緩解當事人的情緒，達到諮商服務的效能。他認為，即使當事人與家人之間的關係良好、家庭美滿，高齡當事人超高標準的自我要求，仍然會造成當事人某些心理困擾。如果老年祖父母還必須擔負教養孫子女的責任，高齡者的心理壓力和困擾將更嚴重，包括老年祖父母和中年子女教養態度的世代差異，對生活美德的不同界定等等，都可能造成老年祖父母和中年子女間的隔閡（Strauss, 1997）。

Helen Strauss 曾經舉例，有個和他年紀相近的年長女性當事人，年輕時是一位音樂教師，先生去世後和女兒、子孫們住在一起，一家人相處得相當融洽，子女和子孫輩都很親近她。但是她總是覺得自己是外人，女兒的家只是她的「新家」，她總覺得孩子和子孫們把她接來住在一起，只是遵守歐洲的傳統罷了，她過去的所有專長和獨立性完全都沒有受到重視。

Helen Strauss 醫師開始為這位老太太提供諮商服務，在多次的傾聽、晤談之後，她不斷傳達希望能把自己過去各種珍貴的傳記，翻譯成英文，好讓子孫們知道奶奶年輕時代有多麼優秀。自從生活有了另一個夢想、多了一個自己可以達成的目的，老太太的臉上便不再有悵然若失的神情。因此，Helen Strauss 醫師認為心理治療其實就是一種高度的同理，是一種傾聽的藝術，而且可以透過各種方式來專注傾聽；而諮商者和當事人則是彼此的盟友或合作者。

Helen Strauss 醫師強調，由於高齡當事人在諮商過程中的回應通常都有相當的特殊性，不僅反映當事人的人際關係，也反映當事人和諮商者的互動關係，這種「合作或同盟」的諮商關係，對高齡當事人心理健康的支持作用是非常明顯易見的。

（二）具有整合性的諮商輔導觀點和視野

在進行當事人評估時，高齡當事人認知功能的退化程度、心理和情緒狀態、各種生理性疾病等，都是評估的重點，每一個面向的改變都可能造成老

年人的心理障礙，因此以高齡當事人為對象的諮商工作者，對高齡者醫學的專業認知是評估的基礎。老年醫學專業能力的需求，再加上諮商工作者和高齡當事人年齡差距所可能造成的「世代差異」，讓高齡者諮商工作有更多的挑戰性與複雜性。因此，「跨領域」的服務團隊及「整合性」的老年諮商服務，將是未來的核心議題（Knight, 2004）。

美國在 2014 年由「美國諮商學會」（American Counselling Association）出版的《美國諮商學會 2014 年倫理密碼》（*2014 ACA Code of Ethics*）即明白規定所有以特殊需求當事人為諮商服務對象的諮商工作者，都必須接受相關的訓練。例如：以高齡者為服務對象的諮商工作者，必須接受有關高齡者教育、高齡者復健工作相關教育訓練，以確保諮商工作者對高齡當事人的特質有一定程度的認識，以保障高齡當事人的最大利益（American Counselling Association, 2014）。

（三）避免「反移情」影響諮商輔導工作

諮商輔導工作者與高齡者之間是一個雙向的關係，由於世代差異和高齡者生活歷練的多元性，與高齡當事人工作時的反移情，可能和年輕當事人不同。例如，Knight（2004）曾經舉例，一位高齡者經過三次心臟手術，因為憂鬱症被轉介到醫院的諮商中心接受心理治療。在治療過程中，年輕的諮商工作者不斷引導當事人討論死亡，而且認為當事人抗拒討論是因為對死亡有過度的焦慮。經過幾次治療後，當事人要求更換治療師，並且冷靜地告訴新的治療師，原來的治療師似乎對死亡有過多的焦慮。

每一位諮商輔導工作者都有自己必須面對的人生困境和心理問題，如何避免這些問題造成反移情，因而影響諮商輔導工作，需要更高的自我察覺與練習。事實上，每一位諮商輔導工作者都應該有被治療的經驗，例如透過治療性團體、禪修工作，才能掌握個體自我成長的心路歷程。Knight 建議，研讀有關移情和反移情的諮商輔導工作記錄，是諮商輔導工作者掌握反移情類型最好的方式。

（四）善用當事人的優勢與正向經驗

黃光國（2013）提出「優勢中心的生涯諮商」，他從儒家倫理療癒的理論出發，認為諮商工作者在引導當事人自我反思時，諮商工作者的任務就是進行「優勢中心取向的生涯諮商」。所謂「優勢」（strength）是指「能幫助讓個體對生命感到滿意、滿足，有意義感及因應生命的力量」。黃光國認為，「優勢」和「天賦」不同之處，在於優勢是後天培養的、可以選擇、學習與鍛鍊出來的。

優勢中心諮商是諮商師運用個人的「優勢力量」，以促進當事人改變；目的在幫助當事人發展「優勢與正向經驗」，增強其存在能力，並能應用於未來的生活。這跟「敘事治療」並不相同。「敘事治療」不預設當事人敘事的內容與方向，它跟詮釋現象學一樣，不作任何的價值判斷。相較之下，「優勢中心諮商」所謂的「優勢」，卻已經蘊涵價值判斷的成分。

第十一章
初階和進階諮商服務的基本技巧

壹、諮商服務者的工作旅程

在諮商過程中，諮商工作者的諮商技巧與其態度、人格息息相關，甚至是不可分割的整體。實事上，諮商工作績效最強而有力的預測因數正是「諮商工作者」本身（Hubble, Duncan, Miller & Wampold, 2010）。諮商工作者的專業成長過程是一段漫長，但卻充滿喜悅的旅程（journey），在這個崎嶇不平的旅程中，諮商工作者的技巧學習是非常關鍵的因素。從諮商典範、技巧的選擇，諮商技巧和諮商工作者的自身特質交互影響、相濡以沫，一旦能將個人特質與諮商理論、技巧統整，就成為諮商工作者個人化專業角色的展現。

無論是哪一種諮商典範或治療，都有一些共通性的基本技巧。Magnuson 和 Noremru 曾經將諮商工作者的旅程分為幾個重要階段，適切地描述諮商工作者在每一個諮商階段所扮演的角色，以及每一個階段所需要的技巧。包括：思考如何與當事人互動；運用基本傾聽技巧與當事人建立關係；學習進階的催化技巧；諮商典範的統整與個人化；應用理論進行評估與概念化；與個案會面並進行治療計畫、歷程監控、文件記錄；最後則是讓諮商工作更加穩定牢固（陳增穎譯，2015）。

在陳述所有諮商技巧之後，Magnuson 和 Noremru 以一張「技巧習得與專業發展的概念化圖」說明一位諮商工作者在發展技巧、建構理論、應用等方面該有的作為。可用來說明諮商工作的完整歷程和相關技巧。如圖 11-1。

圖 11-1 諮商技巧習得與專業發展的概念圖
資料來源：陳增穎譯（2015）

在「諮商技巧習得與專業發展的概念化圖」中，諮商工作者的基本技巧位於正中央，是連結貫穿其他元素的樞紐。基本技巧依序遞增擴充為進階催化技巧、建構理論、催化改變、以及運用自我為治療工具等層級。包括：

1. **初階基本技巧**：包括非語言專注、跟隨、反映內容、情緒反映、澄清、摘要和催化性的提問。

2. **進階催化技巧**：包括適切反映意義、立即性反應、自我揭露（self-disclosure）、面質（confrontation）、重新框架、運用隱喻、沉默。

3. **建構理論**：包括認同、統整、應用。

4. **催化改變**：包括評估、概念化、治療計畫。

5. **運用自我為治療工具**：例如回應當事人多元及獨特的需求。

每一個階段都有不同程度的諮商技巧，但無論哪一個階段或層級，都必須掌握真誠、尊重、同理心和投入的諮商原則。從基本技巧到運用自我為治療工具，諮商工作者必須有足夠能力回應當事人獨一無二的需求，這也是諮商工作者專業角色融會貫通的能力展現。其中「初階基本技巧」和「進階催化技巧」是各類諮商工作的共通部分，進一步介紹說明如後。

貳、初階的基本諮商技巧

諮商過程中經常使用的一般性諮商技巧包括非語言專注、跟隨、反映內容、情緒反映、澄清、摘要和催化性的提問。事實上，所有的技巧都屬於「傾聽」的一部分。以下首先分別說明每一個基本技巧的內涵，並針對特別適合用來協助高齡當事人的諮商技巧，進一步舉例說明。

一、非語言專注

在諮商過程中，非語言的溝通無所不在，包括眼神、姿勢、外表、肢體動作、臉部表情，甚至是呼吸頻率，都是一種非語言的溝通。這些非語言的溝通模式影響深遠，而且很容易被誤解。一般常用的非語言諮商技巧包括：使用臉部表達、身體姿勢和生理動態來傳達訊息；也可由類似的方式讀出別人傳達給我們的訊息。在諮商過程中，諮商工作者除了必須專注於當事人非語言溝通訊息的接收、解讀和回應，也必須持續練習自己對各種非語言溝通模式的敏感度與自我覺察。

在社會中，非語言是一種相當普遍的溝通方式，根據國家教育研究院雙語詞彙、學術名詞暨辭書資訊網的界定，「非語言的溝通」通常有以下四種呈現的方式：1. 使用時間的，又可分察覺和優先順序兩種。前者指即時或延遲才認出別人的反應；後者指願意花多少時間與別人溝通，或是對不同主題所花的相對時間量。2. 使用身體的，例如以眼睛接觸、眼神、姿勢、臉部表達、手和手臂的姿勢、重覆行為、信號或命令以及觸摸。3. 使用聲音媒介

的，如以聲音的音調、頻率、音量或語法當作聲音媒介來進行溝通。4. 使用環境的，例如以距離遠近、身體安置、衣著服飾以及房間的佈置傳達出環境對溝通行為的訊息（國家教育研究院，2015）。

> **延伸閱讀**　**三層次的情感回應技巧練習**
>
> 諮商工作者對個案情感的回應可以分為三個層級：
>
> 1. 層級 I：例如沒有尊重個案的情感；言語中認為個案不應該有這種情緒；過早提出建議或個人的看法；以無所謂或不舒服的態度回應個案；試著打斷個案對故事的描述；對個案的觀點有些不尊重等等。
> 2. 層級 II：包括以接納的態度，針對個案所陳述的情緒或情節給予回應；不管是語言或肢體上，都非常專注在個案身上。
> 3. 層級 III：包括不僅回應個案所陳述的情緒和內容，同時留意隱藏在個案語言或肢體下的情緒；透過說話聲調、語氣的加強或肢體語言，讓個案了解諮商者對他的接納態度；針對個案的非語言線索給予回應。請參考下面的例子。
>
> **個案陳述**
> 我不知道該怎麼辦，自從先生過世以後，似乎沒有什麼好留戀的，我一直沒有太多的朋友，僅有的幾個朋友也過世了，我又不想依靠女兒，我覺得她應該有她自己的生活。
>
> **諮商工作者回應**
> 1. 您可以去參加銀髮族的社團活動啊！（層級 I）
> 2. 先生去世後，您覺得非常寂寞孤單。（層級 II）
> 3. 先生的去世，讓您覺得自己失去很多，這種失去親人的感覺一定讓您不知道該如何生活下去。（層級 III）
> 註：進一步三層次的情感回應技巧練習如附錄七。
>
> 資料來源：McDonald & Haney（1997）

二、跟隨

　　跟隨是指諮商工作者透過口語回應的方式，認可或確認當事人所描述的內容或外表所展現的行為。例如：針對高齡當事人欲言又止、兩眼含著淚光

的神態給予回應：「我知道您現在心裡非常難過，難過得說不出話來……」、「沒關係，慢慢來！」等。

三、反映內容與情緒反映

「反映內容」也稱為「重新敘述」（paraphrasing），面對當事人的陳述，諮商工作者可以適時地重新敘述當事人所說過的話，讓當事人了解諮商工作者已了解他們所要傳達的語言或情緒。不同於諮商工作者「反映內容」的技巧，「情緒反映」更能捕捉當事人的生活經驗，對當事人而言更具有意義；但是，對諮商工作者而言，卻更具有挑戰性。面對當事人的情緒反映，諮商師必須熟悉不同層次的情緒用語，並經常練習以不同的情緒字彙來反映當事人不同程度的喜、怒、哀、樂等情緒。

四、澄清

當諮商工作者不確定當事人所描述的某些事件時，諮商工作者必須透過問句、重敘句來協助當事人釐清個人的思緒。「澄清」是諮商工作中非常重要的技巧，特別是針對一些心情處於激怒中、不知道如何自處的高齡當事人，透過諮商工作者的澄清技巧，往往可以讓其靜下心來思考自己的未來，以及在角色更迭之後，自己可以有的作為和生涯規劃。

例如一位年近七十、身體硬朗的張老太太隻身前來求助，談到自己唯一的兒子越來越不聽自己的話，凡事都順著太太的意思，現在連外孫都要給媳婦的媽媽帶，自己幾乎看不到孫子一面。談著談著，越來越生氣：

張老太太：「我這個兒子是白生了，整天跟在老婆屁股後面跑，好久都不回來看我一下，我看，現在連孫子都快不認識我了呢！」

諮商工作者：「您對兒子離家太遠，不常回家看您這件事感到很失望、生氣。」

張老太太：「沒錯，我知道兒子在臺北上班，很遠，但是我看到他被太

太家綁住，我就越想越生氣。」

　　諮商工作者：「聽您說話，我知道您很生氣。但是，我不太了解您所說的『兒子他被太太家綁住』是指什麼？」

五、摘要

　　「摘要」的目的一方面是讓當事人了解，諮商工作者所掌握到的資訊是不是自己真正要表達的內容；一方面是要讓諮商工作者掌握晤談的精華和晤談的流程規劃。無論是諮商工作的開始、結束前，或者轉換晤談話題時，諮商工作者適當的摘要都可以適當地引導晤談方向，甚至將晤談導引到真正的問題解決議題上。例如承接上述張老太太的陳述：

　　「聽起來，您知道兒子在臺北上班，很遠，所以很少回來看您，您可以理解。但是您覺得都是因為媳婦護著娘家，連房子都買在娘家旁邊，把兒子拖住，所以兒子沒有時間回家看您，連孫子都和您越來越生疏。」

六、催化性的提問

　　一般的諮商實務都認為「問問題」是諮商過程中必要的技巧，Magnuson 和 Noremru 兩人認為，諮商工作中所提的問題應該分為兩種：「獲取資訊型的問題」和「催化性的問題」。前者是一般諮商工作者常用的提問方式，在諮商過程只要適當地跟隨、情緒反映等，都會有類似的提問，也可以逐步掌握當事人的資訊。至於後者「催化性的問題」則在於提升當事人的自我覺察與反省，協助當事人釐清問題、擬定目標，也以助於適當行為的類化，以增進當事人的生活適應能力（陳增穎譯，2015）。

　　因此，Magnuson 和 Noremru 鼓勵諮商工作者透過催化性的提問技巧，引導當事人釐清問題，找出真正讓自己困擾、心理受挫的問題。例如上述的案例，張老太太把無法經常和兒子及孫子碰面的問題，歸咎到媳婦身上，婆媳間的間隙通常肇因於一些生活上的小誤會，繼而形成認知扭曲，導致當事

人漸進式的心理壓力，影響生活作息，甚至引發憂鬱症、失眠。透過持續的催化性提問，可以讓張老太太釐清自己的問題，以不同的思考模式來處理這件事情。例如，建議張老太太主動打電話和兒子討論、主動和孫子交談等。

參、進階的催化技巧

進階的催化技巧可以包括：同理心、自我揭露、面質、重新框架、隱喻的運用和適當的沉默等等。

一、同理心

同理心是指在人際互動過程中，能夠體會他人的情緒和想法、理解他人的立場和感受，並站在他人的角度思考和處理問題。也可以解釋為「有能力正確了解他人的想法與感覺，並將這種感覺傳達給對方知道，讓對方覺得被了解」。

「同理心」是諮商工作者最重要、核心的工作之一。代表諮商工作者能透過了解當事人所表達的情緒和感受，而做出基本的溝通；代表心理諮商者不僅能察覺當事人的感受，還能從當事人的內在世界去理解當事人為何出現這些情緒或感受。同理心的表達包括辨識與溝通，「辨識」是指諮商工作者能夠辨識事件的發生和當事人的感覺，「溝通」則是讓當事人知道他的情緒已經被了解。

因此，同理心的表現可以分為兩個層次（陳婉真，2008）：

（一）初層次的同理心

「初層次的同理心」是指諮商工作者能夠針對當事人所表達的情緒或感受，做出基本的了解與溝通。一方面協助當事人澄清自己的問題和感受，一方面讓當事人感受到諮商工作者確實能夠了解自己所表達的情緒或感受。初層次的同理心包括：簡述語意和情緒反映，「簡述語意」是指諮商工作者能簡述當事人所表達的語意；「情緒反映」則是指諮商工作者能夠精確地辨識

當事人表達的情緒。

（二）高層次的同理心

　　「高層次的同理心」是指諮商工作者從當事人沒有明顯表達或隱含的參考架構中，理解當事人曖昧不明或無法說出來的問題或感受。透過高層次的同理心，諮商工作者能夠表達出當事人隱而不言、無法順利表達的情緒，協助當事人連結自己提供的訊息，讓當事人有機會從另一個參考架構來談論自己的困擾。

　　在諮商過程中，必須避免以簡陋的反應替代同理心或鸚鵡式的反應，例如直接提問、解釋、口頭禪或採取行動等。下列的例子都是一種簡陋的反應，應該避免：

　　「那麼，這件事情困擾您多久了？」（提問題）
　　「這件事情可能只是事情的徵兆而已！」（解釋）
　　「許多人終其一生都受到很多事情困擾著。」（口頭禪）
　　「這裡有些相關的錄影帶，您先看一看。」（採取行動）

二、立即性

　　諮商工作者與當事人就目前發生在諮商中當事人、治療關係，進行直接而開放的討論；或者是諮商工作者直接揭露當下的感覺。可以立即解開當事人未說出的心結、澄清雙方的互動關係、或重新調整彼此的角色。例如：

　　「您一直打斷我，讓我覺得生氣。」
　　「您現在這樣說，與我感覺到的焦慮和壓力是不一樣的。」

三、自我揭露

　　「自我揭露」是指諮商工作者通過與當事人分享其個人成長過程中的成功與失敗經歷，以推動當事人認識自我、發展自我的努力。諮商工作者在當

事人面前有效揭露個人生活的相關經歷、行為與情感，已經成為心理諮詢技巧的重要部分。事實上，諮商工作者運用專注、傾聽、沉默等技巧的過程中，所表達的言語、眼神、面部表情、體態等都是自我揭露的間接表示。

　　自我揭露的積極目的包括：增加當事人對諮商工作者的信賴感，增加彼此的親密度、提供示範和模仿作用，同時讓當事人從諮商工作者的經驗中獲得啟示。然而，諮商工作者在進行自我揭露之前，必須掌握揭露的必要性、預計揭露的內容和程度（陳婉真，2008）。千萬不能過度描述自己的經驗，反客為主。

　　例如針對高齡者被騙，導致身心性疾病，如果是中年以上的諮商工作者可進行適當的自我揭露：

　　「我以前也有跟您一樣有受挫的經驗……」
　　「我可以了解您受騙後的挫折感和憤怒心情。」

四、面質

　　面質是諮商工作者對當事人的認知方式與思維方法提出挑戰與異議的過程。是諮商工作者找出當事人行為或語言不一致的過程，也可能是諮商者針對當事人在語言與非語言訊息、前後看法有差異或矛盾的地方，與當事人進一步探討，使當事人能坦然面對自己、增進當事人自我覺察，甚至面對想逃避的思想、行為或感覺。當事人的不一致包括（王智弘譯，2006）：

1. 當事人對同一件事有不同種的說法。例如：一開始黃老夫人表示小兒子有多麼不孝，讓她傷心透了，而後又說小兒子對她有多麼貼心，還好現在有小兒子照顧她。
2. 當事人說一套，做一套時。例如：林先生有嚴重的高血壓，在治療過程中一再保證會忌口，但是三餐外食時卻總是點滷豬腳吃。
3. 當事人陳述一件事情時，隱約的非語言行為卻表現出相反的動作。例如：

鍾老先生體諒子女都沒有時間，告訴子女們放心，自己住在安養中心沒有問題。但是子女一離開就不停抱怨、摔東西。

面質的目的是為了讓當事人覺察到自己言行上的不一致；因此，必須以良好關係為基礎，諮商工作者仍然要有同理、真誠、尊重的態度，以「試探性」的方式來進行，避免消極性或具有威脅性的面質。例如，針對上述鍾老先生對住進安養中心的矛盾心理，可以以同理、真誠的態度面質：

「您希望和子女一起，又不希望打擾他們的生活，內心矛盾得很！如果有機會，您一定想親口告訴他們，您多麼不喜歡住在這裡，是嗎？」

五、重新框架

重新框架是幫助當事人用一種不同的，更有創造性的方式來思考自身和自己的難處，使當事人能夠用新的、更具創造性的思考或行動來面對身邊的人、事、物。重新框架經常運用在家族治療，引導當事人給某個行為一個新的定義，並產生一種新行為，或者協助家庭成員從不同角度看待問題行為，使成員對行為產生知覺改變和知覺創新，讓家庭成員的互動更具建設性。

重新框架是後現代學派家庭諮商中，普遍被使用的處遇策略之一，能有效協助伴侶改變其對處境的覺察（Young & Long, 2007）。透過對問題行為「重貼標籤」（relabeling），改變伴侶對行為問題的定義，化阻力為助力。例如，將太太「做事慢」解釋為「謹慎」；面對太太的「嘮叨」，可導引先生將它解釋為「關心」與「求好」。但是，Young 和 Long 提醒我們，對於處於弱勢的高齡者，在權力不均的狀態，弱勢者不一定會因此改變想法。因此，運用重新框架協助高齡當事人時，必須考慮家庭氛圍和高齡當事人的人格特質。

重新框架也是目前「神經語言程式學」經常使用的助人技巧，後面將專章介紹。

六、隱喻的運用

隱喻是用文字或片語來比喻類推相同性質的兩件事，也就是用某一事物暗示另一事物的方式。隱喻法經常使用在日常生活中，例如常見的對話：「哇！你跑得像兔子一樣快！」、「你的動作像烏龜一樣慢！」、「你的眼睛像海水一樣深邃！」都是一種隱喻。在諮商過程中，運用隱喻的功用在於「辨明隱而未說的事」（Brown & Hanna, 2004），一方面讓當事人容易接納該譬喻所代表的情緒，一方面透過隱喻把問題美化，增加諮商工作者與當事人之間的互動性。

諮商工作者在使用隱喻時，大致包括幾個原則：

1. 了解問題的本質，以便巧妙運用相同的主題提出一個平行的隱喻。
2. 選擇有代表性的比喻，例如：動物、事物或某種情境。
3. 運用隱喻時，必須使用當事人能夠接受的字詞來比擬。
4. 運用隱喻之前要建立一個符合「問題互動」的互動的過程和情境。
5. 明確地創造出隱喻中的意象或轉換的類型。

例如，將當事人心中的祕密比喻為藏寶圖中的寶藏；引導當事人尋找自我的過程則可以比喻為「尋寶的旅程」。

七、適當的沉默

諮商工作既是一種聽與說的藝術，也是一種沉默的藝術，因此，沉默也是一種重要的進階諮商技術。沉默可以是尊重與接納的表示，也可以是自我反省的需要。沉默既有暗示功能，也可表現諮商工作者的感同身受。諮商工作者對當事人的講話或停頓，不做任何言語的回應，即暗示當事人繼續講話。在當事人描述心理創傷事件或深入自我剖白時，諮商工作者以沉默來確保當事人有足夠的自我宣洩與反省的時間與空間，並表現諮商工作者對當事人此時此刻心情的理解。

　　沉默的意義在於提供當事人充分的時間與空間來反省，思考其個人成長的過程。然而，沉默的運用通常需要肢體語言的積極輔助。例如，在運用沉默時，諮商工作者通常需要以點頭、注視表情變化及使用諸如嗯、噢等語助詞，表現對當事人內心體驗的感同身受。沉默表達的得體與否，取決於諮商工作者對當事人內心體驗的理解程度。

　　沉默的處理方式可以包括：

1. 以沉默對待沉默，不必急著打破沉默。
2. 以語言鼓勵當事人說話。
3. 從當事人的非語言行為中引出其他話題。
4. 結束會談，另約時間。

延伸閱讀　SOAP 格式的諮商記錄表 •

單次的諮商記錄可以使用 SOAP 的記錄格式，簡要的記錄當事人對情境的主觀描述（S）、諮商工作者的觀察（O）、當事人的評估和假設（A）、諮商進度的規劃（P），使用起來相當方便且周全。各部分的記錄內容如下：

S：主觀（subjective）

　(1) 當事人對問題情境的主觀陳述、經驗、問題形成過程。

　(2) 以「當事人說」、「當事人稱」或「當事人表示」為起始的描述。

　(3) 第一次晤談必須記錄解釋和簽署專業公開聲明及其他同意文件。

　(4) 晤談中所使用的技術或介入策略，作為摘要當事人反應的架構。

O：客觀（objective）

　(1) 諮商工作者對本次晤談的觀察與描述，包括個案的行為舉止、外表和情緒表現。

　　例如：「……當事人看起來很緊張、不停更換手勢、兩腳一直抖動……」

　(2) 記錄當事人對介入策略的回應。

A：評估（assessment）

　(1) 記錄當事人的目標進展。

　(2) 當事人和諮商工作者之間的關係發展現況。

　(3) 記錄一些暫時性的假設。

P：計畫（planning）

　(1) 記錄晤談的方向、時程規劃等。

　(2) 諮商工作者指派的家庭作業或預定使用的介入策略。

　(3) 記錄下一次晤談優先事項，以及下一次晤談前應辦事項。

　　　　　　　　　　　　　　　　　　　資料來源：修改自陳增穎譯（2015）

第十二章

現實治療法

壹、基本理念

　　現實治療法是由美國心理學 William Glasser 醫生在 1960 年代所創的一種心理治療及輔導方法，主要是 Glasser 醫生對於傳統佛洛伊德的精神動力學派治療方法的修正。Glasser 醫生認為，精神動力學派的治療浪費時間，此外，他反對佛洛伊德過度強調心理疾病肇因於過去的經驗，以及 6 歲前的生理需求沒有得到滿足，導致年輕人為自己錯誤的行為尋找藉口，甚至逃避改變自己的行為（周庭芳，2000；張傳琳，2003；Glasser, 1984）。

　　為了避免個體將行為歸咎於過去的受創經驗，Glasser 創立現實治療法，認為人類的行為都是個體選擇的結果，其目的是為了滿足生理或心理的需求。其中「心理需求」又包括歸屬感、信任感、自由和趣味感四種，每一種需求之間必然有些衝突。Glasser（1984）認為每一個行為的決定都是經過大腦的判斷和評估，才被選擇出來，以滿足個體的心理或生理需求。包括知覺體系、感覺世界和行為環三個概念（Beck& Weishaar, 2014）（如圖 12-1）：

1. 知覺體系：包括感覺系統、知識和價值的過濾器。
2. 感覺世界和優質世界：即個人的內心世界。
3. 行為環：個體透過感覺世界與優質世界理想圖片的比較，因而產生行為的抉擇。

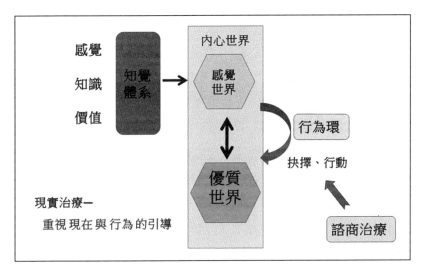

圖 12-1 現實治療法知覺世界、感覺世界與行為環的概念圖

貳、心理諮商的核心

Glasser 認為，無論個體如何進行選擇，都是個體一種自我判斷、選擇的結果。主張個體必須學習在不同需求之間進行選擇，同時要為自己的選擇負責。因此提出「控制理論」，主張個體「控制自己的行為」，後來改稱為「選擇理論」（周庭芳，2000）。

現實治療法假設個體的知覺是一個選擇系統，所有的行為都是透過系統選擇以滿足心理及生理需要。因此諮商的核心包括：

一、強調個體的選擇與責任的關係

Glasser 認為精神或心理疾病的產生，是因為個體無法進行適當的抉擇，導致個人的心理或生理需求無法滿足（周庭芳，2000；Beck& Weishaar, 2014）。例如：明明知道自己的經濟能力有限，卻餐餐上大館子用餐；或者明知自己的智力中等，卻認為自己一定要進資優班就讀。兩者都是以不合理的方法來滿足自己的心理或生理需求，自然會導致心理困擾、焦慮等心理障

礙。因此強調要及早培養個體「負責任的態度」，尤其是在青少年階段。

二、重視此時此刻的心理

現實治療認為，當事人的過去經驗不應該視為當事人的包袱，也不應該視當事人為過去經驗的受害者（周庭芳，2000）。除非諮商工作者認為有助於案主解決當下的問題，並為問題制定處遇計畫，否則不應該處理案主的過去經驗。現實治療的諮商工作者只關注案主當下所面對的問題，並針對此問題與當事人共同討論解決方案。

三、強調諮商工作者和當事人的良好關係

為了鼓勵當事人為自己的問題尋找解決方法，諮商工作者必須採取開放、接納、尊重的態度，與當事人之間建立一種良好的同盟關係。因此，可歸屬於認知行為典範。

參、主要的介入技巧

現實治療之所以被歸屬於「認知行為典範」，主要在強調當事人的認知改變、抉擇行為的主動性，以及諮商工作者和當事人的同盟關係，經常用在青少年行為輔導上。在良好的同盟關係前提下，現實治療法最重要的引導技巧是「WDEP」的改變歷程，即需求（want）、行動（doing）、評估（evaluation）及計畫（plan）等四個階段：

一、需求階段

不同的價值或知覺體系，經常導致當事人對現實世界有不同的覺知，在需求階段，諮商工作者必須與當事人探討個人內在的基本生理與心理需求，並分享當事人內在的真正感受或知覺世界。

二、行動階段

在行動階段，諮商工作者的工作在於導引當事人進行抉擇或改變，並讓個人的選擇成為具體的行為。協助當事人努力讓外在世界的知覺能逐漸接近其內在世界的行為方式。

三、評估階段

在評估階段，諮商工作者必須與當事人一起評估抉擇行為的可行性，並確定所抉擇的行為是否能滿足自我內在的需求。

四、計畫階段

在計畫階段，諮商工作者可以和當事人建立簡短、獨立、立即性的計畫，鼓勵當事人能按計畫發展改變的行為。計畫階段不僅當事人要承諾願意執行計畫，諮商工作者也必須協助當事人體驗各種成功的經驗。

第十三章
理性情緒治療法技巧

壹、基本理念

　　認知行為典範除了肯定個體成長過程中，早年經驗和生命中的重要事件對個體心理健康的影響；也相信個體有改變的可能、個體有能力改變自己。因此，心理諮商服務的目的在於，透過新的學習，增加當事人的個人選擇，以提升其適應性；並以理性的信念取代無效的非理性思考。同時主張個體行為的養成歷程必須透過認知、情感和行為三者的互動。

　　個體的情感或心理狀態對於身體健康的影響程度往往超乎我們的想像，一如 Ian James（2011）所提的「三原色模式和認知主題」，自我、未來和外在情境是影響個體情緒的「三原色」，三者交互作用決定個體的情緒狀態。Sanna 和 Chang（2006）也主張個體對於現在的判斷，通常受到過去的印象以及對未來期待的影響，其交互作用如圖 13-1。由於生活經驗的多元性和豐富性，高齡者的心理健康對身體機能的影響不容忽視；高齡者對過去和未來的「自我覺知」，對心理認知功能的影響格外明顯，包括高齡者的人格特質、生理健康所引起的情緒反應、身邊親友的對待關係、社會文化的氛圍與各種條件，都是形成高齡者「關係中的自我」的主要因素。因此認為，認知行為典範的諮商技巧特別適合用來協助高齡當事人（James, 2011; Brann, 2015）。

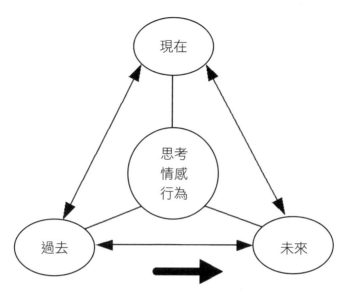

圖 13-1 個體思考、情感、行為的互動關係
資料來源：Sanna & Chang（2006：292）

　　Ellis 所提出的「理情行為治療」是非常重要的認知行為治療技巧之一。根據理情行為治療法的理論，每個人都有其獨特的思想傾向，有些是理性，有些則是非理性的思考，但是都相當固執化。該治療法也認為造成個人心理困擾的因素通常不是行為本身，而是個人對該行為的不合理或非理性的信念、詮釋或想法。例如，很多高齡者固守「和子女同住才是幸福」的信念，一旦子女無暇照顧，被安排在安養中心，就會引發各種負面的情緒，引發老年憂鬱症，加速認知功能退化的程度，甚至引發自殺的念頭。

貳、心理諮商的核心

　　理情行為治療認為，人的行為及情緒持續受到個人認知習慣、過去生活經驗的影響，也就是 Piaget 認知發展理論所說的「認知基模」。在日常生活中，我們習慣固守一些不利於自己的想法、無效的問題解決方法、或者某行為制式的反應，因而造成心理困擾。例如，很多高齡者因為缺乏經濟自主權

或獨立生活的能力，很容易將子女或身邊重要他人的情緒性語言，扭曲為自己不受歡迎等負面思考，造成自我貶抑等心理困擾。

　　想要當事人改變行為或情緒，必須讓其了解個人信念對情緒的影響，了解自己的信念系統如何決定他們對生活中所發生事件的感受和行為反應。而諮商工作者的工作就是透過語言或認知的引導，引導當事人認識自己對事實解釋的傾向，去除自我設限的認知習慣；協助改變當事人不合理的信念或想法，並建立新的反應連結或情緒，減少或消除負面的情緒（如圖 13-2）。

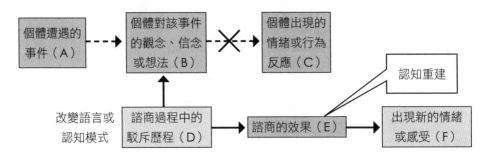

圖 13-2 理情行為治療認知重建的歷程

　　例如，上述因為子女無暇照顧，而長輩被送進安養中心居住的案例。高齡者被安排居住在安養中心是一個事件（A），因為高齡者固守「和子女同住才是幸福」的信念（B），導致心理困擾或憂鬱反應，甚至影響身體健康（C）。如果能夠透過個人或團體諮商、討論（D），駁斥當事人不合理或非理性的信念（E），就有機會重建當事人的信念，就有機會出現新的情緒或感受（F），這樣的諮商輔導歷程就是一種「認知重建」的過程。目前已有許多研究證實，調整高齡者對於本身體客觀的認知，有助於提升其生活滿意度（高淑芳，2006）。

　　以高齡者常見的老年憂鬱症為例，目前多數憂鬱症患者主要的治療模式是採用藥物治療，然而不少患者療效反應不佳，而且復發率也頗高。因此許多非藥物治療陸續被應用於憂鬱症患者身上，包括：人際關係心理治療、支持性心理治療、行為治療及認知行為治療等（張瓊珠，2009）。其中，認知

行為治療中 Ellis 的理情行為治療法，對憂鬱症患者的介入與協助受到極高的重視。

參、主要的介入技巧

理情行為治療法的終極目標是：「培養更實際的生活哲學，減少當事人的情緒困擾與自我挫敗的行為」。其中，諮商治療的消極目標是：減低因生活中的錯誤而責備自己或別人的傾向，而積極目標則是進一步教導當事人如何有效處理未來的困難。因此一般實務工作者都將理情行為治療過程分為四個階段：

一、第一階段

第一階段是屬於「解說階段」，諮商工作者試著與當事人建立良好的同盟關係，並對當事人共同分析當事人所面對的問題，引導當事人了解他個人的心理困擾都肇因於非理性或不合理的信念，並說明這些非理性信念造成不當情緒及行為的歷程。

二、第二階段

第二階段屬於「證明階段」，諮商工作者對當事人證明其情緒困擾一直存在，是因為當事人繼續保有這些不合理或非理性的思考。同時請當事人分享這些非理性信念所造成的後果；協助當事人找出這些不合理信念背後真正的原因。

三、第三階段

第三階段屬於「放棄階段」，諮商工作者必須教導當事人以科學化的駁斥，挑戰自己原有的信念或原則，用自我對話（self-talking）或自我激勵方式對抗具破壞性的內在想法，使當事人修正或放棄非理性的想法。例如：以

理性的自我陳述代替非理性信念，並安排家庭作業，讓當事人學習並內化各種自我對話技巧。

目前已有相當多的高齡者憂鬱症諮商輔導，是透過 Ellis 理情行為治療，協助個案釐清本身的非理性信念及扭曲的思考，讓個案學習如何分辨理性和非理性的信念，使用駁斥非理性信念的方式產生新的理性信念、情緒及行為，以正向思考的因應方式來面對問題。並證實理情行為治療的方式對當事人的睡眠品質、憂鬱情緒與因應能力都有所改善（張瓊珠，2009）。

理情行為治療諮商協助過程主要包括：1. 以整體性的護理評估來確立問題，了解個案所呈現的主要健康問題；2. 透過八次的個別晤談方式，在認知方面駁斥非理性信念；3. 以「家庭作業」訓練當事人，協助當事人能分辨出非理性的信念。該研究結果顯示，諮商服務使個案較能分辨事件、信念、情緒與行為間的關係，知道重新選擇不同的觀點和態度對待自己；同時發現個案的認知改變能力優於行動改變和自我評鑑能力。

坊間人際關係訓練課程中常用的「第三人稱立場」諮商技巧，也是在引導當事人分別從第三人稱的不同角度來審視事件的始末，讓當事人了解不同身分者的不同觀點。例如，一位完美主義的婆婆，可能長期擔心兒子和媳婦不滿意自己教導小孫子的方法，引發憂鬱或身心性疾病。如果讓當事人有機會從第三人稱的立場，了解兒子或媳婦對自己的感謝，就有機會駁斥自己近乎完美的不合理信念，重拾信心和歡樂，是一種認知重建的過程，也有人稱這種練習技巧為「新行為產生器」（蔡明庭，2015）。

【諮商技巧的練習】「新行為產生器」的練習步驟

1. 事先製作三張卡片，分別書寫「第一人稱」、「第二人稱」、「第三人稱」。

2. 兩人一組，A 請 B 把三張卡面分別放在不同地方，三張卡片大致形成一個三角形。

3. A 邀請 B 選擇一個會讓他覺得受困的情況，先請 B 站在「第一人稱」的卡片上，仔細回想整個事件發生時自己所見的、讓自己生氣的情境，以及自己當時不愉快的心情。

4. 接著 A 邀請 B 移動，站在「第二人稱」的卡片上，看看自己生氣或傷心的模樣。

5. A 邀請 B 移動腳步，站在「第三人稱」的卡片上，自己來觀察整個事件的發生情形。

6. 接著 A 請 B 站到三張卡片的中央，心裡想好某一個人做為榜樣，這個人可以是你認識的，聽到或讀到的，或是一個虛擬的人物，並設想他們能從容應付該情況。

7. A 請 B 根據所選的榜樣，重新站在「第一人稱」的卡片上，想像看到或聽到對方不同的回應情形，覺察自己的感受。這個步驟可重複多次，直到自己願意嘗試這些新行為，並接受任何後果。

第十四章
焦點問題解決短期心理諮商技巧

壹、基本理念

　　焦點問題解決短期心理諮商是因應時代需求應運而生的治療方法，是多種短期治療中相當盛行的一種。主要是由 Steve De Shazer 和 Insoo Berg 夫婦在短期家族治療中心（Brief Family Therapy Center）所發展出來的。受到 Miloton Erickson 的短期治療和家族治療技術，以及美國加州心智研究機構（Mental Research Insititute，簡稱為 MRI）的影響，焦點問題解決短期心理諮商擺脫「問題導向」的治療取向，主張當事人尋求諮商服務並不是帶著問題來尋求協助，而是已經帶著解決方法，只是需要有表達的機會，諮商工作者的任務是扮演專業者，協助當事人找出這個已存在的解決方法。

　　不同於精神動力典範強調心理困擾背後原因的探究、針對潛意識進行長時間的對話與探索。焦點問題解決短期心理諮商主要在探討當事人當下所面臨的心理困擾，並針對問題尋求解決的方法，可歸屬於認知行為典範。基本的假設包括：（許維素等譯，2001；修慧蘭等譯，2013）

1. 強調諮商服務的正向積極面，著重問題解決方向的探討。
2. 找尋「問題不發生時」的例外，通常可以帶出解決的方法。
3. 沒有事情會永遠相同的，人、事、物的改變永遠在發生。
4. 任何一個小小的改變都可能產生滾雪球效應，帶出更大的改變。
5. 沒有所謂抗拒的個案，如何與個案合作才是重點治療的重點。
6. 當事人與諮商師是一個相互合作的治療團隊。

7. 當事人擁有解決自身問題所需要的能力和資源。

8. 諮商師是催化者（facilitator）和目標引導者，當事人才是解決自己問題的專家。

9. 當事人對世界詮釋的意義，左右個體的內在經驗與體會。

10. 當事人經驗的描述和行動的選擇是循環進行的。

11. 訊息的意義端看個人如何接收，所謂的意義存在於個人的反應中。

12. 系統觀：個案對目標的描述與行動，會影響他生活系統中的其他人。

　　上述基本假設顯示，整個焦點問題解決短期心理諮商過程主要是思考方式的引導、對話並建構問題解決方法。強調正向思考的功能，諮商對話的焦點不在探討問題的原因，而是著重解決問題的關注和討論；尊重當事人對自己問題的觀點和問題解決目標的訂定，強調當事人才擁有解決問題的能力。諮商工作者的任務是透過對話，發掘當事人的潛能，鼓勵當事人任何微小的改變，並鼓勵當事人執行這些小改變，因為每一個小小的改變都可能是解決問題的開始。

貳、心理諮商的核心

　　認知行為典範認為當事人的心理困擾，通常肇因於個人受限、扭曲或以偏概全的心智模式，強調世間人事物的變動。「如何協助當事人找到問題沒有發生時的可能性」，是諮商輔導的核心。必須重視當事人的成功經驗、力量、資源、希望、任何小的改變，以及合理可行的目標設定。

　　焦點問題解決短期心理諮商技巧建基在對當事人的「希望與尊重」，因為著重「如何解決問題」，而非探討原因，因此強調案主的成功經驗與正向力量的發揮，重視當事人的任何一個「小改變」的價值，而且容易顯現成效。在諮商輔導過程，諮商工作者很容易和當事人建立專業關係。過去二十多年來，輔導過無數青少年的「救國團張老師」，以及多所大學的學生輔導

中心，都曾經大量使用焦點問題解決短期心理諮商技巧，是學校輔導工作的主要諮商輔導技巧。

參、主要的介入技巧

一、諮商服務者與當事人的關係

焦點問題解決短期心理諮商認為，所有的諮商對話都必須導引當事人朝向目標思考。整個諮商協助過程包括：思考方式的引導、諮商者與當事人的對話、共同建構解決方式，三者交互進行就是完整的諮商歷程，是一種「消費者」模式的諮商服務，也充分反映出焦點問題解決短期心理諮商有關「改變、互動與達成目標」的基本主張。

諮商工作者與當事人的對話不是一味地探究心理困擾背後的原因，而是強調正向積極為成功找方法，針對問題解決方法進行討論。諮商師是專業的催化者和目標引導者，當事人才是解決自己問題的專家。因此諮商者和當事人是一種合作的同盟關係。

由於對當事人的希望與尊重，焦點問題解決短期心理諮商服務適用的範圍很廣，對於一些改變意願高、理智性高、偏好認知思考，或者急於為問題尋求解決方法的當事人，都可以有很好的效果。筆者在過去多年來也經常使用焦點問題解決短期心理諮商來協助中老年當事人，諮商服務過程發現，願意主動求助、行動力強、中等以上學歷的中老年當事人，都可以在短時間內獲得良好的諮商效果。特別是因為家庭或團體間人際互動關係所導致的自信心不足、情緒低落、心理困擾等問題，效果格外明顯。

二、諮商工作的主要步驟

與所有的認知行為典範一樣，焦點問題解決短期心理諮商相信當事人有改變的可能性、也有能力改變自己。焦點問題解決短期心理諮商的基本精神

即是一種「改變、互動與達成目標」的整體模式，在確定目標的過程中，當事人就已經開始改變的第一步，而這些改變都是發生在問題解決的目標範圍中（許維素等，2001）。

　　焦點問題解決短期心理諮商認為每一次的諮商都可當成第一次諮商，也可能是最後一次的諮商，因為每一次的諮商工作都是一個完整的諮商服務（許維素等，2001）。一次短期心理諮商大約六十分鐘，分為三個主要階段：

（一）建立解決架構的對話階段

　　諮商工作的第一階段首先是由諮商工作者和當事人合作，透過對話，建立問題解決架構。在第一階段的晤談過程中，諮商工作者會持續使用三個建構，透過一些問句，和當事人一起了解問題、建構解決方案、找出每一個「例外」的可能性。因此這個建立解決架構的對話階段又稱為「共同建構」（co-constructive）。在共同架構解決方案的過程中，一方面讓諮商工作者和當事人充分覺察到自己心理困擾的問題所在，傾聽並了解當事人的聲音和行為。一方面強調諮商工作者和當事人之間的互動關係。

　　問題解決架構的時間大約四十分鐘，還可細分為三個類型：目標架構（goal frames）、例外架構（exception frames）、假設解決架構（hypothetical solution frames），交互使用，以逐步建立問題解決架構。

1. 目標架構

　　目標架構強調和當事人共同為本次諮商建立「具體可行的目標」，例如「您希望自己的生活有什麼樣的改善？」、「您希望這次晤談之後自己有什麼樣的改變？」這些目標的設定也許不一而足，但必須是「正向」的目標，而且是直接導向問題解決的目標設定。例如「這次的晤談，您希望達成什麼樣的目標？」、「這次來您希望自己有什麼樣的改變呢？」總之，所有的敘述都必須是以當事人為主的語言描述。

2. 例外架構

　　引導當事人尋找生活中沒有問題發生時的「例外」情境，是焦點問題解決短期心理諮商重要工作，也是引發當事人心智模式改變的關鍵策略。焦點

問題解決短期的心理諮商工作，不在引導當事人找出問題背後的原因，而是引導當事人回想沒有這些心理困擾或問題的例外情境，試著找出這些例外情境時的心理狀態、思考模式或反應行為。

根據筆者的經驗，對於高齡者與中年子女相處的心理困擾問題，有很大的幫助。因為逐漸失去生活掌握權，高齡者經常會「對號入座」，把中年子女一個不經意的對話或眼神解讀為「自己不再受尊重」或「子女不孝」等等。因此在諮商協助過程中，諮商工作者要不斷引導他們回想自己曾經擁有的和樂生活氛圍，讓自己再度以健康的心態與子女互動。同時也可以藉由「心錨的設定」，珍惜每一次愉悅的生活點滴。

此時，可以詢問當事人：「什麼時候會讓您覺得比較沒有一些令人傷心的感覺？」、「那些時候您覺得自己有什麼樣的不同？」、「您還記得您有什麼樣的表達方式？」等。

3. 假設解決架構

假設解決架構則是諮商工作者和當事人共同進行腦力激盪，想像在這些心理困擾或問題解決以後，有什麼的期待、生活模式等。例如引導當事人思考：「當這個問題解決以後，您的生活會有什麼樣的改變呢？」、「這個問題解決以後，您認為自己和家人之間會有什麼樣不同的互動呢？」等。

（二）休息階段

焦點問題解決短期心理諮商是諮商工作者和當事人共同努力的過程，因此，在建立解決架構的對話階段之後，諮商工作者要從諮商現場退出，一方面讓當事人有一個短暫的歇息和思考時間；一方面諮商工作者要藉此詢問其他觀察員的意見，或者靜下心來整理自己的思緒，準備下一個階段引導當事人的正向回饋或家庭作業。因此，休息階段對諮商工作者和當事人都是必要且重要的。

（三）正向回饋階段

焦點問題解決短期心理諮商把每一次的諮商工作，都當成第一次的諮商協助，也是最後一次的諮商協助，因此正向回饋階段至少要包括讚美、訊息

提供和家庭作業的建議。例如首先對當事人在一些「例外」情境下的正向思考或行為模式，給予更多的讚美和鼓勵；進一步提供當事人一些具有教育性或有目的性的心智模式或行為楷模；同時將這些訊息的完成當成家庭作業。

　　例如，針對一位 68 歲退休教師與中年子女相處不愉快的心結，可以作以下的正向回饋：

　　「看到您這麼在乎兒子和您的互動，可見孩子和您有很好的情感基礎。」（讚美）

　　「您剛剛有談到過去曾經主動和兒子聊到他的交友情形，讓您印象深刻，如果明天或下個星期用餐時，您主動一點開口和兒子聊天，也許可以談得很愉快。」（訊息）

　　「建議您主動提議每一個月至少一次和孩子們一起到外面餐廳用餐，和孩子們輕鬆互動，同時把握時間建立一個正向的心錨。」（家庭作業）

　　焦點問題解決短期心理諮商建基在對人的「希望與尊重」之上，因此適合用來幫助一些主動性強、中等以上智能的高齡當事人。晤談過程中，諮商工作者要不斷把「問題」和當事人分開，避免高齡當事人把問題內化為個人的心理或行為問題，對於老年憂鬱症患者的諮商協助是相當重要的技巧。此外，由於重視「關係中的自我概念」或稱「人我關係」對高齡者心理健康的影響（陸洛，2003），建議以高齡者為對象的焦點問題解決短期心理諮商，可多使用「關係導向」的問句，例如：

　　「您覺得孩子們可能希望您怎麼做？」
　　「如果您的孩子發現你已經改變了，他會注意到您的第一個轉變是什麼？」

　　總而言之，要激勵當事人想像改變的好處，增強當事人覺得自己在人際關係的建構中，扮演很重要的角色，因而更願意投入改變。

第十五章
完形治療的諮商技巧

　　過去多年來，完形治療的諮商技巧經常被忽略，通常被列為「存在人文」典範的一種諮商技術。事實上，完形治療除了建基在存在人文典範上，也採取許多精神動力典範和認知行為典範的諮商技巧，在諮商服務前需要較多的訓練，諮商過程中也需要許多的引導技巧。根據筆者多年來的經驗，成人及高齡者的心理困擾常常肇因於一種不自覺的心理能量停滯，透過自我覺察的引導、完整經驗的體驗，都可協助他們建立豐富的內在資源。本章因此針對完形治療技巧進行說明。

壹、基本理念

　　完形治療的發展首先由波爾斯（Friedrich Fritz Salonwn Perls, 1893-1970）及其同僚將完形心理學（Gestalt Psychology）應用到心理治療，並創立「完形治療」的理論。完形治療典範對人性的觀點包括：

1. 基於存在哲學與現象學，強調當事人自我覺知（自覺）的擴展、責任的擔負，以及全人的統整觀念。
2. 依循場域導向的覺知概念，主張個體有完整覺知的需求。強調「此時此刻」以及「自我對主體的責任」，強調個體的覺察能力。
3. 從主題與背景的形成概念，強調個體對完形結構的要求。「自我」不只是一種結構，而是接觸或改變本身，在個體內在「圖像形成／背景轉換」的

每一個階段中，持續保持覺察的功能。

4. 從個體與情境相互依賴的場域結構，強調個體會自然將身邊的經驗、感知訊息、能量或興趣，整合為一個完整的結構，以符合個體的需求，並解決問題。

　　波爾斯的「自我—他人關係的調整」（self-other regulation）的過程也稱「個體與環境相互依賴的循環」（cycle of the interdependency of organism and environment）如圖 15-1，這個循環包括在任何環境中，在其他背景的對應下，單一需求結構形成的幾個階段：從覺知、能量的整合、行動、接觸，到整合或同化的過程。這個循環曲線可以很長也可以很短，例如：一次刷牙動作所形成的曲線就是一個短的循環曲線、和親人溝通時想說卻欲言又止的經驗，都屬於較短的循環曲線；個體一生的成長循環曲線則是一個長的循環曲線。無論長短，個體每一個完整的互動經驗都是建構自我概念的重要參考（Mackewn, 1997）。

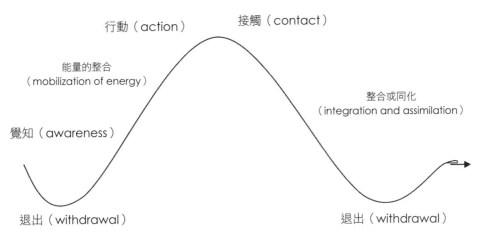

圖 15-1 個體與環境的接觸循環圖
資料來源：Mackewn（1997: 19）

　　每一個曲線都必須是一個「完整的結構」，從先前的一個退出（withdrawal）到這次行動的結束（withdrawal），每一次行動都必須是一個完整的經驗或

事物，否則就是一個「未竟事務」（unfinished business），可能因此阻饒個體與自我的完整接觸。完形心理學認為所謂「健康」的個人是一個能自我調整（self-regulation）的個人，能夠彈性地自我調整、改變情境、給自己支持力量，同時能接受自己與他人或自己與環境之間相互依賴的關係。因此健康的個體是能夠「對自己負責」的人，懂得適時行動、適時退出的人，而不會被外在環境或他人所吞噬（being swallowed）。

完形治療典範認為：「不論任何心理的探索，我們一定要從有機體和環境的互動著手，每一個人類的功能都是有機體與環境場域、社會文化的交互作用。不論我們如何架構關於衝動、驅力等理論，『我們』所指的都是一個互動的場域。」（卓紋君譯，2000）。目前受到極高重視的「關係中的自我」概念（陸洛，2003），就是波爾斯所謂「自我—他人關係的調整」的結果，是一種動態、可以加以引導或調整的，也是完形治療的核心概念。

貳、心理諮商的核心

一、心理諮商服務的目的

完形治療的核心概念是「自我覺察」，治療的主要技巧也是當事人自我覺察能力的引導。完形治療的目的可區分為：1. 引發當事人自我覺察、2. 協助當事人擁有完整的生命經驗。首先必須引導當事人對自己在當下的感覺有所覺察，發現干擾個體自我成長的心理能量，挪除阻礙當事人自我調整能力的因素，並協助當事人將這種覺察轉化為適應性的行為，一方面滿足內在需求、一方面完成過去生命經驗中的一個未竟事務，幫助當事人自我成長。其概念如下：

自我察覺　→　自我接納　→　自我對話　→　自我融合開放　→　自我成長

如果我們把完形取向的諮商服務引導流程與艾瑞克森的心理社會發展發階段進行比較，就更能掌握完形諮商服務對高齡者的重要性。根據艾瑞克森的心理社會發展發階段，個體中年期的發展任務為「生產」，避免個體因為生理、心理和環境的改變，發生停滯的現象。此與目前高齡學強調積極老化的「生產老化」（productive aging）完全相符。中年期個體如果能夠順利完成生產任務，就能順利過渡到下一個老年期階段，順利完成統整任務。

反之，如果個體在中年期的心理能量受到阻礙或干擾，個體勢必無法順利體驗或走完中年期的生命歷程。參與諮商時，首先必須有機會讓當事人擁有完整的中年期生命經驗，例如有完整的助人機會、完整的自我表達、個人故事的重新表述、情緒抒發等等，都是完形治療理念的一種應用。

二、諮商工作者與當事人的關係

現代完形治療將「自我—他人關係的調整」的概念擴展到治療上，認為人類對於生活世界中的事物或經驗，並沒有明確的驅力或喜好，而是在不同價值之間做判斷或取捨，因此是在相關的「場域」中，尋找一個可接受的妥協策略。對於自我—他人關係的調整，波爾斯在 1960 年提出「自我中心」（self-centred）的觀點，波爾斯有名的短詩：「I do my thing, you do your thing.」即充分表現波爾斯強調以自我為完形探討的重點。

1970 年代以後，完形心理學的研究轉為「個體與社群相互依賴」的概念，重視個體和社群之間，以及個體與環境之間的探究。並主張個體的相關場域中，群體的共通性和個體的個殊性同樣重要，而且必須相互連結（Mackewn, 1997）。這些概念對現代高齡社群的發展有相當的影響，也是未來高齡團體輔導的基礎概念。

因此，完形治療非常重視諮商工作者和當事人之間的關係，諮商服務提供者必須透過一種信賴的關係，不是要求當事人改變，而是引導當事人進行自我調節，包括：選擇（Picking and choosing）、咀嚼和吞噬（chew up and swallow）（如表 15-1）。因為生命經驗豐富、多元，高齡當事人在描述自己

的心理困擾時，通常都是平鋪直述，臉上甚至不會呈現不悅的神情；但是談話時可能緊緊握住拳頭、深鎖眉頭卻露出一些微笑。此時諮商工作者必須有同理心和專業的技巧，引導他們逐步覺察自己的內在情緒，看到這些情緒；並學習面對它、處理它，而不是讓這些情緒深鎖在潛意識中。

參、主要介入技巧

典型的完形治療沒有固定流程或特定公式，也無法完整加以描述。諮商工作者的創意和自然流暢的引導精神和技巧，也沒有預定的目標或結果，完全以提升當事人對自己的心理能量和做事過程的覺知能力為最終目標。

一、協助個體擁有完整的自我功能

完形治療的創立，是對於佛洛伊德學派心理治療的一種修正（卓紋君，2000；Perls, 1969）。為了讓讀者了解佛洛伊德學派的心理治療與波爾斯完形治療之間的關係，以兩個典範對自我的詮釋和治療技巧為核心，整理如表 15-1。

表 15-1 佛洛伊德學派的心理治療與波爾斯完形治療的比較

主題	佛洛伊德學派的心理治療	波爾斯完形治療
理念	自我完全受到本我的掌控 （Where Id was shall Ego be）	強調我和您（I and Thou） 強調此時此刻（Here and Now）
自我的定義	以「剝洋蔥」來比喻人格的形成，人格就像洋蔥的構造一樣，分析人格結構時就像把洋蔥皮一層層剝掉般，直到中間的核心。	將人格結構比喻成一顆放在水中的橡膠球，中間都是空心的。我們所覺知到的部分只有漂在水面上的部分。
對自我的解釋	自我的三個部分： 1. 本我（Id）：本我受到原慾（libido）的控制，也控制自我的作用。 2. 自我（Ego）：受到 Id 的操控。 3. 超我（Superego）：受到社會文化影響。	自我的三種內涵： 1. 本我功能：是個體被動的聲音。 2. 自我功能：是個體主動的聲音。 3. 中間模式：是本我和自我功能平衡的一種特別的經驗性質。

主題	佛洛伊德學派的心理治療	波爾斯完形治療
治療技巧的主張	發覺個體潛意識或潛意識的部分來解釋或說明我們所無法覺知的行為。	我們所無法意識到的行為，是因為我們沒有加以覺察，因此治療者就是要引導個體用心覺察自己的感官訊息和外界環境。
治療技巧	1. 強調「talking out」的引導技巧，引導病人說出過去的事。 2. 強調透過夢的解析，了解個體的問題。 3. 主張決定論、宿命論，認為人的人格智力等奠基於早期生活，決定於嬰幼兒期。	1. 忌諱使用「talking out」技巧，強調病人此時此刻的覺知，重視個體此時此刻的作為（how and what we do）。 2. 強調有機體的自我調節，並將我們對外界的覺知變成自己的一部分，包括二個步驟：（1）選擇；（2）咀嚼與吞噬。 3. 相信只要能促進個體的自我覺知，個體的「改變」是有可能的。

　　完形心理學將「人格功能」視為自我的一個結構，包括個體對自己的態度、信念、信服及假設的組織系統，以及當我們說明自己時所使用的各種表徵。「人格功能」是我們自己在語言上的產物，也是一個人的自我覺察、自我研究、當下的自我反射、自我指涉等。自我有三種主要型式和功能：1. 本我功能（id function）、2. 自我功能（ego function）、3. 中間模式（middle mode）功能。在圖像的形成過程中，第一個階段是「接觸」，第二個階段就是本我功能和自我功能交替作用。「自我功能」使個體擁有主動性的感覺，可以覺察到自己像場域中的主控者；「本我功能」則與自我功能相抗衡，讓個體體驗到自己是被動的，例如我們「被愛」的情緒經驗，就是一種本我的功能。

　　「中間模式」是一種中間的聲音，介於主動和被動聲音之間，同時具有兩者性質的一種自發性的聲音。其中，主動的聲音部分是自我功能的聲音，被動的聲音部分是本我功能的聲音。當主動性與被動性二者達到平衡時的體驗，亦即個體放開自我而投入一個自己在乎且關係密切的活動時，我們所經

驗到的體驗和內心的聲音，例如運動員身心合一時的狀態。事實上「中間模式」是本我和自我功能平衡的一種特別的經驗性質（卓紋君，2000）。

二、引導當事人對身體和心理的覺察

個體自我圖像形成的過程是一個連續不間斷的過程，個體隨時會和環境中的事物或他人接觸、互動。完形心理學認為「身體」也和心理一樣需要分析，也因此發展出「性格分析」。完形觀點認為「性格」是我們做事情的特徵，是我們在情緒、身體、智能、精神功能運作上的典型方式，因此性格就是個體的「特徵」（卓紋君，2000）。

完形治療學派學者 Deborah Orr（2005）長期經營成人學習工作坊，她主張，透過三種方法引導成人展現完整、流暢的靈性，讓情感可以充分透過肢體來展現，包括：

1. 喚起受傷過的情感：例如失去、被拒絕、情感上的痛等。
2. 讓我們的內心完全充滿：透過肢體、故事敘述，照顧我們的自我。
3. 透過當下的體驗，充分感受我們自己的內心：例如讓自己專心想著一件快樂的事件或回憶，專注體驗這種溫暖、放鬆的身體感覺。

Deborah Orr 表示：在整個諮商引導過程，不需要當事人表達個人受傷或不愉快的內心感覺，而是引導當事人「體會」、「覺察」內心對於那種情緒的感覺。此時的「心」是沒有目的性的，當事人只是放鬆地尋找內心的能量，溶解、鬆弛他或她對痛苦或失望的感覺。

例如，面對上述高齡者隱藏或忽視個人情緒的投射（Projection），筆者喜歡採取小團體方式，八到十二人，大家一起學習覺察自己身體的張力。無論是身體緊張狀態的覺察、練習逐步放鬆，並為自己建立正向心錨等，都能有效引導他們逐步覺察自己的內在情緒，進而抒發這些情緒，不讓負面情緒累積，甚至傷害自己的身體和心理。

三、協助個體圓滿生命經驗的完整性

　　完形治療認為，「完整的生命經驗」比理智思考更重要（楊淑智，2005），個體的自我覺知受阻和未完成的事務兩者相互影響、互為因果。一如上圖 15-1 個體與環境的接觸循環圖，在每一個生命歷程中，個體不斷與環境中的事物或他人接觸、互動，並完成每一次的任務。一旦個體無法充分表達或完整與他人接觸，心理能量就會受到阻礙或干擾。完形治療的任務就是關注當事人覺察的連續性，強調人生中擁有持續、完整的「退出」，以及對此時此刻的自我覺察的經驗流。

　　波爾斯認為人的內心有許多破裂的結構，而人也有這種主動彌補破裂結構的行為，如果這些破裂始終無法彌補，則表現為一種心理的障礙和病態，一旦破裂結構組合成有組織的「Gestalt」（即指完形結構），心理的疾病就自然痊癒（張源俠，2006）。

　　個體因為生命經驗流的停滯、未能如期與他人接觸，導致心理能量受阻的事例比比皆是。以下面的一段對話為例：

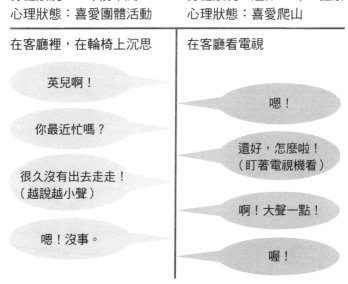

張老太太：89 歲	張英才先生：62 歲
身體狀況：2 年前中風	身體狀況：退休 5 年、健康
心理狀態：喜愛團體活動	心理狀態：喜愛爬山
在客廳裡，在輪椅上沉思	在客廳看電視
英兒啊！	嗯！
你最近忙嗎？	還好，怎麼啦！（盯著電視機看）
很久沒有出去走走！（越說越小聲）	啊！大聲一點！
嗯！沒事。	喔！

上述的對話，在家庭、學校或職場中，幾乎天天上演。囿於當下的情境或個體內在的心理資源，當事人無法如自己預期般完整表達、無法和他人有完整的互動或接觸，當事人的心理能量因此受到阻礙。除非有機會讓當事人再次順利完成一次完整的接觸或互動，否則，對當事人而言，都是心理困擾的來源之一。這種不健康的接觸模式，也是一種迴攝（retroflection），長期的不健康接觸，就容易形成攻擊性的人格。

成人及高齡者的心理困擾常常肇因於一種不自覺的心理能量停滯，可能是受到過去某一個不完整事件的阻擾，也可能是個體對潛意識反應在身體的訊息無所覺察。完形治療所強調的自覺、完整經驗的體驗或操練，都可以逐步啟動高齡當事人自我調節的能力，藉由解開迴攝、重新評估的內攝（introjection）、融合（confluence）問題的處理等，幫助他（她）們覺察自我真正的需求，引發高齡者的改變，並採取行動以滿足這些內在需求。

延伸閱讀 **完形治療的兩極連續接觸模式**

完形心理學認為個體的完整結構包括生理、情緒和認知的過程。當個體所覺知的需求和外界環境的回應無法契合的情形越多，個體越會覺得羞愧感和不足感，越有可能阻礙個體與他人的互動以及對外境情境的接觸。

由於個體的需求和外在情境互動的經驗，個體會不自覺地發展出個人特殊的接觸模式，完形心理學所提出一種兩極的連續接觸模式（Bipolar continuums of contact style）如下：

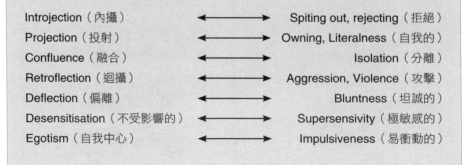

Introjection（內攝）	Spiting out, rejecting（拒絕）
Projection（投射）	Owning, Literalness（自我的）
Confluence（融合）	Isolation（分離）
Retroflection（迴攝）	Aggression, Violence（攻擊）
Deflection（偏離）	Bluntness（坦誠的）
Desensitisation（不受影響的）	Supersensivity（極敏感的）
Egotism（自我中心）	Impulsiveness（易衝動的）

上述兩極連續的接觸類型彼此不是對立，而是一個連續的狀態，代表個體與外在環境接觸的位置與邊界。每一種接觸類型都可能有「健康的」或「阻礙性的」兩種不同的發展。本節僅介紹幾個主要接觸位置所代表的覺知特質：

1. 內攝：是指我們將環境中的某個部分納入自我的一部分，但是並沒有加以消化，因此「它」仍然保持原狀，我們只是「吞」下它。例如我們努力成為父母希望我們成為的人，以及它所帶來的各種責任、各種作為，但是並沒有對這些目標作出選擇。佛洛伊德的超我、文化的刻板印象，都是一種內攝的結果。

2. 投射：是個體在自己所創造的界線兩邊，造就一個屬於自己的環境，然後與它相會，就像想像著對面的山坡上蓋著自己夢想中的房子。投射也可能是對於自己某些部分無法接受，於是將這些特質歸屬於別人，因此阻礙個體以完整的行為來滿足自己內在需要，也避免為自己的感情或行為負責。

3. 迴攝：當我們察覺到自己某些行為或接觸是不適當的，我們會咬緊牙關，保持在界線的兩邊，只對自己做某一件事，或對自己做出想對別人做的事情。例如自慰、咬自己的臉頰內側。迴攝是個體原本要向外表達的需要，卻改變方向回到自己身上，個體因此存放很多能量在身體內部，同時花很多能量來壓抑自己的需要。童年受創傷的倖存者是一種典型的例子；經常處於家庭弱勢者無法充分表達內在需求，也是不健康的接觸模式。

4. 融合：融合是沒有差異，沒有接觸或接觸的邊界也沒有相會的經驗，某些時候融合感也同時促成「同儕感覺」。但是融合也可能是一種「混淆」，因為個體和環境界線混在一起，成為一個封閉的系統，讓個體和環境之間沒有區別。

資料來源：卓紋君（2002）；林佩儀（2003）；Mackewn（1997）

四、重視體驗與練習的引導和協助

完形治療的諮商技巧不同於其他典範，非常強調當事人在諮商工作者的引導、協助下，嘗試用不同方法面對自己、覺察自己肢體的壓力、和自己的潛意識相處，以及和他人相處的方法，讓當事人有能力在現實生活中實際操作。例如，常見的逐步放鬆法、雙椅對話、空椅技術（空椅法）等，都在提供當事人練習與自己和他人相處的方法。

目前許多人際關係課程、高階人才或教練課程、NLP 課程，經常納入完形治療的諮商技巧，引導學習者覺察自己當下內在心理能量的流動情形，

並引導學習者建立正向心錨（例如自我鼓勵、大聲喊出自己的名字、建立個人卓越圈等），都在引導參與者為自己建立一個擁有豐富資源的內在狀態。

五、善用故事敘述、讓當事人重新建構生命故事

故事敘述源自「敘事學」（narratology）的概念，「敘事學」是有關敘事、敘事結構及這兩者如何影響我們知覺的理論及研究。敘事學的研究對象是各種被敘述後的文本（narrated text），包括虛構文體（文學、詩等）及紀實文體（史學、學術出版品等），也包括了戲劇結構、情節發展工具、角色描寫、場景、類型及文學技巧。當描述記敘文時，最重要的一個是該故事所講述的觀點。因此敘事學有兩個基本形式：「diegesis」和「mimesis」。「diegesis」是指陳述一個故事，而不是表現一系列的事件，意味著有一個具體化的敘述者（narrator）；「mimesis」則是指一個全知且無實體的存在所講述的故事。很明顯的，目前諮商領域或藝術領域所指的敘事學，多數是指有一位敘述者的「diegesis」（維基百科，2015）。

喜歡使用故事敘事的諮商工作者通常採取完形典範，強調當事人的整體性。主張健康的人是「能夠接受自己的不完美的人、願意和別人連結的人、能夠真誠面對自己潛意識的人」。也相信每一個行動的背後都有一個好理由，因為多數時候，每個個體都是憑著情感生活，而不是由理性來引導生活。

說故事是一種轉身，是一種反身自照，這種看見就是「自我知識」。說故事讓當事人對生命經驗得以「再經驗」與「再理解」。當我們能對生命產生新的領悟時，生命就可以前進。透過說故事的語言，讓當事人可以「重新建構」生命故事。幫助當事人用心的眼光看自己，創造視框的「移轉」，這就是故事敘事的核心（周志建，2012）。周志建認為，故事療癒的目的是承認自己的不完美，並「認回」生命中種種不堪與傷痛。

說故事也代表當事人有機會發聲，發聲本身就是一種權力的象徵，因此很多家族治療也會讓不同的家庭成員說故事，讓家庭動力產生改變（周志建，2012）。敘事治療透過重新敘寫生命故事，強調語言的力量，善用語言

的引導，讓當事人有機會和原本的自己連結，然後，才有可能與他人連結。

　　故事敘事也經常應用在高齡者的心理諮商服務，也是質性研究的一部分。臧國仁和蔡琰（2005）從高齡學的角度說明「人生故事」研究方法的價值，「人生故事」源自於高齡學研究（尤其是高齡心理學）者的特殊研究途徑，對傳播研究者也具有啟發價值。「人生故事」研究方法的重點在於研究者與高齡者間的對談，從高齡者所描述內容探尋人生經驗，由此進一步重建與高齡者有關的社會、心理理論內涵。老人敘事之重要性奠基於對「說故事」（敘事）的看重，即使每個故事都以「個案」形式出現，對於公共政策（例如老人福利）而言仍有社會集體意義。臧國仁和蔡琰認為，不同於「口述歷史」，「人生故事」方法的自傳式敘事過程涉及老人的經驗抒發，尤其希望透過老人自己的語言來講述故事，以回顧前程並砥礪未來；故事內容雖然是個人篤信的事實性（facticity），卻不會深入探究敘述內容的真實性。

　　在故事敘述的引導上，經常使用「隱喻」，隱喻是一種圖案式想像，例如，我們經常用來形容一個人非常急，「急得像熱鍋上的螞蟻」就是一個非常貼切的譬喻，有誰會比在熱鍋上的螞蟻更急著逃離呢？透過故事和隱喻，讓諮商過程變得更加豐富、有趣。

延伸閱讀　諮商技巧──建立自己的卓越圈

「卓越圈」的建立是 NLP 助人技巧中相當簡單卻實用的技巧，事實上卓越圈是一個特殊性的位置心錨，對個人情緒的調適非常有幫助。在我們的生活裡，有時候我們會經驗到一種狀態，在那裡我們覺得自己可以運用所有的資源，可以完完全全發揮自己的潛能；在那裡我們會有一種美好感覺，這就是卓越狀態。引導過程和引導語如下，讀者可以兩人一組，採取站姿練習。一人擔任引導者、一人擔任體驗者；練習一次後，互換角色再練習：

1. **放鬆與呼吸導引：**「現在，我要邀請您確認自己所站的位置，想像前方有一個寬廣的線，並請您站在這條線的右邊。現在輕輕閉上眼睛，吸氣、吐氣、再次吸氣和吐氣，您會更加放鬆。」

2. **設立卓越圈：**「現在，我要邀請您向左邊跨一步，踩在這條線上，想像在您面前的地板上有一個卓越圈，您覺得它應該是什麼顏色？紅色？藍色？金色？黃色？或者是粉紅色的呢？」（可引導體驗者說出顏色）

3. **引導出卓越狀態並與卓越圈連結：**「接著，邀請您回想您曾經擁有過的一個非常美好的經驗，在這經驗裡您覺得非常滿意自己。……（停頓一下）。當您感覺到它時，請您深深吸口氣，然後進入您的卓越圈，讓自己再一次完完全全地感受這個美好的經驗。」（此時，引導者可以適時碰觸體驗者的肩膀或手臂，建立一個心錨）

4. **中斷：**「現在，請您向右跨一步，跨出這個卓越圈。」（此時可讓體驗者張開眼睛，動動身體）

5. **測試：**「接著，我要再邀請您向左跨一步，再次進入這個卓越圈，仔細感受一下，剛才的卓越狀態是否再度出現了呢？」（再次輕觸體驗者的肩膀或手臂，啟動心錨）

6. **跨出卓越圈：**「好，接著，我要邀請您向右跨一步，跨出這個卓越圈。」

7. **找出希望卓越狀態出現的情境：**「現在請您設想未來的一個情境，在那情境裡，您希望您的卓越狀態能夠出現。」（引導者再度啟動心錨，讓對方進入卓越圈）

8. 如果需要可以再次測試。

第十六章
神經語言程式學的引導技巧

　　「神經語言程式學」也譯為「身心語言程式學」，簡稱 NLP。過去多年來一直被使用在企業領導課程、個人自我激勵課程或教練課程上，也有很多人都證實 NLP 幫助他（她）們走出過去憂鬱或恐懼的情緒，卻很少被心理諮商相關書籍列為主要的諮商輔導技術。事實上，目前第三波的認知行為治療借用許多東方心靈整合的古老智慧。例如：從正念減壓治療、直觀或內觀、靜坐、肢體覺察體驗，協助憂鬱症或有多種心理疾病的患者。神經認知科學研究也證實，透過體驗、行為介入，可以改變大腦迴路，積習也可以改變（唐子俊等譯，2007；郭乃文，2014）。

　　筆者在參與 NLP 專業執行師培訓時，真真實實地體會這些諮商引導技巧對自己的幫助，因此，本書納入 NLP 的諮商引導技巧，供讀者參考。

壹、基本理念

　　NLP 是一套原理、信念和技術，其核心為心理學、神經學、語言學與人類感知，加以組織成為系統化模式，並建立主觀現實的人類行為，屬於實用心理學與行動策略。NLP 被認為是目前一種通往潛意識進行情緒治療的捷徑（陽光心靈診所，2015）。NLP 在研究個體大腦主觀經驗的運作，以及如何改變主觀經驗進而改變客觀環境；主要是藉由神經系統、語言學、程式學等三個概念的運作，改變個體的行為。

1. **神經系統（Neuro System）**：個體透過神經系統完成感覺、思考、理解和回憶等認知過程，透過眼、耳、鼻、舌、身等途徑輸入外世訊息，然後在神經系統中處理。NLP 便是透過這些訊息處理方式的改變，影響個體的主觀經驗，進而影響行為。
2. **語言學（Linuistics）**：NLP 的觀點認為，語言是神經系統運作的產物，透過聆聽個體的語言可以了解他的思考模式、內心狀態或信念；反之，語言也會影響神經系統的運作。NLP 提供很多語言模式正面地影響自己以及他人的神經系統。
3. **程式學（Programming）**：NLP 借用電腦科學的術語，說明個體所有的行為就像神經系統中的程式，透過這些程式的改寫、提升，個體可以改變一些沒有效果的行為，進而達到人生的成功快樂。

貳、心理諮商的核心

　　NLP 諮商服務主要的理論基礎包括：Gregory Bateson 的溝通理論、Milton Erickson 的催眠與認知重建、Virginia Satir 的家庭治療，以及 Fritz Pearls 的完形心理學。NLP 的助人技巧是一套完整的邏輯思考，本節僅介紹一些初階的助人技巧，讀者可以藉此幫助自己、幫助他人擁有更好的情緒價量和生活品質。

　　所有 NLP 的助人技巧都建基在 12 個前提假設（Presupposition）上，其中多數都來自神經系統的原理原則（整合靈性心理學培訓學院，2015）：

1. 溝通的意義決定於對方的回應：溝通的目的是使對方明白自己的意思、對方的回應是決定溝通是否有效果的訊息。
2. 重複舊的做法，只會得到舊的結果：要有不同的結果，需要採取不同的做法。
3. 在任何一個系統裡，最靈活的人最能夠控制大局：越複雜的系統中，系統成員越需要更大的靈活性。

4. 沒有挫敗，只有回應訊息：每一個所謂挫敗，都是系統中一些正面的回應訊息，告訴我們需要不同的做法。

5. 沒有兩個人是一樣的：人際關係的和諧來自尊重對方的信念、價值。

6. 任何人均能夠透過學習，而做到別人所能做到的事情：只要模仿對方運用大腦的方式便可以達到類似的結果。

7. 有效果比有道理更重要：執著於道理而忽略了效果並不能夠解決問題。

8. 每個人都在內心製造屬於自己的實相：地圖的疆域不是真實的，人類透過認知過程而製造個人的內心地圖。

9. 能量會向著我們專注的地方流動：無論把心靈焦點放在正面或負面的事情上面，它都會毫無保留地放大這些事情的能量。

10. 每人在任何時間都會為自己選擇最適當的行為：每個人的潛意識都會為自己選擇最適當的行為，以滿足自己的深層需要。

11. 每人都已經具備使自己成功快樂的資源：人類有超過 99% 潛能有待開啟。

12. 每個行為背後均有正面的動機：對於當事人來說，每個行為無論是否被其他人接受，背後都有正面的動機。

　　NLP 目前已發展到第三代，第一代的 NLP 的治療主要是關心「行為與能力層級」的問題解決，第二代 NLP 的治療著重「非心理治療」領域的問題，應用範圍包括談判、業務、教育、健康議題等；目前發展到第三代的 NLP 則擴充到身心靈運作的心靈系統整合的問題解決，特別關照個體「源自大腦的認知心靈」、「源自身體的感知心靈」以及「場域心靈與周遭系統的連結關係」等三個心靈層次。因此，現代 NLP 的助人目的可歸納為：1. 回溯當事人的自身、帶著個人覺知來建構個人內在的完整性；2. 發展並維持認知心靈、身體感知、心靈與周遭場域連結等三個心靈層次的互動與均衡；3. 強調當事人整體系統的改變（陳美瑛譯，2014；高子梅譯，2014；整合靈性心理學培訓學院，2015）。

　　例如最近由 Robert Neimeyer 主編的《悲傷治療的技術》，書中提供諮商

工作者很多實用的悲傷治療技巧，包括：調節情緒、與身體工作、轉化悲傷、改變行為、重建認知、面對抗拒、發現意義、重寫生命故事、更新連結等多類輔導技巧（章惠安譯，2015）。其中，「更新連結」便使用大量的NLP技巧，例如透過引導畫面，開啟視覺化連結，與逝者的引導性想像對話等，都是以語言為媒介，帶著個人覺知重新建構個人內在的完整性。

參、主要的介入技巧

　　NLP認為，個體一些愉快或不愉快的經驗，是個體由視聽味嗅觸等特定方式創造出來，透過每個人大腦潛意識的不同路徑綜合在一起，成為我們對生命中各種情境的思想或念頭。每個人對同一件事所產生的反應不盡相同，只要能深入大腦的潛意識，就可以轉化我們對生命中各種情境的思考，過去的創傷、痛苦、恐懼等記憶與情緒，改變大腦的程式，在很短的時間就可改變對同一事件的感受。因此，NLP的助人技巧從改變「次感元」開始，到重新框架、重塑個人歷史、新行為產生器，到個人內在資源的創意與提升，都能有效幫助當事人去除不必要的負向情緒與心理障礙，擁有豐富的內在心理資源。

　　本節只介紹一些初階的助人技巧，讀者可以根據個人的興趣，依循所列的參考書目進一步深入探索（吳孟儒譯，2010；陳美瑛譯，2014；高子梅譯，2014；黃志光譯，2000）。

一、改變次感元、減輕痛苦情緒

　　個體大腦中所儲存的經驗記憶，都是透過五官從外界獲得訊息交互作用的結果，包括：視覺、聽覺、嗅覺、觸覺和味覺，即所謂的「知覺」。NLP稱這些知覺為次感元（Submodality）。常見的視覺的次感元例如：光的亮度、大小、清晰度、對比、全畫面或有框架、跳動或連續等；聽覺的次感元例如：音源的方向、距離、音量、聲調、清晰度等，都經常作為次感元調整的媒介。

　　NLP 的引導技術認為，在日常生活中，事情一旦發生，我們通常無法改變；但是，該事件帶給我們的情緒效應，卻可以透過「改變組成記憶的次感元」加以改變。實際操作時要從個人較容易感受改變的次感元著手，稱為「驅動次感元」（driver submodalities），因此，首先要了解個體主要的表象系統。NLP 用感元與次感元來描寫個體的心理結構，並且藉由調整感元或次感元來改變個體的心理感受。

　　例如，NLP 常常使用「咻模式」，運用快速交替的方式，改變個體的次感元，把自己想要去除的畫面，迅速變成自己想要的理想畫面，或者刪除不愉快的記憶或心理感受。此時，針對偏向視覺型的當事人，可以透過視覺次感元的調整，改變過去某一個創傷事件記憶所帶給當事人的情緒效應。包括調整事件記憶的亮度、顏色、距離，讓該情緒記憶的畫面逐漸暗下來，將畫面快速拉小、拉遠些，都可以有效減輕當事人的焦慮或痛苦情緒，讓當事人活得更輕鬆自在。

二、設定心錨、提升內在心理資源

　　NLP 的設定「心錨」是一種改變內心狀態的行為技術，也有人稱為「心理感應點」。心錨的運作原理和 Pavlov 的古典制約一樣，可以引發條件反射行為；Pavlov 手上的響鈴就是一種心錨，可以引發狗兒自動分泌唾液。心錨的設定是一種身心狀態的調控技術，有效的心錨就像是改寫某個單一事件在大腦中的神經路徑，可以製造當事人一種豐富的內在資源狀態，協助當事人有效達成預期中的目標。

　　例如：引導當事人擁有一次愉快的閱讀經驗、聽首輕鬆愉快的音樂，或者回想某一次閱讀的喜悅畫面時，建立一個正向心錨；以後每次閱讀前先只要輕輕開啟這個心錨，就會回想起這些愉快的記憶。這個正向心錨可以幫助我們設定快樂閱讀的心錨，讓身體與大腦在每次閱讀前都能很快速地進入閱讀模式，就像狗兒聽到鈴聲就自然流口水一樣。筆者在實際引導高齡團體時，都會指導參與者把心錨的設定列為家庭作業。例如，家人愉快用餐、擁

有溫馨的感覺時、或者圓滿完成一次讓任務時，立即輕輕閉上眼睛，雙手拇指、食指和中指輕輕捏在一起大約一到兩秒鐘的時間，就完成心錨的設定。之後只要手指輕握，就可以再次喚起這種愉悅的心理感受。

　　筆者發現，這樣的練習不僅讓高齡者懂得珍惜當下每一個愉快的小經驗，累積正向的心理能量，也可以協助高齡者面對生活中的挑戰或不愉快，更可以讓高齡者了解潛意識對自己日常生活的影響力，有助於提升個人的心理健康。例如，高齡者在擔任志工或晨間導讀工作時，只要在上臺前啟動正向心錨，協助他們在大腦內產生溫馨、正向的心理圖像，可讓高齡者對自己更有信心。

延伸閱讀　設定心錨的引導技巧

1. 引導當事人回想過去一個有強烈感覺，例如充滿自信、成功、興奮等經驗。在對方的感覺開始達致高峰時施行某一種刺激，例如雙手握拳、拇指、食指和中指輕輕捏在一起、輕握當事人的手臂或肩膀等等。
2. 打破狀態（Break State），讓當事人張開眼睛，回到當下的環境。幾分鐘後，讓當事人再次按下心錨，仔細感受該件事情出現怎樣不同的感覺，以及大腦內的圖像有哪些變化等。
3. 必要時可以再測試一次。

三、學習重新框架技巧、找回自我的整體性

　　根據「框架理論」（frame theory），世界觀（world view）是當事人整合排列生活中各種資訊和情境的方式，稱為框架（framing）（李瑞玲、黃繡、龔嫻紅譯，2001；吳孟儒譯，2010；高子梅譯，2014）。「框架理論」是從建構主義出發，認為所有心理現象都是當事人所創造出來的，框架則是個體形成覺知及處理個人心理資訊的過程。面對當事人的心理困擾，諮商工作者首先要找到當事人問題發生在哪一個層級，並從另一層級著手改變，可以從下而上或從上而下做改變。

　　例如張太太個性木訥、極少與人交談，鄰居劉太太好不容易鼓勵她一起參加樂齡大學課程，張太太焦慮緊張的心情才暫時得以抒解。某一天發現劉太太先到教室，但是沒有幫她保留座位，從此張太太對自己一點信心都沒有，把自己鎖在家裡，不再出門。正如下圖 16-1 所示，面對陌生的環境，劉太太沒有幫張太太保留座位頂多是一種「行為」或「情緒」層級。但是張太太會將這種行為解讀（或建構）為我沒有把事情做好、同學不喜歡我，甚至認為自己是個沒有用的人，心理沒有歸屬感，心理困擾於是被提升到自我認同或靈性層級。這種錯誤的知覺和心理資訊處理過程，是一種認知扭曲，因此造成當事人心理困擾或障礙。

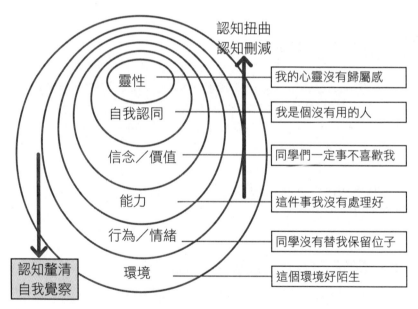

圖 16-1 重新框架的認知從屬等級

　　這種情形在高齡者非常常見，缺乏自主性的高齡者越容易因為過度「往上」歸因，導致心理困擾。例如，有時候，兒子或孫子們太累了，回到家裡忘了向老媽媽打招呼，老媽媽可能會解讀為自己沒有能力了、是家裡沒有用的人等，各種負向情緒和自我認同都是認知扭曲的結果。面對這些心理困

擾，可以透過於語言的引導，引導當事人重新建構自己的覺知和心理訊息，把心理訊息「往下」歸因，進行認知釐清，讓當事人覺察問題本身只是一種情緒或行為，甚至只是環境因素罷了，無須自尋苦惱，可重新找回自我的整體性。重新框架的語言引導例如：

「您為什麼有這種感覺？願意和我聊聊嗎？」

「您什麼時候開始有這種感覺？」

「劉太太沒有幫您保留座位，您當下有什麼感覺？」

「您覺得劉太太沒有幫您保留座位，可能有哪些原因呢？」

四、與潛意識溝通、避免吸收負面資訊

現代心理學認為個體處於「身心一致」的狀態，是指個體的意識與潛意識處於一個完全和諧、共鳴共振的狀態。在身心一致的狀態下，個體內在的心理能量，能夠更有效地發揮出來，為人生創造出更多的成功、快樂。相反的，與「身心一致」相反的狀態是「知道應該做但不能下決心去做；知道不應該做但忍不住偷偷地去做」的狀態。這是因為理性和感性的立場不一致，意識與潛意識的價值排位不同，造成心理的衝突或困擾，甚至把個體的能量深深鎖在肌肉層次內，形成僵化的肢體語言等。

我們的信念、價值觀和規範，是隨著每天出現的事情有所學習而不斷起伏變化的。每一個人的潛意識都很想與意識溝通，潛意識也不斷發出訊息，只是我們很少注意到，又不知道如何做。目前強調觀想、身心合一、情緒與身體相互影響的第三認知行為典範，不僅大大擴展諮商服務工作的層面，對於長期受到個人負向的自動化思考影響，思考或行為陷入僵局的高齡當事人而言，是一個很好的服務介入模式。

本章介紹幾個簡單、入門的 NLP 引導技巧，都可使用在高齡團體和個人引導上。

NLP 潛能開發課程範例（一）──人體表象系統的認識

一、表象系統的界定

　　我們都是透過感官系統，眼睛、耳朵、鼻子、舌頭及身體的感覺來接收外在的刺激。根據 NLP 的理論，我們接收外在的刺激時，有自己常用或較為喜愛的感覺器官，稱為「表象系統」（Representational System）。表象系統可分為四種類型：視覺型（Visual）、聽覺型（Auditory）、觸覺型（Kinesthetic）和自語型（Auditory Digital）（吳孟儒，2010；許乃云，2013），其中，視覺、聽覺和觸覺三種類型的表象系統是一般人最常使用的溝通模式，即 NLP 諮商輔導上所謂的「VAK 人際溝通模式」，人體的主要表象系統如圖 16-2 所示。

　　個體在日常生活中與別人互動時，「潛意識」一直以最微小的線索來反應外在的世界，雖然不被個體的意識所掌握或了解，卻時時刻刻影響個體對外界的覺知和反應。例如，面對同樣的語言刺激，如果個體的眼神習慣往左上（回憶）或右上（建構），則偏向視覺表象系統；如果眼神平行往左邊或右邊轉動，則偏向聽覺表象系統；如果眼神習慣往下，則偏向觸覺型。

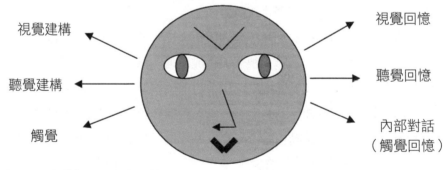

圖 16-2 人體主要的表象系統

　　例如，同時聽到下列幾個指令，不同表象系統的個體將有不同的眼神回應。可以據此了解個體的學習傾向和溝通模式。根據筆者個人的經驗，每一

次的團體輔導或工作坊之前，都可以把這個 VAK 表象系統的簡單測試當成暖身活動，一方面讓參與者了解自己慣用卻不自覺的溝通模式；一方面讓參與者體驗到「潛意識」對我們日常生活的影響，引導參與者漸次了解自己的潛意識，並試著與自己的潛意識對話、溝通，對於當事人潛意識的焦慮感有相當大的助益。

認識人體表象系統的對話練習：

1. 想像一下，走在總統府的走廊裡，您會聽到什麼聲音？（建構）
2. 想想看上星期日您兒子或女兒穿什麼顏色的褲子？（回憶）
3. 請想像一下赤腳走在沙灘上的感覺。（建構）
4. 請想想看，童謠「小蜜蜂」第三句是怎麼唱的？（回憶）
5. 想像一下，教室裡的天花板如果漆成紫色，會是什麼樣子？（建構）
6. 想想看您小時候家裡的哪一個房間最明亮？（回憶）

二、身體解讀線索的判別與運用

個體在家裡的閒暇時間或私人時間，通常使用單一的溝通類型，但是，正式或工作時間則經常合併使用多種溝通類型。不同表象系統的人有他們各自的行為特徵，整理比較如下表 16-1。NLP 的諮商引導技巧認為，良好的人際溝通技巧必須善用個人 VAK 的溝通優勢，才能建立人際溝通的橋樑，避免與他人之間形成隔閡。

了解當事人的表象系統，可以讓諮商工作者了解當事人的學習特質和人格傾向，有助於諮商工作的進行。例如，國內九二一地震後的學童團體輔導，即大量使用人體表象系統的概念和技巧，諮商工作者先了解當事人主要的表象系統和優勢表象系統；再決定如何引導當事人設定「心錨」，把人為的誘因與特定的心理體驗連結起來，幫助當事人在治療狀態中保持一種穩定的情緒狀態。一般而言，觸覺的心錨可重複性最高，效果也最長久，例如雙

手互握、觸摸當事人的手臂或肩膀等。至於聽覺性心錨的效果最短，可重複性也最低。

表 16-1 不同人體表象系統的身體解讀線索

	視覺型	聽覺型	觸覺型
呼吸	・胸口上方 ・呼吸較短淺	橫膈膜位置上方或以胸部長長的吐氣	肚子下方的深呼吸
肌肉	頸、肩和腹部肌肉拉緊	均勻的張力，及有韻律的輕微移動	肌肉放鬆有較大的移動情形
皮膚顏色	蒼白或顏色較淺	膚色介於視覺與觸覺型之間	臉色較深、較紅潤
語調	音高或變調	清新明亮請柔和的語調	低沉的語調和氣息
節奏	連珠炮	平整有韻律的節奏	緩慢且停頓時間較長
娛樂偏好	電影、戲劇、博物館、電視	音樂會、音響、歌劇、歌唱	美食、運動、跳舞、三溫暖
接受訊息偏好	圖表、圖片等展示	・邏輯型條列式 ・因果關係分析	・過去的經驗參照 ・價值意義和感受
思考風格	喜好透過訊息想像	邏輯或評論取向	實際行動導向

資料來源：修改自 NLP 培訓課程講義

延伸閱讀 **表象系統測試表**

下列問題有四個答案，請依照每個答案的合適程度，分別填上 1、2、3、4 等數字，如果該答案是合適程度最高的，就請填上 4，合適程度其次的，就請填上 3，合適程度再其次的，就請填上 2，合適程度最低的，就請填上 1。

1. 如果你想購買新手機的話，你會考慮的條件是什麼？
   - ＿＿ 外型要美觀
   - ＿＿ 參考朋友的意見
   - ＿＿ 機身及按鈕容不容易操作
   - ＿＿ 分析價格及功能是否合乎需求

2. 下列哪一種學習方式比較適合你？
   - ＿＿ 豐富的學理依據，詳盡的解析
   - ＿＿ 聽老師講課就足夠，不需要其他輔助教材
   - ＿＿ 有其他輔助教材
   - ＿＿ 體驗式的學習方式

3. 你想知道新購買的數位錄影機如何操作，你會：
   - ＿＿ 閱讀操作手冊
   - ＿＿ 詢問銷售人員或是朋友
   - ＿＿ 除了上述兩項之外，再仔細分析清楚之後，才實際操作
   - ＿＿ 先試著操作看看

4. 你在國外旅行迷路了，找不到你住的飯店時，你會怎麼辦？
   - ＿＿ 四處找看看有沒有熟悉的地標
   - ＿＿ 靜下來回想剛剛走過的路，然後再分析要走哪一條路
   - ＿＿ 找人問路
   - ＿＿ 翻閱地圖

5. 閒暇的時候，你最喜歡什麼休閒活動？
   - ＿＿ 運動，旅行
   - ＿＿ 唱卡拉 OK，聽 CD
   - ＿＿ 看電影，看書
   - ＿＿ 檢討過去，規劃未來

6. 旅遊會讓你想起：
   - ＿＿ 美麗的風景
   - ＿＿ 和家人朋友共聚的歡樂時光
   - ＿＿ 可以了解當地的風土民情
   - ＿＿ 海浪聲、蟲鳴鳥叫等大自然的聲音
7. 你最喜歡的餐廳是因為它的：
   - ＿＿ 價格很合理
   - ＿＿ 裝潢很漂亮、特別
   - ＿＿ 服務親切
   - ＿＿ 音樂很優美
8. 你通常會用哪一種方式指導部屬／後輩？
   - ＿＿ 以身作則
   - ＿＿ 訓話、講解
   - ＿＿ 分析利弊
   - ＿＿ 把你的要求寫下來告訴他
9. 你喜歡哪一種電影？
   - ＿＿ 歌舞片
   - ＿＿ 偵探片
   - ＿＿ 悲劇或喜劇片
   - ＿＿ 場景、卡司盛大的電影
10. 認識新朋友時，你通常會先注意他的：
    - ＿＿ 外表
    - ＿＿ 聲音、語調
    - ＿＿ 講話內容，分析其動機
    - ＿＿ 握手時的感覺

資料來源：SEN CPNCEPT（2015）

NLP 潛能開發課程範例（二）──重寫自己的生命劇本

第三代 NLP 主張發展並維持認知心靈、身體感知、心靈與周遭場域連結等三個心靈層次的互動與均衡。透過語言的重新框架或改變，就可以改變個體內在的心理能量。本次練習即是改變個體的自我對話，建立個體豐富的內在心理資源。

步驟一：自我習慣的解構

首先請用五句話來描述自己，寫完這些句子後，從第一句開始閱讀一次，如果覺得這句話是父親或母親曾經對自己說過的話，請在「訊息來源」寫上「F」或「M」；如果是自己內心經常湧現的話，請在「訊息來源」寫上「S」；如果是同事或朋友說過的話，請在「訊息來源」寫上「O」（修改自黃志光譯，2000）。

編號	自我習慣的描述	訊息來源	我可以不一樣
1			
2			
3			
4			
5			

步驟二：自我習慣的重新設定

　　當我們再次閱讀這些句子時，您是否可以有個不一樣的自己？請放心寫下自己真正想要的自我習慣或行為期待。

_____

_____

_____

_____

_____

_____

_____

_____

_____

_____

_____

_____

_____

_____

_____

第十七章
高齡者與年長子女關係的諮商服務

您的心事沒有人了解嗎？
您對退休後的生活安排有困擾嗎？
您了解長輩們在想些什麼嗎？
您對長輩們可使用的資源清楚嗎？

壹、前言

　　隨著平均餘命增加，高齡者和其年長子女之間的問題越來越多樣且複雜，多數屬於世代之間（intergeneration）的議題。其中最常見的問題包括：1. 牽涉到中年子女在面對個體心理社會發展需求，持續進行自性或個體化，以及擺脫對父母的依賴關係的議題。2. 年老父母過度關切中年子女是否結婚、生子等所造成的壓力。3. 高齡者在老化過程中的自我定位，追求個體化過程中所造成的壓力。一般而言，隨著年紀漸長，高齡者通常把這種追求個體化的任務和壓力，轉變為對中年子女的過度依賴。其他例如個人價值觀的調整、家庭經濟相關的情緒因素，以及生活情境的改變等，都是高齡者和中年子女之間常見的問題，也是造成高齡者心理障礙的重要因素（Brok, 1992）。

貳、高齡者與家人關係的心理特質與需求
一、高齡者生理、心理、靈性的整全諮商需求

　　對年長的當事人而言，經過多年的家庭或夫妻生活，特別是年長的婦女，很多時候都是歸順先生和家人，在多年順從他人、服務他人的經驗下，不僅完全隱藏自己的個性，甚是不知道「我」是誰？因此尋求「自性」和「個體化」是高齡者諮商輔導的主要任務和目標。高齡者心理諮商輔導的終極目的在於協助高齡者找到「整合的自我」，包括身體與心智的整合、靈性與心智的整合、身體與靈性的整合。

1. 身體與心智的整合：生理與心理健康相互影響。
2. 靈性與心智的整合：靈性或信仰對心智模式或心理健康的滋養。
3. 身體與靈性的整合：生命最後階段的自我接納與寧靜、臨終關懷。

二、高齡者追求個體化的心理需求

（一）艾瑞克森的心理社會發展理論

　　一個人終其一生都在尋求「個體化」，透過不斷自我覺察、角色認知、角色扮演，了解自我並進行自我認證。高齡者在退休後、交出經濟掌控權之後，追求「個體化」的歷程始終持續進行著。艾瑞克森因此將 60 歲以後的老年期心理社會發展任務界定為「統整／絕望」；其階段性任務與青少年階段的「自我認同／角色混淆」相似，其目的都在追求「自性」與「個體化」。

　　艾瑞克森所提出來的八個心理社會發展階段，已由他的遺孀 Joan M. Erikson 所發表的《完整的生命週期》（*The life cycle completed*），加入 80 歲「極老期」（Old Age）後，成為九個發展階段。Joan M. Erikson 將第八階段的危機倒轉，成為第九階段的發展任務。目前艾瑞克森的九個心理社會發展階段的任務如下（李淑珺譯，2007）：

1. 嬰兒期（Infancy）：信任／不信任。
2. 幼兒期（Early Childhood）：活潑自動／羞愧、疑惑。

3. 學前期（Play Age）：自動自發／內咎。

4. 學齡期（School Age）：勤奮／自卑。

5. 少年期（Adolescence）：認同／角色混淆。

6. 成年前期（Young Adult）：親密／孤立。

7. 成年期（Adulthood）：創建／停滯。

8. 成熟期（Mature Age）：融合圓滿／絕望、厭煩。

9. 極老期（Old Age）。

　　Gene D. Cohen 是艾瑞克森的學生，他繼艾瑞克森之後提出「發展智商」（Developmental Intelligence）的概念。Cohen 透過 3000 多位年長者的訪談，肯定人類的心理發展是終生持續進行的，他認為「內在推力」（inner push）是推動發展的燃料，會與熟年大腦的變化產生協力作用，使得高齡者持續保持健全的心智和情緒功能，擁有更融洽的人際關係，展現嶄新的智能成長。

　　Cohen 認為發展智商目的是展現個人獨一無二的潛能，一個人的發展智商很高，表示他很清楚自己的心智發展狀態；發展智商所表達的是個體當下的發展狀況，而不是對未來的推估。發展智商是一種認知能力、情緒智商、判斷力、社交技巧、生活經驗、自我意識，以及這些能力融合至成熟的境界。發展智商也可以稱為「智慧」，這種高階思考包括三種思考方式：

1. 相對性思考：或稱為辦證思考，包括分析相異或相反的觀點。
2. 二元思考：個體能夠在對立或不相容的觀點中發現解決方案。
3. 系統性思考：個體能用更寬廣的視野考慮整個系統的相關知識或情境。

　　高齡者越了解自己、自我的動機以及可能面對的挑戰，越能自行啟動大腦和心智，讓思考和決策能力從旁協助我們的「內在推力」。相較於傳統發展心理學家重視各階段「危機解決」的重要性，Cohen 認為高齡者的發展不應該受限於發展的階段。Cohen 認為，隨著個人內在的推力和生命事件的交

互作用，各發展階段可能會相互消長，彼此重疊。

　　Cohen 將艾瑞克森的「成熟期」完整細分為四個成長發展時期，讓我們對高齡者的心理社會發展有更深入的了解，如表 17-1。

表 17-1 艾瑞克森的成熟期所包括的四個成長發展時期

階段	相對年齡	發展任務
中年重評估階段	35-65 歲之間（以 40-60 為主）	1. 重新評估、探索生命的過渡期。 2. 面對生命中有盡頭的事實。 3. 個體的行動力來自有意識的追求。 4. 大腦的變化可以激發「發展智商」。
解放階段	55-75 歲之間（以 60-70 為主）	1. 思考和行為的解放、實驗和創新。 2. 反思意識引發內在的解放感（不必向任何人證明任何事情）。 3. 可按照自己的自由意識行動。 4. 大腦形成新的連結渴望新奇經驗。 5. 因退休有時間追求新經驗。
總結階段	70-90 歲之間（以 70-80 為主）	1. 汲取精要、解決問題與回饋。 2. 希望分享自己的智慧。 3. 透過計畫與行動、尋求生命意義。 4. 左右腦海馬迴同時運作，可完整闡述人生經歷。 5. 渴望解決未完成的衝突或事情。
安可階段	80 歲到生命盡頭	1. 延續、反省與慶祝。 2. 渴望重新肯定人生的重要主題。 3. 杏仁核可引發正面的情緒和活力。 4. 渴望充實地活到最後一刻。

資料來源：李淑珺譯（2007）

（二）高齡者心理社會發展與個體化

　　高齡者諮商服務領域經常使用「互惠的」（reciprocal）或「第四期個體化」（fourth individuation）來描述高齡者的心理社會發展階段，高齡者和他的中年子女都必須重新認識他們彼此之間的成熟親子關係。此時，必須強調

彼此對親子關係的高度參與，相關的心理治療也必須強調彼此形成一種互動態度和適當的情感界線。「互惠的」或「第四期個體化」是建立在每一個個體早期「個體化」經驗的基礎上，這種「分離—個體化」（separation-individuation）的任務在個體生命最初幾年就已經形成（Mahler, Pine & Bergmann, 1975），可稱為第一次的個體化階段。第二次個體化則是艾瑞克森（1950）所說的青少年時期的任務——「自我認同／角色混淆」。第三次的個體化階段是中年時期的發展任務，中年時期的個體化任務是一種內在心靈結構的改變，這些心靈的改變通常都和年老父母的逐漸衰老、逐漸接近生命終點有關（Oldham, 1989）。

「第四期個體化」則是個體對親子關係的最後成型階段，主要是從以情感為基礎的「父母—孩子」（parent-child）關係，順利開展為「成人—成人子女」（adult-adult offspring）的關係，甚至是「高齡父母—高齡子女」的關係。Brok（1997）認為，針對這一類的輔導服務，在初始輔導階段，老年人和中年子女的關係輔導也許可以採取團體模式，但是真正深入治療階段則必須是以個體化為基礎的協助、同時採取個別化服務。

「第四期個體化」不同於中年階段的第三期個體化，第四期的個體化是一種協商的過程，除了受到過去生活經歷的影響，成熟的父母和成人孩子彼此間還必須透過相互討論才能取得共識。年長父母和成年子女都必須完全了解對方此時此刻的現況、能力和感受。在這個過程中，通常家裡最小的孩子會成為溝通協調的轉述者，可以有效協助諮商服務的績效。總而言之，第四期個體化是指高齡者對自己和家人關係的認識，此與目前高齡者身心靈引導者所強調的「關係中的自我」的概念相同。

參、高齡者和年長子女關係諮商服務的重點

一、高齡者與年長子女的自我覺察

　　處理高齡者和年長子女關係的心理問題時，關鍵在於年老父母是否有足

夠的自我覺察能力，以及他們的中年子女是否能夠重新界定自己和年老父母的親子關係，從「父母—孩子」的關係，順利轉變為「成人—成人子女」的關係，甚至是「高齡父母—高齡子女」的關係。一旦中年子女能夠順利重新界定自己和年老父母的關係，年老父母和中年子女之間，就可以持續發展，成為一種成熟、有意義的支持關係。不管是老年父母或中年子女無法改變自己的角色認定，兩者之間都會變成一種空洞、痛苦、價值混亂的關係。

　　當年老父母和中年子女兩者同時完成個體化過程，「成人—成人子女」的相互關係才可以順利發展為友誼關係（Brok, 1997）。此時，子女會把關心年老父母健康的覺察加以內化，很自然地成為老年父母的支持和照顧者。隨著醫藥科技的發達，當高齡當事人到達 70 歲左右，除了扮演年邁父母的成熟子女，也可能同時扮演老年父母。此時，當事人的個體化任務將更加多元，不同世代之間所產生的認知差距，對諮商服務的影響也會更加明顯。

【真實案例】高齡父母與年長子女的互動

張老太太今年 82 歲，隨著先生從中國大陸撤退到臺灣，生養了五個子女，子女們陸續長大成人，成家立業。其中只有第三個女兒沒有結婚，一直跟著父母居住。張太太 68 歲那年，先生因病去世，從此她就和第三個女兒住在一起。雖然女兒已經 50 多歲，張太太仍然把女兒當成孩子照顧，幫女兒洗衣服、做飯、打掃等等。直到去年張太太生病，生活上逐漸無法自理，發現女兒離自己遠遠的，還經常會嫌棄張太太，張太太心裡非常難過，只好搬到兒子家住，但是因為和媳婦相處不好，心理壓力大，心臟和腎臟功能便快速惡化。

張老太太在諮商過程中表示，每一次看到女兒為了電視節目不合她的意，生氣甩門，回到自己的房間，內心就像刀割一般痛苦，真恨不得早一點離開人世。張老太太的案例顯示「價值混亂」的親子關係是高齡者心理健康的致命傷；體力逐漸下降的母親再也無法扮演「主要照顧者」的角色，但是成年子女對母女關係的認知，以及對母親的認知並沒有隨著母親年歲的增加而調整，是造成張太太心理壓力的主要原因。

二、高齡者當事人身心靈的更新連結

　　當事人「關係中的自我」是高齡者諮商服務的核心，儘管家庭生活模式、社會結構都不斷改變，個人對家庭的依賴程度和連結性也逐漸減少，「家人之間的連結」（family ties）對我們的社會仍然有非常重要的意義，只是，在不同的生命階段，家人對每個個體的重要性可能有所不同。例如，在養育兒女的階段，個體和家人的連結，通常明顯高於青少年階段或空巢期的家庭；在育兒階段，連兄弟姊妹之間的連結都比其他階段更加緊密（Bleiszner & Bedford, 1996）。等到個體開始年邁，會再度重視和家人之間的連結（Troll, 1997）。此時，家人之間的緊密連結成為高齡者心理社會支持的主要力量。至於年輕時代和家人的關係越緊密，高齡階段的人際關係也越親密。

　　在家人的連結關係上，「性別」對家人關係的影響比過去更加明顯。正如我們所了解的，一般而言，女性比丈夫年輕些，且通常較男性長壽，因此老年男性通常都有配偶陪伴度過晚年生活，而不會選擇和孩子或孫子輩居住。至於老老期（old old）的女性則通常沒有陪伴，單獨居住在自己的大房子裡，也比較有機會和子女或孫子女同住。因此，面對高齡當事人的家人關係，多數的個案都是年老的女性，這種情形在國內也非常普遍。

　　根據我國內政部統計處 2009 年「高齡者狀況調查表」的調查結果，65歲以上高齡者有子女者占 97.1%。家庭型態主要為三代家庭占 37.9%，其次為二代家庭占 29.8%，而獨居高齡者占 9.2%，居住安養或養護機構占 2.8%。高齡者目前獨居或僅與配偶同住者比例合占 27.9%，住在安養或養護機構者僅占 2.8%；高齡者理想的居住方式主要希望「與子女同住」占 68.5%，其次為「僅與配偶或同居人同住」占 15.6%。其中，高齡男性獨居的比例（7.94%）明顯少於高齡女性（占 10.31%）；高齡男性與配偶同住的比例（25.62%）則明顯高於高齡女性（占 12.35%）。至於高齡女性和子女或孫子女居住的二代家庭或三代家庭比例較高齡男性高（內政部，2009）。因此當有關高齡當事人與家人關係的諮商服務，高齡女性的個案數量不僅較多，也是高齡者諮商服務的重要議題。

表 17-2　我國 2009 年 65 歲以上高齡者家庭組成情形

項目別	總計	獨居	僅與配偶同住	兩代家庭	三代家庭	四代家庭	其他
94 年調查	100.00	13.66	22.20	22.49	37.87	0.70	0.81
98 年調查	100.00	9.16	18.76	29.83	37.86	0.78	0.82
性別							
男	100.00	7.94	25.62	29.24	32.01	0.80	0.68
女	100.00	10.31	12.35	30.37	43.33	0.75	0.95
年齡別							
65-69 歲	100.00	6.82	20.99	35.46	34.00	0.85	0.56
70-74 歲	100.00	9.92	20.32	27.09	39.68	0.81	1.04
75-79 歲	100.00	12.60	19.09	27.91	38.21	0.39	0.53
80 歲及以上	100.00	8.47	13.60	26.81	40.87	0.97	1.18

資料來源：內政部（2009）

　　Helen Strauss 是一位資深的心理醫師，高齡時期仍然從事諮商服務工作，經常提供高齡當事人許多的諮商協助。他發現，高齡父母和中年子女同住，如果高齡父母無法順利度過第四期個體化階段，很容易從陷入「絕望」的心理狀態，如果高齡祖父母還必須擔負教養孫子女的責任，高齡者的心理壓力和困擾將更嚴重，包括高齡祖父母和中年子女教養態度的世代差異，對生活美德的不同界定等等，都可能造成高齡祖父母和中年子女間的隔閡。如果祖父母把嚴格的管教當成控制孫子女的武器，可能會造成更嚴重的代間衝突（Strauss, 1997）。

三、找出家庭中的主要聯繫者

　　處理高齡當事人及其中年子女的關係時，需要考量的因素包括：了解家庭的結構，並找出家中的「主要聯繫者」，包括了解夫妻在家庭中所扮演的不同角色，子女或孫子女之間的網絡等等。其中家庭人數的多寡、家人彼此

間地理的近便性、家人人格的穩定性、夫妻所扮演的角色，以及代間同住的數量等，都可能影響高齡當事人尋求諮商服務的效能。至於家庭中的「主要聯繫者」對高齡當事人的影響則是最明顯且最大。

　　家庭中的「主要聯繫者」通常是指家庭中有能力凝聚所有家人、親朋好友的情感，持續和家人保持聯繫的人。通常是家中的母親，或者是較年長的兄弟姊妹，其中又以女性為主（Rosenthal, 1985）。家庭中的主要聯繫者會主動把家人的訊息傳遞給所有的親朋好友，一旦家中年長的奶奶去世，中年的女兒，甚至孫子女都會自然而然成為家庭中的「主要聯繫者」。根據 Troll 多年持續觀察，家庭中「主要聯繫者」對家庭成長、家庭問題的影響顯而易見。因此，無論是處理高齡當事人的生活照顧、心理諮商服務，必須先找出高齡當事人家庭中的「主要聯繫者」。

肆、高齡者與家人關係諮商的倫理議題

　　在討論高齡者與家人關係時，必須同時討論高齡當事人的諮商倫理議題。相關的倫理議題通常包括：案主同意權的行使、保密原則、利益與自主性和忠誠等。當諮商工作者提供高齡當事人服務時，仍然要落實「案主同意權」的行使。尚有自主能力的高齡當事人，當然有權利表示同意或拒絕接收心理諮商服務。即使是在社區中心接受團體心理治療的高齡人，也必須讓當事人了解他所接受的是什麼樣的治療、他是否有權利拒絕這些治療、以及這些治療是否需要付費、治療是短期或長期等等，這些諮商服務的訊息都會影響高齡人的參與意願。至於缺乏自主能力的高齡者，或者由家人帶入諮商服務的高齡當事人，堅持讓當事人了解自己的權益、將會接受的服務內容和期程等，是諮商工作者和當事人建立良好關係的重要部分（Knight, 2004; Hubble, Duncan, Miller & Wampold, 2010）。

　　至於高齡諮商工作的保密原則，恐怕是最為棘手的議題，高齡當事人通常由子女或親人陪伴接受諮商服務，特別是伴隨輕度智能障礙、憂鬱症等心

理疾病的高齡當事人，諮商服務的保密工作更加困難。Knight（2004）表示，諮商工作者經常會把自己當成家庭的一分子，希望對高齡當事人有所幫助，因此會積極和當事人的子女或親人分享諮商的內容。但是他也發現，「家庭」往往是高齡當事人最不希望分享隱私的地方。因此在處理諮商工作的保密原則時，往往會面臨嚴重的價值觀衝突，值得諮商工作者自我覺察和提醒。

　　關於利益和自主性的議題，儘管自主性應該以「當事人」的決定為主，也是所有諮商工作者必須嚴格遵守的原則。但是由於牽涉到保密原則的價值衝突，再加上現實環境中，多數諮商工作者都發現許多非失智的高齡當事人大多選擇放棄自己的自主性，聽從子女的安排，因此利益和自主性的考量越來越棘手。

　　至於「忠誠」原則，是指諮商工作者必須以當事人最大利益為考量的利益和忠誠原則。例如在有限的時間和資源下，如何有效運用員工時間，又能提供高齡當事人最大利益的服務；同時如何透過老年醫學的了解，提供高齡當事人適當的服務，都和諮商工作的忠誠原則有關。

第十八章
高齡者自我覺察的引導技巧

楔子

　　日前筆者身邊的一個小故事道盡了目前新高齡者的心理特質，值得深思：

　　黃太太今年 62 歲，是一位內科醫師，目前和先生同住。結婚三十七年，育有一子一女，兩個子女都非常優秀，女兒在國外發展，兒子和媳婦則在附近租房子住。二個前黃太太的右邊乳房再度發現硬塊，決定進行化療，治療前黃太太告訴子女，週四會住進醫院。到了週四當天早上，兒子和媳婦兩人打電話到家裡，媳婦打算陪黃太太去醫院，才發現黃太太已經做完手術，住進病房了，而且不要子女到醫院看望她。於是兩代間的心情澎湃洶湧：

　　黃太太的媳婦生氣地告訴我：「個性這麼硬，拿她一點辦法都沒有。」「也不管別人是怎麼想的，真是氣死人了！」

　　原來，黃太太的內心一點都不輕鬆，力爭上游的個性讓她結婚後拋夫棄子，一個人到大都市努力，雖然功成名就卻覺得自己對不起孩子。其實，二十年前黃太太就有乳癌的徵兆，已經治療一次，這一次住院是復發，一向獨立的黃太太決定由先生陪伴，自己去醫院。因為她擔心看到子女們煩躁的樣子，擔心看到子女們不悅的表情。

壹、從自我覺察到身心的整合

　　雖然貴為萬物之靈，懂得理性論述，但多數時候我們都是順著情緒、感覺在過日子，真正憑藉理性判斷過生活時間不多。像黃太太一樣的高齡者都是所謂的「新高齡者」，具有高教育水平和理性思考能力、優渥的經濟基礎，自以為不擾人、獨立自主、淚水往肚裡吞的情緒調適方式，卻反而造成子女內心的痛苦。如果不是親自經歷，任何人都無法體會其中的難處與壓力。此時，唯有透過當事人的自我覺察，明白自己真正想表達的情緒，充分接納與表達。

　　目前第三波的認知行為治療典範相信，個體每天、隨時都必須依賴「自動化思考模式」才能生存下去。第三波的認知行為治療借用許多東方心靈整合的古老智慧，例如：從正念減壓治療、靜坐與內觀，以正向的認知思維或行為介入，重新建立或更新自動化思考模式。例如系統減敏感法的體驗、肢體動作的體驗和覺察，以適當的思維模式取代不適當的信念或行為模式等（Linde, Rück, Bjureberg, Ivanov, Djurfeldt & Ramnerö, 2015）。

　　存在人文典範對自我覺察的引導主張：「透過當事人自我覺察，了解自己的選擇、動機以及各種影響自我的因素，讓當事人領悟到自己在許多方面的行為，仍然受到過去的經驗或決定束縛，並藉此為自己的未來做出新的決定。自我覺察包括美好和痛苦的經驗，並鼓勵當事人承受這些痛苦，持續自我了解和自我決定是一種自我成長。」（陳婉真，2008）。

　　第三波認知典範的心理學研究則強調「身心合一」或「心腦合一」的概念，同時也透過各種神經科學相關研究加以證實。例如，從心臟的律動中提取的心率變異性（Heart Rate Variability，簡稱為 HRV），早已被用來評估情緒對自主神經系統的影響，也是顯示身體自主神經系統平衡狀況的重要動態窗口（藤興才，2007）。

　　有的學者則提出「身體智能」（The Body Intelligence）的概念，強調透過有意識的練習，個體可以擁有更加創意、自在、豐富、有深度的身體自我

覺察（Stewart, 2009; Stirling, 2010; The Body Intelligence Summit, 2014）。本章所列的各種自我覺察技巧都是從「身體智能」的概念出發，主張個體的大腦會透過神經傳導物質控制個體的行為，個體的行為也會反過來影響大腦的結構和運作機制（Brann, 2015; Wilson, 1990）。換句話說，個體的身體覺察、情緒、思維與行為共同決定個體的心理健康，如圖 18-1。

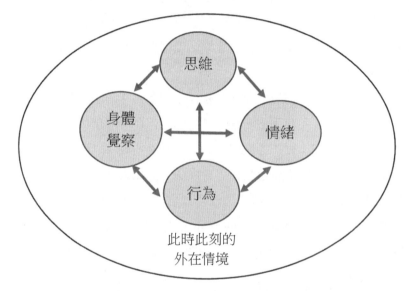

圖 18-1　個體的身體覺察、情緒、思維與行為共同決定個體的心理健康

一、「個人對情境的評估」是高齡者情緒調適的核心

　　針對高齡者的正向效應、情緒控制較缺乏彈性、處理壓力的能力降低等情緒調適特質，有研究提出「內隱的情緒調適」的概念。強調人類情緒的表達是一種自主的、無意識的、是個體過去經歷和當在所處情境交互作用而產生的結果，是一種內隱式的情緒調適作用（Cacioppo & Cacioppo, 2014; McRae, Ciesielski & Gross, 2011; Gyurak, Gross & Etkin, 2011）。研究者將內隱式情緒調適界定為一種過程，是個體在沒有任何意識性的引導或外顯性目的的引導下所產生的情緒變化，這種內隱性情緒調適主要在改變情緒反應的品質、深度和時間。

　　內隱的情緒調適概念認為：「個人對情境的評估」是情緒調適的核心，為了將情緒反應內化為個人信念，個人對每一個特殊情境或外在刺激都必須有適當的詮釋，個人「自我覺知的轉化」，以及「日常生活重心的轉化」才是情緒調適的核心（Koole & Rothermund, 2011）。然而，個人通常不容易覺察自己情緒再評估的結果，也很難將這些新的評估轉化為個人信念。個體「身心的交互作用和整合」才是情緒調適的關鍵；換句話說，「情緒調適的效能」決定於個人身體與心靈互動的有效程度。

　　強調內隱式情緒調適的學者主張：人類的情緒反應除了和刺激的強度有關，重要的是該情緒刺激和個人過去負向情感、個人親密關係，以及情緒回饋所產生的交互作用。所以近期的情緒調適研究紛紛強調情緒的評估（appraisal）與再評估（reappraisal）的概念，同時透過情緒的再評估，將這種情緒調適機制內化為個人的自我信念。例如，Cacioppo 夫妻（2014）曾經從社會流行病學（social epidemiology）探究高齡者社會孤立感的研究表示，缺乏人際互動與社會連結、孤獨感，都與高齡者的睡眠品質、生理健康和心理幸福感有密切的關係，也是導致高死亡率和疾病的重要因素。

二、強調「全像意識與相互連結」的心理健康觀點

　　與人類心理健康層面相關的「量子心理學」的概念主要包括：「意識流與全像意識」、「整體性與生命的連結」，都可以為諮商工作開啟另一個新的視野。強調生命和意識覺察的概念，對於生命歷練豐富但心智思考上容易陷入僵局的高齡當事人，特別有幫助。

（一）意識的覺察與全像意識

　　根據量子腦動力學的概念，大腦有 70% 由水分子組成，水分子的電偶極矩形成了一個稱為「皮層場」的量子場，並與神經細胞中的生物分子所產生的量子相干波發生相互作用。這種生物分子波可以沿神經網絡傳播，並能從 ATP 中獲得能量，進而控制神經元的離子通道。皮層場和量子波的相互作用，就是人類所謂的「意識」（維基百科，2015；Brann, 2015）。人的意

識可分為：有意識、橋樑意識、潛意識、無意識等四大類。

1. 有意識：日常生活中吃飯運動、打電話吵架、上網找資料等，大腦所呈現的都屬於有意識。
2. 橋樑意識：當我們不再把注意力放在外在的感官世界，而進入一個比較寧靜的內在世界，這時會感覺比較放鬆、比較不使用智力，例如，閉目養神、上課時神遊、享受心靈的音樂。此時意識還是清楚，但腦波變得比較慢，其頻率範圍為每秒八至十二赫茲，腦波屬於「α波」，是β波及θ波之間的橋樑。
3. 潛意識：大腦處於潛意識時的腦波比α波更深層、更慢，稱為「θ波」，其頻率範圍為每秒四至七赫茲。例如：進入夢鄉後的意識就是屬於θ波。
4. 無意識：完全熟睡後，我們意識處在一種完全開放的狀態，就像一個訊號接收器，可以接收來自其他意識層面的信息。此時，大腦腦波是比θ波更深層的「δ波」，δ波是所有意識裡最深層的腦波，其頻率範圍為每秒零至三赫茲，又稱為「無意識腦波」。

　　量子腦的觀點認為，個體的意識在神經元與神經元之間自由流動，並以量子態的波動自由移動。大腦會對應這個波動而產生思想，並產生行動。然而，大腦的結構屬於原子態，因此量子態必須要轉換為原子態，才能為大腦所接收；個體思想要先經過δ波的無意識、θ波的潛意識及α波的橋樑意識，最後到達β波的有意識，個體才能覺察到並採取行動。

　　大腦內神經元的軸突會發射高頻率的電波，然後由軸突尾端的突觸釋放出神經化學傳遞物質到其他的神經元樹突，如此不斷發射電波與化學物質的傳遞，會在前額葉形成一個全相的影像，就像攝影機一樣，稱之為「全像圖」，一幕一幕全像圖的播放就是我們的思考內容。同理，人體也有一定的波動，人體內的各個器官也有其不同的波動，而且形成一個共振的網絡。因為心臟的血液要能輸送到身體的每一個地方，沒有共振是無法完成。

（二）整體性與生命的連結

　　量子腦動力學因此認為，要更新大腦的意識狀態，最快速有效的方法，就是讓大腦在特定的頻率組合之下產生共振（葉子成，2008；Habib et al., 2010; Schwartz, Stapp & Beauregard, 2005）。過去多年來在人腦潛能開發上受到極高重視的腦波振動（brain wave vibration）（Lee, 2009）、心靈或大腦共振音樂（謝汝光，2008）等，都主張藉由音頻共振而更新意識。目前研究也認為，卻乏 α 波時，會讓人不快樂，嚴重的會有憂鬱及自閉的現象。只要透過靜坐、瑜珈等方法加強 δ 波的共振，這些問題都可以獲得解決。

　　目前逐漸受到重視的靜坐、觀想，都鼓勵參與者以全像意識或量子全像來觀想自己的身體，讓自己遠離疾病和病痛（莫非譯，1998；Brann, 2013）。透過靜坐、觀想，並以全像意識來觀想自己的身體，很容易讓個體產生與他人之間的緊密連接、對他人產生信賴。

　　量子理論認為，我們每一個人都是人類網狀組織中的一個微粒子，和這個網狀中每一個人都是彼此關聯的。此與目前越來越受重視的「社會腦」觀點完全相符。至於人之人之間的信賴感更是諮商服務工作的基礎，面對生命和個人的使命，必須先引發當事人對生命的覺察，而不是拼命和掙扎。只要真誠面對自己的意識流，每天幾分鐘的靜坐或思考時間，就會感受到生命中許多同時性的發生，相信所有來到我們面前的人或事，都是和我們有重要連結關係的人，都是因為彼此有一份「信諾」才會產生連結。

　　其實早期主張「個體心理學」的心理學家阿德勒就提出「整體觀」，認同身心一體的理論。他認為一個人的所有層面是同步運作的，而個體又是一個更大的系統的一部分，所以他與自己、地球、社會的關係都很重要。根據他的「宇宙影響力原理」（principle of cosmicinfluences），每個人和宇宙都是相連的，個體在培養出社會情懷的同時，也會感覺到自己是更高次元的一部分（麥基卓、黃煥祥，2014）。根據阿德勒的解釋，生活型態（life style）是每個個體內在的統合狀態，包括他的思想、感覺和行動，不僅在意識層，也在潛意識層。

三、透過自我覺察可改變大腦迴路

　　神經心理學運用腦科學知識來了解人類的行為，強調基因與環境都會影響大腦功能，探索認知與情緒關聯。強調個人的知識、經驗和行動技能，都是引發動機與產生行為變化的基礎。有趣的是，所謂的好習慣、壞習慣並沒有標準答案，而是以事件的後果與個人價值觀來定義。目前已證實，只要能透過神經心理學的方法，從改變大腦迴路下手，積習也是可以改變的（郭乃文，2014）。目前已有很多研究證實嬰幼兒時期的人際互動關係的品質，會決定我們精神健康的基本狀態；然而，成長過程中開放的人際互動，也可以重新啟動神經元可塑性過程，並在我們生命中的每一個過程改變我們腦部的結構（吳四明譯，2013；林雅玲譯，2014）。

　　這就是為什麼許多心理諮商工作者主張，一些經常造成心理困擾的情緒，往往可以透過「自我對話」或「自我覺察」逐步強化個體自我改變的能力。主要是因為人類的認知和情緒機制是相輔相成的，個體的情緒必須仰賴前額葉皮質區的認知機制和情緒感受共同完成，大腦左右額葉外側和內側共同掌控情緒反應或行為策略，則會抑制不適當行為或情緒的產生（郭乃文，2014）。

　　好的自我監控能力和價值觀，面對外在環境也能夠引發較適當或「恰到好處」的情緒。例如：面對新的或困難的情境，可以透過內在對話，告訴自己：「我在緊張」或「這個情境不好處理，我覺得不舒服」，因為能夠事先察覺到自己的情緒，就會有一種心理的安適感，一旦真的遭遇困難，所引發的情緒會相對的緩和、可以被接納。總而言之，大腦前額葉對於個體情緒調適、心理健康的影響越來越受到重視，自我覺察和自我對話等可以改變內在思考模式的認知療法也逐漸受到重視。例如強調觀想的「人際心理治療」已證實能有效協助憂鬱症患者走出情緒的陰霾（唐子俊等譯，2007；Ravitz, Watson & Grigoriadis, 2013）。

貳、高齡者自我覺察與情緒調適的引導技巧

以下針對幾種高齡者的自我覺察練習深入介紹，包括：正念減壓治療、引導高齡者審視人際關係的技巧、加強高齡者覺察並處理壓力的能力、腦波振動引導、曼陀羅繪製的引導等。都是很好的高齡情緒引導技巧，也是高齡當事人可以自己掌握、自行努力的部分。

一、正念減壓治療的引導

（一）正念減壓的意涵

「正念減壓」在醫療領域訓練課程已有許多實證研究。許多研究都表示，正念減壓治療可提升當事人的社交技巧、減少情緒混亂的情形；即使是健康照護者在經歷禪修正念後，大腦壓力賀爾蒙（cortisone）的分泌指數也有下降的傾向，也可以幫助護理人員因應壓力、降低負向情緒的干擾、提升同理心、生活幸福感與滿意度（釋宗白、金樹人，2010）。

Brown 與 Ryan（2003）將「正念」定義為：「一種注意並覺察當下正在發生什麼的狀態，或者是對目前經驗與當下事實的增強、注意與覺察」，Brown 與 Ryan 所強調的是以當下為中心的注意與覺察。正念的核心概念與實踐在於：「清楚明白地覺察，覺察的對象包括自己的身體、心理、感受、想法及萬事萬物」。

一般的正念減壓課程是結合「傳統的認知行為治療」、「接受」與「正念」的理念和技術。傳統的認知行為治療通常把治療目標放在「駁斥、改變以及重新架構」上；正念減壓治療則是把焦點放在「個人與個人思維與感覺的關係上」；因此正念減壓治療通常被歸類為「第三波的行為與認知治療」。至於正念介入對心理層面的影響可歸納為幾項：注意力的自我管理、阻斷思維的反芻、對經驗抱持好奇、開放與接納的取向、促進探索（exposure）、認知的改變、自我管理（self-management）、放鬆（relaxation）和接納（acceptance）（胡君梅，2013）。

　　正念減壓治療不同於過去的認知療法，傳統的認知心理學的治療，通常是透過語言或理智刻意改變信念，消除焦慮情形或導向正面的結果。但是認知治療的結果通常短暫、容易復發，有時候必須重複多次才有效果。以正念療法來處理情緒的第一步，則是真誠覺察並接納內心所隱藏的情緒、動機，而且不立即壓抑它們。治療過程中以標記的方式覺察並接納這些情緒，最終使這些情緒消失。

（二）正念減壓團體引導課程

　　目前正念減壓治療已證實可以強化大腦的可塑性，正念減壓課程或正念認知治療多數是以團體方式進行，剛開始，正念減壓課程與治療都是以病患或精神疾病者為主，現在已被普遍使用在健康的、有壓力的群體（竇金城，2014）。目前多數的正念減壓課程大多安排八週，每週一次進行二至二個半小時，並以團體的方式進行。課程的設計是讓參加學員學習五個層次的方法：

1. 第一個層次是學習內觀，亦即專注於呼吸、身體覺察與身體掃描、行住坐臥禪、聽覺禪等等。
2. 第二個層次是進行正念瑜珈的練習。
3. 第三個層次是情緒覺察與處理的練習。
4. 第四個階段則是思考觀察與處理的練習。
5. 最後第五個層次則是行為選擇計畫與生活整合。

　　在正念減壓課程進行中，講師每週會提供講義與錄音帶、指定家庭作業，也會引導學員討論上週的實踐情況與困難處，並給予支持、鼓勵與建議。執行過程中講師的角色與認知典範中的諮商工作者的角色相同，都是一種專業的同盟者，參與學員必須有主動性、想要改變的意願。

　　在正念減壓團體中，最重要的是「人際關係」，參與學員的相互支持與鼓勵是團體運作是否順利的關鍵。正念減壓的課程規劃著眼於「個人覺察」，不需要在團體中坦露任何個人的隱私，帶領者也不會催化任何矯正性

情緒的宣洩，因此安全感的顧慮相對較少。不必擔心手足競爭或爭寵的問題，學習的重點是全面探索自我，尤其是身心的再連結。透過不斷覺察的練習，成員學習如何不評價地面對真實的自己、對自己開放、接納自己的每一個當下。至於家庭作業則是把每次的練習直接落實到日常生活中。

二、高齡者審視人際關係的訓練

從「社會腦」到量子腦的概念都已證實，開放、頻繁的人際互動、與他人的連結，可以協助重新啟動大腦的「神經元可塑性」（Brann, 2015）。根據經驗，因為失去自我掌控感，高齡者通常比年輕時期更加敏感、心理上更容易受到傷害，因此，人際關係的評估、解讀和審視能力顯得格外重要。例如，沒有經濟自主能力、與兒子和媳婦同住的老年婦人，可能會高估子孫們對她的負面情緒或不接納，因而不敢表達自己真實的情緒，結果反而造成家人之間的誤會。事實上，人際關係的評估能力和高齡者的自我概念、自我效能息息相關。

人類是一種社會性的個體，影響個體情緒健康或心理健康的關鍵因素是「我們與他人之間的關係」。許多心理學研究者因此提出「關係中的自我」或稱「關係中的自我概念」（吳四明譯，2013；陸洛，2003；Seattle Christian Counseling, 2015）。無論是夫妻互動或親子相處關係，都是決定當事人自我概念的關鍵因素。即使是職場上的同儕關係、勞資關係，都會透過彼此間的互動，形塑個人的自我概念。我們可以把「關係」形容為一種充滿魅力的事物，它可能是刺激的、痛苦的，也可能是令人興奮的一種感覺；它可以激勵我們、引導我們走向成功，卻也可能讓我們誤入歧途、走向死亡。

對於生命經驗豐富且複雜的高齡者而言，高齡期因為「關係」的改變導致心理困擾或障礙，甚至產生心理疾病的情形更加明顯，卻很少受到重視。對此，諮商服務工作者不僅要協助高齡者排除具有傷害性的互動關係，例如減少主要照顧者或家人不適當的對待。也必須引導高齡當事人透過體驗或反思，學習覺察自己和他人關係的改變，並選擇以適當的方式與他人互動，以

減少內心的焦慮或不舒適感覺，例如，接受自己已退休的事實、了解子女對高齡者自己日漸衰老身體的憂慮，理解他們的壓力等等。

三、高齡者壓力調適能力的引導

存在人文心理諮商服務者的任務，主要在揪出藏身在當事人合理化及固定模式行為背後的那些感覺，並協助當事人了解它們（吳四明，2013）。因此，無論是自我覺察能力、人際關係的審視能力，當事人都必須能夠覺察自己生理和心理上正在感受的壓力，面對這些壓力，並妥善處理這些壓力。

例如，由家庭治療師 Virginia Satir 所設計的「每日溫度解讀」，是常用的壓力覺察練習。「每日溫度解讀」的練習可以用來了解家人、朋友或同事關係，讓我們了解此時此刻在特定關係中的人際關係溫度。進行的過程包括：找個適當的地方，想一下對方此時此刻可能有的感覺；接著進行的主題包括：彼此感謝、提供彼此新的資訊、問問題、提出抱怨以及對改變的想法、分享願望和夢想等。

一般人在人際關係的覺察上，經常會把對方的「抱怨」自動加諸在自己身上，認為對方是針對自己發脾氣、對自己不滿。事實上，抱怨者所傳達的訊息都是抱怨者本身的狀態。例如：因故失業的丈夫回到家中，看到在家裡準備晚餐的老婆，可能會破口大罵「錢都快用光了，還煮這麼多菜，你要害死我嗎？逼我走絕路嗎？……」越是親密的家人或朋友，可能越無法解讀對方的情緒表達狀態，因而喚起強烈的防衛心，讓彼此間的溝通陷入僵局。上述黃太太的故事就是最好的實例。

為了引導高齡者覺察並面對壓力，可以嘗試的方法包括：找出當事人的「優壓力」、帶領當事人說出自己的故事或重新書寫生命故事。

（一）找出當事人的「優壓力」

面對壓力時，壓力賀爾蒙或稱為皮質醇大量湧現，會讓個體陷入憂鬱、缺乏生產力，長期大量的壓力賀爾蒙甚至會降低個體的免疫力。但最近的研究表示，當個體面對壓力時，除了壓力皮質醇，還會自然產生一種大腦神經

傳導物質「催產素」。一般而言，孕婦在懷孕過程中，體內的催產素分泌量會逐漸增加，直到臨盆階段，催產素分泌量的增加會提高產婦和嬰兒之間的依附關係和情感。但是事實上，無論男性或女性，每一個人面對壓力或性高潮時，大腦的下視丘會都會自動分泌大量的催產素，讓個體自然、主動尋求和他人之間的緊密連結，與我們身邊的重要他人產生心理上的親密感。因此有人稱催產素是一種具有「生物的精神病理學」（Biological Psychiatry）功能（Ditzen, Schaer, Gabriel, Bodenmann, Ehlert & Heinrichs, 2009）。因為催產素不僅讓個體產生與他人之間的連結，提升個體對身邊事務的熱情，也有助於生理疾病的恢復速度。

　　一個適當的壓力對心臟的好處，就像遇到喜悅的情緒所來的心跳加快，對心臟是有益的（Ditzen, Schaer, Gabriel, Bodenmann, Ehlert & Heinrichs, 2009; Tanga, Lua, Gengc, Steinc,Yangc & Posnerb, 2011）。「優壓力」甚至可以維持我們腦部的可塑性，具有可塑性的大腦比較可以適應，也比較有彈性保持我們的社會連結，以因應生命中各種不可避免的變化。例如，參與新學習，例如學習新的樂器、全神貫注地學一道新菜等，都可以讓身體處於「優壓力」的狀態，也是高齡者情緒引導的重要策略之一（吳四明譯，2013）。

（二）重寫自己的生命故事

　　不管是我們自己、家人或朋友，我們所記得的故事，有 90%以上都是「感覺」，只有 10%和事實有關（吳四明譯，2013；黃漢耀譯，2005）。如果由家人或朋友來轉述我們的故事，版本一定和我們自己撰寫的大不相同。

　　正如認知治療學派的 Beck 所提的「負向的自動化思考」，一般人都可以透過自我檢核，為自己的痛苦或行為找到源頭，包括：武斷的推論、選擇性的下結論、過度類化、個人化、以偏概全、非黑即白的極端化思考等，都是導致個體焦慮的心理認知模式。

　　《陰影，也是一種力量》（*The secret of shadow*）的作者 Debbi Ford 從自己的經驗中覺醒，在書中不斷鼓勵我們每一個人：「和自己和好，原諒自己過去的生活和所有的故事，不要再被自己過去的信念卡住。」（黃漢耀譯，

2005）。她在書中說了一個寓言故事：

> 一個年輕女孩問一位很有智慧的老婆婆說：「怎樣才能變成蝴蝶？」
>
> 老婆婆眨了眨眼睛、微笑說：「你必須要有『飛』的志向，而且願意放棄你的毛毛蟲生命！」

Debbi Ford 提醒我們，每一個人都值得用「愛和寬恕」來犒賞自己，那是一個人一生中最美好的禮物。目前許多高齡團體課程經常使用的「長者生命回顧團體方案」，都是一種「個人生命故事的重新敘寫」。一方面希望透過生命故事的回顧或重新書寫，引導長者回顧自己過去生命中的精采故事，增加自我價值感；另一方面則是希望透過生命故事的重新敘述，讓參與者以現在安全、成熟的自我，重寫過去不愉快或受挫的生命經驗，讓自己拋開過去的爛故事，讓自己的內心充滿資源。

四、專注力的訓練

一般人可能會認為專注力只是一種認知訓練，可以減緩認知功能減退。事實上，人體左右腦是相互協調的。右腦雖然偏重情緒管理功能，也需要專注力的訓練，才能保持它的敏銳度，避免高齡者不適當的情緒覺察，阻礙個體心智安全系統的功能，甚至造成心智意義化系統更大的壓力（秦秀蘭，2014）。

專注力練習是發展自我觀察的關鍵能力，目前神經認知科學研究都證實，長期練習靜坐或專注的人，不僅產生新的神經通路，負責追蹤身體內在狀態以及他人情緒狀態的「腦島」明顯增長，掌管中央控制功能的前額葉皮質也明顯變厚（吳四明譯，2013）。由於高齡者的前額葉皮質會隨著年齡逐漸萎縮、變薄（Scheibe & Carstensen, 2010），因此，無論自我覺察的專注力、認知專注力練習，對高齡者生理和心理健康的維護都比年輕人更加重要（Opitz, Rauch, Terry & Urry, 2012; Tanga, Lua, Gengc, Steinc, Yangc & Posnerb, 2011）。

　　Pashler（1999）曾經以個體的專注力為主軸進行研究，該研究邀請麻省理工學院的大學生一邊進行智力測驗，一邊用腳隨著快節奏的音樂打拍子。結果發現，受試者的專注力差者，其心智上的表現大約比實際年齡老了八歲。他因此推測：長期讓個體心智處於疲倦的狀態下，個體的身體能量會明顯衰退。該研究不僅讓我們更加重視「專注力」的訓練，也顯示不僅大腦的神經控制機制可以主導個體的行為；個體的外在行為或個體的意向也會反過來影響大腦的運作機制。這就是量子腦所稱的：「觀察者也是參與者；是觀察者創造了被觀察的世界」；「大腦控制個體的思考和行為，個體的思考和行為也會反過來影響大腦的運作機制」。量子腦動力學的概念對現代諮商工作者是一個重要的訊息，也是一種全新的典範。

　　老年期的專注力訓練可以是：稱念佛號、簡單的數息、規律擺動身體和踏步等，都是很好的練習，不僅可以激發大腦神經物質的分泌，形成新的神經迴路，也可以讓大腦呈現平穩的 α 波。面對失去人生掌控權、身體功能逐漸下滑，甚至改變居住環境等問題，專注力練習可以讓老年保持良好的情緒處理能力，更能與他人的情緒產生共鳴，有更強的同理心，因而改善人際關係和自我概念。

延伸閱讀　破解儀式行為的神經機制

習慣是我們生活裡重要的部分，我們每天都以「自動導航」的模式重複這些習慣，讓大腦不會因為專注於每個刷牙的動作或不斷微調方向盤的細節而負荷過度。當我們重複某個行為時，大腦裡的紋狀體會參與形成特定的習慣迴路，讓習慣成為自動化的一個單元，稱為「集組」（Chunk），也就是做為記憶單位的套組型式。然而，另一個腦區「新大腦皮質」（neocortex）會監控這個習慣。利用光訊號調控實驗大鼠的新大腦皮質，就能阻斷一個習慣，甚至能防止習慣形成。美國麻省理工學院 Graybiel 和 Smit 教授的研究曾經證實，人腦的前額葉的「下邊緣皮質」（infralimbic cortex）與個體習慣性行為的移除有相當大的關連。平日看似不假思索的習慣，其實一直都受到大腦右下方的下邊緣皮質的監控。

新的大腦技術讓神經科學家破解我們「儀式行為」背後的神經機制，同時辨認出所謂的「習慣迴路」，也就是大腦裡負責建立並維護習慣行為的區域與連結。研究顯示，無論是好的或壞的習慣，刻意地調控我們的大腦也許能控制習慣。亦即，習慣的養成不盡然是一種自動化的結果，個體仍有部分腦區盡責地監督我們的行為。

然而，無論個體刻意地調控我們的大腦，產生新的「習慣迴路」，控制我們的習慣。一旦個體面對壓力，過去曾經建立的、舊有的習慣迴路就會占優勢，優先被個體覺察到，因此再度出現該行為。這可以說明許多戒毒者或想要改變某種習慣的當事人，總是因為某個關鍵人、事、物的出現，再次出現當事人努力想擺脫的行為。這就是為什麼需要「自我覺察」，並持續練習才能真正形成新的大腦迴路。

資料來源：林雅玲譯（2014）；Brann（2015）

五、腦波振動的引導

　　目前在美國、韓國和日本越來越普遍的「腦波振動」（Brain Wave Vibration）是由國際腦教育學會（IBERA）創始人李承憲博士所創立，主張藉由簡易的身體共振，引發個體共振的生物波，透過頭部和頸部的規律擺動、胸部的旋轉、腹部和足部簡單且規律的拍打動作，引發身體器官之間的「諧波共振」，讓我們在緊張或忙碌的情緒下，快速找回身體原有的律動（Lee, 2008）。因為動作簡單有效，目前已在世界各國快速推廣中，筆者也

曾參與學習，已身體力行多年，並經常在社區高齡團體、榮民之家、日照中心等示範推廣，對於高齡者情緒的舒緩有極大的功效，參與者都有相當正向的回應。

日本 Arita（2008）教授曾經分析練習「腦波振動」者的血清素分泌情形，該研究表示每天練習三次，練習十五分鐘以上，就可以有效增加大腦血清素的分泌量、增加大腦 α 波、增加前額葉的血液流量、減低壓力與疲勞、增加活動力。日本 Noburu（2008）博士則持續觀察六十五位以上練習腦波振動者在心理上的變化，這些練習者變得更有自信、人際關係變得平和、容易有滿足感、感覺自己比較有生命力、覺得比較健康等。Bowden、Gaudry、Chan An 和 Gruzelie（2012）也曾經比較練習靜坐、瑜珈和腦波振動的效果，結果發現練習腦波振動對睡眠和降低憂鬱症的效果最好。

國內外也有許多學者發揮音樂的特性，讓人與人之間的心能夠相互回應，因此一般又稱為「音樂律動」。例如，加賀谷式音樂療法主張，利用音樂的聆聽，可以讓收聽者產生快樂、安定的心情；藉由音樂的領導，配合身體動作的帶動，更可以獲得身體活化、心情愉悅的效果（福樂多醫療福祉事業，2014）。筆者於 2016 年起，整合腦波振動和音樂治療的元素，開創「律動輔療」的概念，主張以音樂和肢體律動為媒介，一方面引導當事人找回身體原有的和諧共振的腦波；一方面激活體內的水分子，讓血液循環更加順暢。

腦波振動的引導目標包括：維持健康的腦波、管理壓力、活化腦的各部功能、發展正向的思維習慣、產生愉快感、恢復身體健康的能量狀態等，非常適合作為高齡團體諮商的引導工具。引導時可以以「頭部腦波振動」和「全身性腦波振動」為主。

延伸閱讀　頭部與全身腦波振動的引導方法 •

一、練習腦波振動時，首先刻意地產生身體上的律動，如果有音樂的引導，則讓身體隨著當下的音樂與律動擺動，覺察這種律動並讓它美好地維持著。

二、引導者先進行示範，隨著音樂律動輕輕擺動上身，同時輪流在每一位長輩前示範、以眼神鼓勵長輩跟著練習。

三、頭部腦波振動的練習步驟

1. 擺動的方向和幅度可隨意調整。但是有三種擺動方式，如下圖。左圖是將頭部輕輕左右擺動；中間圖示為∞擺動，想像頭部是一支毛筆寫一個橫的「8」；右圖則是將頭部前後擺動。

2. 先從頭部前後擺動開始，把頭部輕輕往後擺動，會自然回正。

3. 提醒長輩輕輕閉上眼睛，放心聆聽音樂的優美旋律，並自然地搖動身體。持續一首曲子的時間。

4. 引導者可漸次引導，一次只示範一個動作。必要時可站在長輩身旁，以手部輕輕協助長輩輕鬆擺動。

四、全身腦波振動的練習步驟

1. 邀請長輩兩腳分開站立，與肩同寬；膝蓋微微彎曲，手臂自然下垂，肩膀完全放鬆。

2. 從臀部開始上下彈動，隨著身體的韻律自然擺動。專注吐氣並釋放身體內部的緊張壓力。持續彈動五分鐘以上，直到身體完全放鬆。

3. 覺得完全放鬆時，開始依照自己的律動來搖擺身體。搖擺身體時，沒有對或錯，依照個人最自然、最舒服的方式來擺動。可持續二到三分鐘。

4. 結束後，輕輕地甩甩手腳，深深地吸氣和吐氣，把汗擦乾並用手掌按摩臉部和肩頸部分。

五、引導者的提醒

針對高齡者或容易產生頭暈感覺的人，可以先進行五十到一百下的「腹部腦波振動」（即拍打丹田的動作），深呼吸後再開始練習腦部的律動。此外，建議在吐氣時嘴巴輕輕發出「哈哈……」的聲音，專注將廢氣自然從胸部排出。

資料來源：Lee（2007）

六、繪製曼陀羅的引導

正如華嚴經第四會所說的：「心如工畫師，能畫諸世間，五蘊悉從生，無法而不造。」心是一切生命現象的答案，榮格將曼陀羅的繪製稱為「輪圓」，認為曼陀羅是本質我和內在整體個性的核心，曼陀羅的繪製可以讓人格成長趨於圓滿，是一種「個體化」的歷程（游琬娟，2008）。曼陀羅的繪製非常適合作為中高齡者小團體的對話引導工具，也適合作為個別諮商的對話和情緒引導。

榮格表示：「輪圓是中心個性的前兆，是心靈深處的核心，事事與它相關，事事由它安排，它本身就是精神活力的泉源。」因此曼陀羅的繪製可以讓我們完整地關照本質我繞圈而上行（呈現螺旋形上升）的成長趨勢，因為心靈的成長和宇宙的形成是相互呼應的。繪製曼陀羅讓榮格覺察到自性的整合，並成為他自性的一種表現方式。繪製曼陀羅讓他了解個體心理的發展是自性的發展沒有線形的進化，只有自性的循環發展。心理的發展在初期是相同的，但是之後的發展都指向同一個中心，就像鸚鵡螺一樣螺旋狀，每一個螺旋都以相同的角度向外擴展（申荷永譯，2003）。

一旦高齡當事人擁有豐富的內在認知資源或認知存款，就能隨著不同的社會情境做調整；情緒處理上也能多一些彈性，能夠及時趨向正向情緒並給予適切的回應，這就是一種「情緒調適」的技巧。這些事實都顯示出高齡學習的必要性和積極價值。

曼陀羅繪製的引導技巧

曼陀羅非常適合作為中高齡者團體的討論或情緒引導工具，也可以把曼陀羅當成動態的靜心活動。筆者在帶領中高齡讀書會、社會團體工作時，也經常使用曼陀羅的繪製和分享。參與夥伴們都能夠在繪製和分享過程中，讓心靈得到療癒，或者聽到自己內在的微弱聲音，找到自己來自內在的生命力量。

一、彩繪曼陀羅的幾個重要步驟：

1. 紙張和顏料的準備：長寬為 3:2 的紙張、各類顏料、筆記本、尺或圓規。

2. 曼陀羅繪製：放鬆心情或聽些輕柔音樂，傾聽內在的聲音。選擇顏色，憑直覺輕鬆作畫。完成後決定曼陀羅的方向。註明作畫日期，並寫出作畫當時的心情、作畫的順位或改變等。

3. 和自己的曼陀羅對話：命名、列出顏色、找出數字，給予曼陀羅一些適切的意義。

二、曼陀羅的解析

（一）顏色的解析

曼陀羅在解析時，首先要留意顏色的共通性——例如中央的顏色、畫第一個圓的顏色、特別加深的顏色。繪圖的上方區塊通常代表意識部分，下方六點鐘方向代表潛意識部分。白色、黑色、黃色、紅色、藍色和綠色是幾個基本顏色，分別有其代表意義，可作為參考：

1. 白色：代表北方，象徵純潔、超凡入聖；也代表精液、創造力的精髓和支持新生命的顏色。白色象徵的心靈領域不是大好就是大壞。

2. 黑色：代表西方，象徵黑暗、死亡、神祕；是虛無、子宮及萬物發端前的混沌形象，但也是是生命之始。代表克己、自制、懺悔，象徵在一番領悟之後、恩典降臨前的精神之死。

3. 黃色：代表東方，是最接近太陽的顏色，純黃色有明亮、寧靜、快活的特質，黃色是意識、本質我認知和個性發展的重要指標，與直覺的功能有關；也常象徵個體為了改變而尋求與他人關係上的改變。

4. 紅色：紅色是慾力赤裸的展現，是生命的象徵，可能是內心有一股想喚醒自我療癒、提振生命力的意念。紅色是感覺功能強烈的表現，正面意義是生存、健康、改造自己；負面意義則可能是傷痛、暴怒、苦難的展現。

5. 藍色：是舒緩、放鬆的顏色，具有高度和深度。常用來表達女性特質，如同情心、忠誠、無盡的愛。曼陀羅內的藍和母性息息相關，淡藍意味著無條件的愛，同情心；深藍則可能和捲入是非、貪婪。

6. 綠色：代表男方，自然之色，充滿成長意味，象徵自然的赤子之心，信任他人和善解人意。曼陀羅的綠色反映養育、為人父母、護衛他人的能力；負面意義則是消極。至於合成顏色或補色則可依合成或相反的象徵來說明。

（二）數字的解析

1 代表整合；2 代表對立、分離；3 代表活力、能量運轉；4 代表平衡圓滿；5 代表天生自然；6 是最完美的；7 是神祕的；8 是新生、安定；9 是天使和善良幽靈。

（三）基本圖形的解析

曼陀羅的彎線代表女性的柔軟、情緒化；直線係男性象徵、理性思考。至於常見圖形包括：圓形、四方或長方、十字型、水滴、眼睛（曼陀羅的原型）、花、手、心型、無限大、閃電、彩紅、螺旋形、星形、樹、三角形、蜘蛛網、各種動物等，都反映彩繪者不同的心靈狀態。

資料來源：游琬娟（2008）

第十九章
高齡心理諮商服務的未來發展趨勢

　　受惠於生活經驗的累積、大腦神經認知結構的改變，相較於年輕人，高齡者很容易因心理諮商服務獲得協助。事實上，由於高齡者豐富的生命經驗，高齡當事人生命中的任何一個主題，都可以成為諮商輔導或諮商對話的核心（Knight, 2004）。Knight 對高齡者當事人抱持信心和樂觀的態度，他認為只要有充分的選擇性、開放、休閒時間、適當的社會壓力下，高齡當事人們都很希望探索自己。協助高齡當事人透過自我覺察和體驗，改變自己的信念，能有效增加其生活適應的能力，減低心理困擾。

　　高齡者心理諮商服務和一般的諮商服務有什麼樣的差異？高齡者心理諮商服務有哪些特殊性？目前所呈現的各種社會、經濟和人口學上的真實情境，已經撼動了現存高齡者相關服務的典範基礎（Greene, 2008）。的確，隨著生物科技的進步，諮商輔導理念和技巧也慢慢轉移，除了傳統的精神動力典範、存在人文典範、認知行為典範，強調身心合一、讓身體工作、正念或內觀，融入靈性、直覺的諮商理論和技巧，已明顯增加。本章從高齡心理健康與身心靈照護入手，彙整未來高齡諮商服務工作的發展趨勢。

壹、強調高齡者心理障礙或生活適應困擾的多樣化

　　人類是社會性的個體，個體所生活的社會、心理和物質環境都可能影響個體的身心健康。隨著歲月的累積，影響高齡者的內、外在環境既複雜且多元，因此，唯有深入了解高齡者的社會性結構，才能真正了解高齡者的身心

發展特質和需求。根據研究，個體的人格特質通常隨著年紀增長，而變得更具有「內向性」（interiority），個人行為變得深思熟慮，並尋求自我統整（Neugarten, 1968）。因此，整體社會的年齡結構、國際年齡常模，以及個人對所屬年齡族群的認定等，都是高齡者社會性結構的一部分。個體在面對角色的改變時，身心必然會承受一些壓力，但是，如果這種角色的改變是個體期待的，是個體可以預知的，個體身心所受的壓力會相對比較輕微（Neugarten, 1979）。

　　例如，社會大眾對傳統高齡者的印象通常是孱弱的、需要協助或照顧的、孤獨的、需要同情的、容易受傷害的、與現代網路科技格格不入的等等。這些負面的高齡者社會形象不僅加深社會對高齡者的刻板印象，貶損高齡者的自我信念，增加高齡者的無助感和退縮傾向，甚至導致高齡者的心理障礙，是一種自我應驗的預言。事實上，「老化」不等於「沒有能力」、老化不等於「有障礙」，高齡者越了解老化在身體上所產生的結果，同時發展自己的優勢能力，就越能覺察自己在身體上和心理上的改變；高齡者越能覺察並接受自己老化的事實，越能擁有健康的自我概念和人際互動（Karin & Walker, 2008; Horton, Baker & Deakin, 2008）。透過團體參與、持續引導或對話，都可以協助中高齡者對老化和社會角色的改變有充分的心理準備，對高齡者心理健康是非常重要的。因此，目前相關的書籍都主張，高齡者心理諮商服務人員都必須了解老化的相關理論，以及老化過程中個體在生理和心理上所產生的變化（Knight, 2004; McDonald & Haney, 1997）。

貳、以「功能性年齡」為決定高齡者服務的標準

　　Greene（2008）認為高齡服務的對象不應該再以「實足年齡」為健康照護或相關服務的標準，而應該以「功能性年齡」（functional age）為標準，否則將造成健康照護的不當使用。功能性年齡包括四個範疇，分別代表高齡者不同領域的能力：生理、心理、社會文化和心靈等四種能力。高齡者這四

種能力的程度和高齡者需求評估、生活結構或習慣的了解緊密相關，也決定高齡者接受健康照護的情形。至於這四種能力的評估不僅是社會工作者的責任，也是心理諮商人員必須掌握的個案線索。

1. **生理年齡**：和健康有關的內容，例如認知、記憶、判斷、心理運作功能等。
2. **心理年齡**：有關個人適應生活的各種情形，個人潛能的開發等。
3. **社會年齡**：個案在團體中的地位、扮演的角色，宗教信仰等。
4. **心靈年齡**：包括個人與其信仰或宗教團體的關係，個人信念的內在系統。可以協助個體發覺生命的意義。

參、預防性高齡者心理諮商服務概念

現代高齡者對改善自己的健康狀態、增加自己生活品質和生活滿意度等，都有極高的興趣。因此如何協助高齡者的家人、照顧者、健康或社會服務機構人員各種健康照護理念，才是未來高齡服務的主軸。未來高齡者的心理輔導與諮商工作，不僅要更有預防性的概念，其服務的對象也更加多元化。

預防性的心理諮商概念也是從功能性老化的角度來規劃輔導策略，同時考量高齡者的生理、心理、社會和心靈功能對個體獨立性發展的重要性。諮商服務的重點在於協助高齡者在當下的生活環境中，展現其功能性能力（functional capacity），以順利掌控自己的生活。因此，不僅重視家庭系統的協助角色，也必須依照高齡者的身心靈發展狀態，給予相對的諮商與服務，包括：

1. **初級預防**：當高齡者在功能表現上面臨重要挑戰的時候，給予協助。
2. **次級預防**：試著減緩高齡者在各種功能性能力的衰退情形。
3. **三級預防**：針對失去某種功能的高齡者，重新獲得該項功能性能力。

其中，「功能性能力」是一系列的工具性能力，是為了符合高齡者居住和生活環境的需要，或者符合高齡者在家庭系統生活的各種需要。「功能年齡模式」的心理諮商服務工作首先必須在「家庭或其他居住環境脈絡」中，評估高齡者在該情境中所扮演的角色，以及所需要的功能性能力，以決定諮商或服務方案的內容（Greene, 2008）。這與目前諮商服務工作非常重視的「關係中的自我概念」（或稱「關係中的自我」）、「人與環境一致性」等概念完全相符。

肆、強調「家庭系統」對高齡者自我概念的形塑與協助

「自我概念的關係理論」是 1994 年由 Gergen 所建立的，自我概念的關係理論建基於社會建構的觀點，不再將自我概念視為個體的認知結構，而是從自我論述（discourse）的發展過程，說明知識形塑與社會權力間的關係，以及這些關係對自我概念所造成的影響（吳玉鈴，2003）。至於「關係中的自我」理論則是 1991 年由 Jordan 等人所建立的，最常應用在親子或兩性議題的討論，「關係中的自我」理論認為關係中的兩人必須在一個「平等」的位置，才能讓關係中的自我、他人和關係本身都維持在一個良好的狀態（劉珠利，2006）。國內劉珠利（2003）曾經將 Jordan 所說關係中的自我和臺灣文化相比較，認為在臺灣文化下關係是強調責任、階級，這種強調責任和階級關係的文化，影響個體的自我發展、自我概念，也決定華人的親子互動、兩性互動的樣貌。

對於體力逐漸衰退、逐漸失去經濟或家庭主導權的高齡者而言，年老力衰的高齡者常常會覺得自己是個沒有用的人，此時高齡者的心理和認知上不容易從家人或子女的互動中覺察到一種「平等」的位置，容易形成一種負向關係中的自我概念。根據筆者多年的觀察。這種負向的自我概念在高齡者身上非常普遍，即使是受過高等教育、曾經擁有權勢的年長者，一旦退出職場

或交出管理權，也無法擺脫這種因關係改變所形成的負向自我概念，這都會對高齡者的自我效能、自我概念產生不良的影響，也是高齡者諮商服務工作必須留意的議題。

Greene 也提醒我們必須重視家庭系統對高齡者身心靈的影響，視家庭系統為一個社會系統，把家庭看成一個發展的單位（developmental unit），當事人與家人彼此間是一種互惠性的角色。目前高齡者心理諮商服務常見的「功能年齡模式的代間治療」（functional-age model of intergenerational treatment，簡稱為 FAM）也非常強調家庭與其他系統之間的互動關係，重視當事人與家人之間、世代之間的互動引導與協助。「功能年齡模式的代間治療」源自於「功能性年齡」的高齡者心理諮商與服務概念，是一種整合性的治療方案。近年來，「功能年齡模式的代間治療」已受到許多不同領域學者的重視或批判，通常和高齡者的成功老化、心靈狀態和挫折容忍度（resiliency）等一併呈現與探討。其中，挫折容忍度與部分學者所稱的「壓力堅持度」（hardness）相類似。壓力堅持度較高者，通常呈現三種人格特質：1. 投注（commitment）於自我、工作、家庭和其他重要且具有價值的事物；2. 能控制（control）自己的生活；3. 具有將改變視為挑戰（challenge）的能力等（黃富順，2002）。

伍、強調「世代差異」對高齡者心理諮商服務的影響

在探討高齡者心理或社會文化特質時，除了一般的生理和心理老化因素、身心發長成熟因素之外，還必須考慮「世代差異」的因素。當我們在探討高齡者生活的挑戰和特性時，除了了解生理和心理發展性的改變等成熟因素、高齡者居住環境的特殊性之外，也必須掌握「世代差異」的因素，才能理解高齡者在生活或思考模式上所面臨的困境，提供他們適切的協助。因為世代之間原本就存在著差異性，因此心理諮商輔導人員必須明白，現代這一

批高齡者和年輕人的確存在某種程度的差異，而這種差異也的確造成高齡者在適應上、心理上相當程度的困擾。

　　依據上述身心發展成熟和世代差異的概念，Knight 就提出「以社會情境及世代為基礎的成熟／特定挑戰模式」（The Contextual, Cohort-based, Maturity, Specific-challenge Model）。Knight 的「成熟／特定挑戰模式」模式主要包括四個部分：

1. **成熟的因素**：高齡者許多方面比年輕人表現成熟，例如認知的複雜性、後設模式的推論、情緒的複雜性、明顯的顯示雙性特質、專家知識、豐富的人脈關係、多重的家庭經驗等。
2. **特定的挑戰**：包括慢性疾病、身體的失能、對死亡的心理準備、對逝去親友的哀悼。
3. **世代差異的因素**：Knight 提醒我們，前一個世代的年長者的特質都和年輕人不同，例如認知能力、教育程度、辭彙的使用、價值觀、生活步調、社會歷史性的生命經驗等。
4. **社會情境的特殊性**：包括以年齡為區隔的居住環境、高齡服務機構、高齡文教場所、健康或長期照護規劃、相關的法規等，都是特定的高齡者生活情境，對高齡者有一定程度的影響。

陸、對高齡者心理諮商服務的績效採取積極的觀點

　　一般社會大眾對於高齡者是否需要心理諮商服務，通常採取負面、消極的態度，一方面認為高齡者生活經驗豐富，不需要心理諮商服務；一方面認為高齡者總是固執，多年的心智模式或生活習慣不容易改變等等。事實上，根據 Gene Cohen「發展智商」的概念，人類的心理發展是終生進行的，隨著年歲的增加，個體的「內在推力」是推動發展智商的燃料，個體的「內在推力」會與熟年大腦的變化產生協力作用，例如在運用大腦思考時，會同時

喚起左右腦的功腦，即所謂「雙邊半腦運用」情形，使得高齡者持續保持健全的心智和情緒功能，擁有更融洽的人際關係，展現嶄新的智能成長（Reuter-Lorenz & Park, 2010）。

　　Cohen 認為發展智商是一種認知能力、情緒智商、判斷力、社交技巧、生活經驗、自我意識，以及這些能力融合至成熟的境界。發展智商也可以稱為「智慧」，這種高階思考包括相對性思考、二元思考和系統性思考等三類思考，個體因此可以用更加寬廣的視野來考慮整個系統的相關知識或情境（李淑郡譯，2007）。因此，高齡者非常適合心理諮商或心理治療，並可以從諮商或治療過程中受益（Knight, 2004；McDonald & Haney, 1997）。

柒、科技整合的心理諮商服務

　　高齡心理諮商輔導工作至少包括幾個專業領域：醫療、心理衛生、社會工作服務；專業工作者至少包括：醫師、心理治療師、諮商輔導人員、社會工作人員、復健治療者、護理人員及各類協助人員。高齡期大腦神經生理性的問題和心理方面的問題可能有共通性的表徵，例如老年期的憂鬱症患者經常被誤判為失智症者；老年期罹患巴金森症者因為動作遲緩、表情僵硬，經常被誤判為憂鬱症；高齡期常見的譫妄也經常被誤以為是失智症。因此，高齡心理諮商服務應該是一種科技整合的服務工作，才能真正提升高齡者的心理能量，讓他們有能力處理自己的問題，並減少對生活環境的焦慮、困擾等。

捌、結語

　　不論是功能性年齡的觀點、關係中的自我理論、人與情境的一致性、重視世代差異對高齡者心理諮商服務的影響程度等，都在提醒我們：由於人類平均壽命或健康預期壽命大幅增加，高齡者因為社會角色的改變、家庭結構和家人關係的變化，都可能造成負面的自我概念。因此，高齡者的心理諮商

服務不僅必要，對高齡當事人的助益甚至比年輕人更加明顯。面對快速增加的高齡人口，我們必須加速腳步，除了破除大眾對高齡者心理諮商服務的迷思，也必須儘速培養相關的諮商服務工作人員。

Appendix

附錄

簡易精神狀態檢查量表（SPMSQ 量表）

(1) 認知功能評估（需個案自答不可代答）

進行方式：依下表所列的問題，詢問個案並將結果記錄下來，（如果個案家中沒有電話，可將第 4 題改為 4A 題），答錯的問題請記錄下來。

對	錯	問　　題	注意事項
		1. 今天是幾年幾月幾日？ 　年　月　日	年月日都對才算正確。
		2. 今天是星期幾？	星期對才算正確。
		3. 這裡是什麼地方？	對所在地的任何描述都算正確；説「我家」或正確説出城鎮等都可接受。
		4. 你的電話號碼是幾號？	證實電話號碼無誤即算正確；或在會談時，能在兩次間隔較長的時間內重複相同的號碼即算正確。
		4A. 你住在什麼地方？	當個案沒有電話時才問。
		5. 你幾歲了？	年齡與出生年月日符合才算正確。
		6. 你的生日是哪一天？	年月日都對才算正確。
		7. 現任總統是誰？	姓氏正確即可。
		8. 前任總統是誰？	姓氏正確即可。
		9. 你媽媽叫什麼名字？	不需特別證實，只需個案説出一個與他不同的女性姓名即可。
		10. 從 20 減 3 開始算，一直減 3 減下去。	期間如出現任何錯誤或無法繼續進行即算錯誤。
		錯誤題數：　　題 （請依照錯誤題數及個案教育程度，於下表勾選心智功能程度）	

	□心智功能完好	□輕度智力缺損	□中度智力缺損	□嚴重智力缺損
小學	0-3 題錯誤	4-5 題錯誤	6-8 題錯誤	9-10 題錯誤
一般（國中）	0-2 題錯誤	3-4 題錯誤	5-7 題錯誤	8-10 題錯誤
高中	0-1 題錯誤	2-3 題錯誤	4-6 題錯誤	7-10 題錯誤

資料來源：長期照顧服務個案評估量表

附錄二

AD8 極早期失智症篩檢量表內容

一、量表題目：如以下表格所示：

填表說明：若您以前無下列問題，但在過去幾年中有以下改變，請勾選「是，有改變」；若無，請勾「不是，沒有改變」；若不確定，請勾「不知道」	是，有改變	不是，沒有改變	不知道
1. 判斷力上的困難，如落入圈套或騙局、財務上不好的決定			
2. 對活動和嗜好的興趣降低			
3. 重複相同的問題、故事和陳述			
4. 在學習如何使用工具、設備和小器具上有困難，如電視、音響、冷氣機、熱水爐（器）、微波爐、遙控器			
5. 忘記正確的月份和年份			
6. 處理複雜的財務有困難，例如個人或家庭的收支平衡、所得稅、繳費單			
7. 記住約會的時間有困難			
8. 有持續性的思考和記憶方面的問題			
AD8 總得分		請填入回答「是，有改變」的題數	

二、結果分析：當 AD8 總得分大於或等於 2 分，就需要透過更詳細的檢查，由專業醫師進行診斷。

資料來源：台灣失智症協會（http://tada2002.org.tw/tada_other_online.aspx）

貝克憂鬱量表 (BDI-II)

回答方式：請根據個人最近的狀況，選擇一個適當的選項。
1.　□0 我不感到難過。 　　□1 我感覺難過。 　　□2 我一直覺得難過且無法振作起來。 　　□3 我難過且不快樂，我不能忍受這種情形了。
2.　□0 對未來我並不感覺特別沮喪。 　　□1 對未來我感到沮喪。 　　□2 沒有任何事可讓我期盼。 　　□3 我覺得未來毫無希望，並且無法改善。
3.　□0 我不覺得自己是個失敗者。 　　□1 我比一般人害怕失敗。 　　□2 回想自己的生活，我所看到的都是一大堆失敗。 　　□3 我覺得自己是個徹底的失敗者。
4.　□0 我像過去一樣從一些事中得到滿足。 　　□1 我不像過去一樣對一些事感到喜悅。 　　□2 我不再從任何事中感到真正的滿足。 　　□3 我對任何事都感到煩躁不滿意。
5.　□0 我沒有罪惡感。 　　□1 偶爾我會有罪惡感。 　　□2 我常常有罪惡感。 　　□3 我總是感到罪惡。
6.　□0 我不覺得自己正在受罰。 　　□1 我覺得自己可能遭受報應。 　　□2 我希望受到報應。 　　□3 我覺得自己正在自食惡果。

7. □0 我對自己並不感到失望。

　□1 我對自己甚感失望。

　□2 我討厭自己。

　□3 我恨自己。

8. □0 我不覺得自己比別人差勁。

　□1 我對自己的弱點或錯誤常常挑三揀四。

　□2 我總是為了自己的缺失苛責自己。

　□3 只要出事就會歸咎於自己。

9. □0 我沒有任何想自殺的念頭。

　□1 我想自殺，但我不會真的那麼做。

　□2 我真想自殺。

　□3 如果有機會，我要自殺。

10. □0 和平時比較，我哭的次數並無增加。

　□1 我現在比以前常哭。

　□2 現在我經常哭泣。

　□3 過去我還能，但現在想哭都哭不出來了。

11. □0 我對任何事並不會比以前更易動怒。

　□1 我比以前稍微有些脾氣暴躁。

　□2 很多時候我相當苦惱或脾氣暴躁。

　□3 目前我總是容易動怒。

12. □0 我關心他人。

　□1 和以前比較我有點不關心別人。

　□2 我關心別人的程度已大不如昔。

　□3 我已不再關心他人。

13. □0 我做決定能像以前一樣好。

　□1 我比以前會延後做決定的時間。

　□2 我做決定比以前更感困難。

　□3 我不再能做決定了。

14. □0 我不覺得自己比以前差勁。

□1 我擔心自己變老或不吸引人。

□2 我覺得自己的外表變得不再吸引人。

□3 我認為自己長得很醜。

15. □0 我的工作情況跟以前一樣好。

□1 我需要特別努力才能開始工作。

□2 我必須極力催促自己才能做一些事情。

□3 我無法做任何事。

16. □0 我像往常一樣睡得好。

□1 我不像往常一樣睡得好。

□2 我比往常早醒 1 至 2 小時且難再入睡。

□3 我比往常早數小時醒來，且無法再入睡。

17. □0 我並不比以往感到疲倦。

□1 我比以往易感到疲倦。

□2 幾乎做任何事都令我感到疲倦。

□3 我累得任何事都不想做。

18. □0 我的食慾不比以前差。

□1 我的食慾不像以前那樣好。

□2 目前我的食慾很差。

□3 我不再感到有任何的食慾。

19. □0 我的體重並沒有下降，若有，也只有一點。

□1 我的體重下降了 2.5 公斤以上。

□2 我的體重下降了 4.5 公斤以上。

□3 我的體重下降了 7 公斤以上。

20. □0 我並未比以往更憂慮自己的健康狀況。

□1 我被一些生理病痛困擾，譬如胃痛、便祕等。

□2 我很憂慮自己的健康問題，因此無法顧及許多事務。

□3 我太憂慮自己的健康問題，以致於無法思索任何事情。

21. □0 最近我對性的興趣並沒有特殊改變。

　　□1 最近我對性的興趣比以前稍減。

　　□2 目前我對性的興趣降低很多。

　　□3 我對性已完全沒有興趣了。

➤ 貝克憂鬱量表的計分

　1. 每題最高得分是 3 分，最低是 0 分，總分最高為 63 分。

　2. 做完問卷，將二十一題的得分累加起來求出總分。

➤ 貝克憂鬱量表的解釋

　1-10 分　在此範圍內屬於正常。

　11-16 分　輕微情緒困擾。

　17-20 分　在臨床上屬於憂鬱症邊緣。

　21-30 分　屬於中度憂鬱症。

　31-40 分　嚴重憂鬱症。

　40 分以上　極端憂鬱症。

　假若個人長期維持在 17 分以上，便需要專業人員的協助與治療。

資料來源：中國行為科學社（2015）

附錄四

台灣人憂鬱症量表

一、評量部分

項　　　目	沒有或極少（一天以下）	有時候（1-2天）	時常（3-4天）	常常或總是（5-7天）
1. 我常常覺得想哭				
2. 我覺得心情不好				
3. 我覺得比以前容易發脾氣				
4. 我睡不好				
5. 我覺得不想吃東西				
6. 我覺得胸口悶悶的（心肝頭或胸坎綁綁）				
7. 我覺得不輕鬆、不舒服（不爽快）				
8. 我覺得身體疲勞虛弱、無力（身體很虛、沒力氣、元氣及體力）				
9. 我覺得很煩				
10. 我覺得記憶力不好				
11. 我覺得做事時無法專心				
12. 我覺得想事情或做事時，比平常要緩慢				
13. 我覺得比以前較沒信心				
14. 我覺得比較會往壞處想				
15. 我覺得想不開、甚至想死				
16. 我覺得對什麼事都失去興趣				
17. 我覺得身體不舒服（如頭痛、頭暈、心悸或肚子不舒服等）				
18. 我覺得自己很沒用				

二、計分方式

計分：

　　沒有或極少（一天以下）　0分；有時候（1－2天）　1分；

　　時常（3－4天）　2分；常常或總是（5－7天）　3分

解析：

1. 憂鬱指數在 8 分之下

　　真令人羨慕！你目前的情緒狀態很穩定，是個懂得適時調整情緒及抒解壓力的人，繼續保持下去。

2. 憂鬱指數在 9 分到 14 分

　　最近的情緒是否起伏不定？或是有些事情在困擾著你？給自己多點關心，多注意情緒的變化，試著了解心情變化的緣由，做適時的處理，比較不會陷入憂鬱情緒。

3. 憂鬱指數在 15 分到 18 分

　　你是不是想笑又笑不太出來，有許多事壓在心上，肩上總覺得很沉重？因為你的壓力負荷量已到臨界點了，千萬別再「撐」了！趕快找個有相同經驗的朋友聊聊，給心情找個出口，把肩上的重擔放下，這樣才不會陷入憂鬱症的漩渦！

4. 憂鬱指數在 19 分到 28 分

　　現在的你必定感到相當不順心，無法展露笑容，一肚子苦惱及煩悶，連朋友也不知道如何幫你，趕緊找專業機構或醫療單位協助，透過專業機構的協助，必可重拾笑容！

5. 憂鬱指數在 29 分以上

　　你是不是感到相當的不舒服，會不由自主的沮喪、難過，無法掙脫？因為你的心已「感冒」，心病需要心藥醫，趕緊到醫院找專業及可信賴的醫生檢查，透過他們的診療與治療，你將不再覺得孤單、無助！

資料來源：董氏基金會心理衛生組（http://www.jtf.org.tw/psyche/about/intro.asp）

附錄五

老人憂鬱量表
（Geriatric Depression Scales，簡稱為 GDS）

以下列舉的問題是人們對一些事物的感受。請回想在過去一星期內，你是否曾有以下的感受。

評 量 項 目	是	否
1. 您對目前的生活滿意嗎？		□
2. 您對日常生活或活動是否已不感興趣？	□	
3. 您是否覺得生活空虛？	□	
4. 您是否常感到無聊？	□	
5. 您大部分的時間都覺得精神很好？		□
6. 您是否會害怕不好的事情會發生在您身上？	□	
7. 您大部分的時間都覺得很快樂？		□
8. 您是否經常會感覺到很無助？	□	
9. 您是否比較喜歡待在家裡而不願外出嘗試一些新的事物？	□	
10. 您是否覺得記性比別人差？	□	
11. 您是否認為活著是一件美好的事？		□
12. 您是否覺得自己很沒有價值？	□	
13. 您是否覺得自己充滿活力？		□
14. 您是否覺得自己沒有希望？	□	
15. 您是否覺得大部分的人都過得比你好？	□	
計分： (1) 在□勾選者予以 1 分。 (2) 得分 5-9 分表示可能有憂鬱症，10 分以上則確定罹患憂鬱症。		

資料來源：修改自洪麗珍（2005）

附錄六

心理諮商輔導技巧的練習——重新框架

1. 二人一組，A 先扮演當事人、B 先扮演諮商者，A 選擇一個練習句，向 B 敘述。

2. B 根據 A 的敘述，判斷 A 所描述內容的認知屬性，並以問問題的方式協助 A 澄清自己的認知。

3. 更換角色，B 扮演當事人、A 扮演諮商者，繼續練習。

4. 澄清策略可包括：(1) 認知扭曲、刪減或概括化的澄清。

　　　　　　　　　　(2) 透過從屬等級，引導當事人做正向思維。

練習句	認知類型	重新框架的練習（請記錄引導對話）
1. 為什麼我先生總是不想清楚後再做呢？	☐扭曲 ☐刪減 ☐概括化	
2. 發生這麼多的事，讓我覺得好累。	☐扭曲 ☐刪減 ☐概括化	
3. 臉上皺紋越來越多，我覺得自己越來越令人討厭。	☐扭曲 ☐刪減 ☐概括化	
4. 我一定要在今天晚上以前趕回家。	☐扭曲 ☐刪減 ☐概括化	
5. 昨天晚上大媳婦看我的眼神讓我覺得好難過。	☐扭曲 ☐刪減 ☐概括化	
6. 她以為我們這些人是好欺負的。	☐扭曲 ☐刪減 ☐概括化	

7. 女兒這麼久沒有來看我，一定是不愛我了。	□扭曲 □刪減 □概括化	
8. 我連這麼小的事情都做不好，真是不如人。	□扭曲 □刪減 □概括化	

諮商工作者「情感回應技巧」的判斷與練習

諮商工作者對當事人的回應可分為三個層級：層級Ⅰ、層級Ⅱ、層級Ⅲ：

（一）屬於層級Ⅰ的情感回應包括：

　　(1) 沒有尊重當事人的情感；

　　(2) 言語中認為當事人不應該有這種情緒；

　　(3) 過早提出建議或個人的看法；

　　(4) 以無所謂或不舒服的態度回應當事人；

　　(5) 試著打斷當事人對故事的描述；

　　(6) 對當事人的觀點有些不尊重。

（二）屬於層級Ⅱ的情感回應包括：

　　(1) 以接納的態度，針對當事人所陳述的情緒或情節給予回應；

　　(2) 不管是語言或肢體上，都非常專注在當事人身上。

（三）屬於層級Ⅲ的情感回應包括：

　　(1) 不僅回應當事人所陳述的情緒和內容，同時留意隱藏在當事人語言
　　　或肢體下的情緒；

　　(2) 諮商者透過說話聲調、語氣的加強或肢體語言，讓當事人了解諮商
　　　者對他的接納態度；

　　(3) 諮商者能針對當事人的非語言線索給予回應。

　　請仔細閱讀、了解三個層級的特質，進行下列兩個練習：

　　(1) 案例一請判斷諮商者的回應屬於哪一個層級。

　　(2) 案例二請試著以諮商工作者角色給予當事人不同層級的情感性回
　　　應，再進行討論。

當事人陳述一

我不知道該怎麼辦，自從先生過世以後，似乎沒有什麼好留戀的，我一直沒有太多的朋友，僅有的幾個朋友也過世了，我又不想依靠女兒，我覺得她應該有她自己的生活。

諮商者回應：	層級
1. 您可以去參加銀髮族的社團活動啊？	
2. 您一定非常寂寞孤單。	層級
3. 先生的去世，讓您覺得自己失去很多，這種失去親人的感覺一定讓您不知道該如何生活下去。	層級

當事人陳述二

我先生是永遠無法了解的，在家裡其實沒有什麼事可以做的。孩子都離開了，需要把房子整理得光鮮亮麗嗎？如果先生經常讚美、肯定我，也許我會有不同的感覺和表現。但是他從來不會讚美或鼓勵我，他總是訓示我：「你從來都不用每天上班工作，多麼幸福啊！」但是，天曉得，如果他是對的，為什麼我從來不覺得自己是幸運的、快樂的。

諮商者回應：	層級 I
1.	
2.	層級 II
3.	層級 III

當事人情感的確認與回應練習

　　在諮商工作過程中，無論是「反映內容」或「澄清」技巧，諮商工作者都必須即時確認當事人所要傳達的情感，讓當事人了解諮商工作者已了解其所要傳達的語言或情緒。因此，當事人情感的確認與回應是非常重要的練習。

當事人陳述範例	當事人情感確認練習 （確認三種以上的情感）
1. 我正準備要放棄了呢！我幾乎沒有一件事是做對的！	無助、消極、挫折
諮商者的回應範例： ・你現在一定感到非常的挫折、難過。	
2. 我女兒上週突然告訴我，我不能再和她的家人一起住了！我實在不知道該說些什麼！	驚訝、困惑、焦慮
諮商者的回應範例： ・這些話一定讓你受到傷害了。 ・如果是我，我一定會感到非常驚訝、無助。	
3. 你好像可以了解我所說的話，這種感覺真好；你一定不知望別人了解我有多麼困難。	理解、高興、被接納、釋放、寂寞
諮商者的回應範例： ・沒有被別人了解的時候，你一定覺得非常孤單。 ・如果你願意，可以多和我聊聊！	

當事人情感的確認與回應練習題——該您試試看了

當事人陳述內容	當事人情感確認練習 （確認三種以上的情感）
1. 現在我好寂寞，我的太太去世了，我又不喜歡出去，我會看電視，但是我對看電視實在沒有興趣。	
諮商者的回應練習：	

2. 長久一來，我一直以為孩子們需要我，現在我才知道，他們其實並不需要我，我的生命中還有什麼意義呢？	
諮商者的回應練習：	
3. 就像你看到的，我在這裡能幹什麼呢？我來這裡，都是因為我老婆硬把我拉進來的。	
諮商者的回應：	
4. 我真的不知道自己怎麼了，我再也不像以前一樣動作快而敏捷，我也不想拿起筆寫下來，讓自己記得更清楚，真的不知道怎麼了。	
諮商者的回應：	
5. 老婆生病這麼多年了，這些年我來每天都疲倦、難以忍受。好多次我走出家門後，都不想回頭、不想再回家。可是我不能，因為過去她曾經是我的好老婆。	
諮商者的回應：	
6. 沒有工作讓我覺得自己是個沒有用的人，我真的想做一些事情，做些有用的工作。但是要做什麼呢？我徘迴好久了，還是不知道該怎麼辦？	
諮商者的回應：	

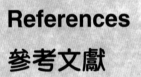

References

參考文獻

A 醫學百科（2015）。睡眠障礙。2015 年 8 月 20 日。取自：http://cht.a-hospital.com/w/%E7%9D%A1%E7%9C%A0%E9%9A%9C%E7%A2%8D

小小神經科學（2012）。神經解剖——神經系統的組成。2012 年 12 月 20 日。取自：http://www.dls.ym.edu.tw/neuroscience/nsdivide_c.htm

大紀元新聞網（2006）。老年期常見的心理精神疾病。醫療保健版（2006/02/02）。取自：http://www.epochtimes.com/b5/6/2/2/n1209869.htm

工業技術研究院（2015）。多維度心理壓力評估工具。2015 年 2 月 18 日。取自：https://www.itri.org.tw/chi/Content/MSGPic/contents.aspx?&SiteID=1&MmmID=620622504245344550&MSID=620631633561122320

中國行為科學社（2015）。貝克憂鬱量表第二版（BDI-II）中文版。2015 年 11 月 10 日。取自：http://www.mytest.com.tw/P_BDIII.aspx

內政部（2009）。老人狀況調查摘要分析。2014 年 12 月 2 日。取自：sowf.moi.gov.tw/stat/survey/list.html

內政部（2013）。老人福利服務專業人員資格及訓練辦法。2013 年 12 月 10 日。取自：http://www.moi.gov.tw/

內政部（2014）。「第十次（民國 98 年-100 年）國民生命表」提要分析。2014 年 9 月 5 日。取自：http://sowf.moi.gov.tw/stat/Life/T06-complete.html

內政部統計處（2013）。1999 世界衛生組織（WHO）發布健康壽命報告簡析。2013 年 8 月 20 日。取自：http://sowf.moi.gov.tw/stat/Life/preface5.htm

心理出版社（2015）。測驗館。2015 年 3 月 10 日。取自：http://www.psy.com.tw/product_desc.php?cPath=26

日本厚生勞働省（2013）。民生委員‧兒童委員。2013 年 8 月 20 日。取自：http://www.mhlw.go.jp/seisakunitsuite/bunya/hukushi_kaigo/seikatsuhogo/minseiiin/index.html。

毛彩鳳（譯）（2007）。笛卡爾的錯誤：情緒、推理與人腦（原作者：Antonio Damasio）。香港：科學教育出版社。

牛格正、王智弘（2007）。助人專業倫理的涵義、重要性與實踐。台灣心理諮商通訊，213。2015 年 4 月 16 日。取自：http://www.heart.net.tw/epaper/213-1.htm

王冠今（2011）。台灣社區老人的社會支持改變、健康狀況改變與社會參與之縱

貫性研究（未出版之博士論文）。國立臺灣師範大學健康促進與衛生教育學系，臺北市。

王唯工（2010）。**氣血的旋律：血液為生命之泉源，心臟為血液之幫浦揭開氣血共振的奧祕**。臺北市：大塊。

王唯工（2013）。**以脈為師：科學解讀脈波曲線，以脈診分析治未病**。臺北市：商周。

王國明（2014）。台灣高齡問題的研究與實務面。**福祉科技與服務管理學刊，2**(2)，93。

王培寧、劉秀枝（2010）。別等失智上身：瞭解它、面對它、遠離它。臺北：臺灣商務印書館。

王智弘、林意苹、張勻銘、蘇盈儀（譯）（2006）。**輔導與諮商原理：助人專業的入門指南**（原作者：David Crebalus, Duane Brown）。臺北市：學富。

王榮義（2015）。自殺防治與輔導。馬偕醫院自殺防治中心。2015 年 4 月 10 日。取自：http://www.mmh.org.tw/taitam/sudc/article.htm

北京神經組織修復中心（2015）。神經組織修復療法。2015 年 4 月 3 日。取自：http://www.nbyy110.com/

臺北市社區心理衛生中心（2014）。社區心理諮商服務 Q & A。2015 年 2 月 3 日。取自：http://mental.health.gov.tw/WebForm/MessageDetail.aspx?InfoID=a0a7cd124dce4f73a515dd441431a759

台灣失智症協會（2014）。失智症（含輕度認知功能障礙）流行病學調查及失智症照顧研究計畫成果特刊——專題報導。**台灣失智症協會會訊，35**，12-16。

弘道老人福利基金會（2012）。高齡者心理健康促進研討會。2014 年 12 月 14 日。取自：http://www.hondao.org.tw/registration.php?registration_cid=1&i_id=45

申荷永（譯）（2003）。**榮格之道**（原作者：David H. Rosen）。大陸：中國社會科學出版社。

朱儀羚、吳芝儀、蔡欣志、康萃婷、柯嬉慧（譯）（2004）。**敘事心理與研究——自我、創傷與意義的建構**（原作者：Michele L. Crossley）。嘉義市：濤石文化。

何金針（譯）（2011）。社區諮商：多元社會的增能策略（原作者：Judith Lewis, Michael Lewis, Judy Danniels & Michael D'Andrea）。臺北市：湯姆生。

余民寧、黃馨瑩、劉育如（2011）。「臺灣憂鬱症量表」心理計量特質分析報告。
　　測驗學刊，**58**(3)，479-500。

吳四明（譯）（2013）。**如何維情緒健康**（原作者：Philippa Perry）。臺北市：先覺。

吳玉鈴（2003）。**女性情緒體驗與自我轉換之研究——以網際空間為例**（未出版
　　之博士論文）。國立臺灣師範大學社會教育研究所，臺北市。

吳孟儒（譯）（2010）。**自我轉變的驚人秘密：用 NLP 擺脫恐懼、度過難關、達
　　成夢想**（原作者：Richard Bandler）。臺北市：方智。

吳尚德（2012）。「創齡」——銀色風暴席捲全球。**台灣老年學論壇，16**。

吳武典等（1990）。**輔導原理**。臺北市：心理。

呂雪彗（2015）。營造友善高齡城市創銀色 GDP。中國時報 2015 年 3 月 14 日工
　　商及時。2015 年 3 月 12 日。取自：http://www.chinatimes.com/realtimene
　　ws/20150312003278-260405

李明峰（2014）。存在主義心理治療的發展與新趨勢。諮商與輔導月刊，**345**，2-6。

李明濱、戴傳文、廖士程、江宏基（2006）。自殺防治策略推動現況與展望。**護
　　理雜誌，53**(6)，5-13。

李淑玲（2011）。**社會資本、休閒行為對健康影響模式之建構與驗證**（未出版之
　　博士論文）。國立臺灣師範大學公民教育與活動領導學系，臺北市。

李淑珺（譯）（2007）。**熟年大腦的無限可能**（原作者：Gene D. Cohen）。臺北市：
　　張老師文化。

李開敏、林芳皓、張玉仕、葛書倫（譯）。**悲傷輔導與悲傷治療：心理衛生實務
　　工作者手冊（第三版）**（原作者：J.William Worden）。臺北市：心理出版社。

李會珍（2014）。失智症照顧模式現況。**台灣失智症協會會訊，35**，25-26。

李瑞玲、黃繡、龔嫻紅（譯）（2001）。**薩提爾的治療實錄：逐步示範與解析**（原
　　作者：Virginia Satir）。臺北市：張老師文化。

李維譯（2002）。**Andrew Bradbury 成功開發 NLP：NLP 的理論與應用**。臺北
　　市：勝景文化。

沈湘縈、楊淑貞、楊惠雯、胡景妮、簡宏江、吳佳慧（2010）。**諮商理論與技術**。
　　臺北市：華都。

阮啟宏、徐慈妤、張期富、增祥菲、梁偉光、游家鑫（2015）。溫柔治療憂鬱症。
　　科學人，158，81。

亞太中醫藥網（2015）。安神助眠七道湯。2015 年 9 月 20 日。取自：http://www. aptcm.com/aptcm/medinfo.nsf/0/871B4465AF9CEF404825703B0011D08B?open document

卓紋君（譯）（2002）。**完形治療的實踐**（原作者：Petruska Clarkson）。臺北市：心理。

周甘逢、徐西森、龔欣怡、連廷嘉、黃明娟（2003）。**輔導原理與實務**。高雄市：高雄復文。

周志建（2012）。**故事的療癒力量：敘事、隱喻、自由書寫**。臺北市：心靈工坊文化。

周庭芳（2000）。從「控制理論」到「選擇理論」。**諮商與輔導，172**，25-28。

林正祥（2014）。生命表中熵之變動趨勢——以台灣為例。載於**台灣健康與社會學社年會暨「家庭、社區與健康」研討會論文集**（34-51 頁）。臺北市：中央研究院社會學研究所。

林佩儀（2003）。完形治療在童年創傷的應用。**諮商與輔導，205**，28-35。

林雨蒨（譯）。**療傷的對話**（原作者：Nance Guilmartin）。臺北市：商周。

林為文（2015）。認識精神疾病。社團法人臺北市生命線協會。2015 年 3 月 1 日。取自：http://www.sos.org.tw/lifeline-02.asp?ser_no=99

林美珠、田秀蘭（譯）（2013）。**助人技巧：探索、洞察與行動的催化（第三版）**（原作者：Clara Hill）。臺北市：學富。

林雅玲（譯）（2014）。從腦養成好習慣（原作者：Ann M. Graybiel & Kyle S. Smith）。**科學人，150**，53-57。

武國忠（2009）。**活到天年 2：黃帝內經使用手冊**。臺北市：源樺。

邱倚璿、齊某、張浩睿、王靜誼（2014）。有效注意力可提升年長者人臉圖片的記憶。**應用心理研究，60**，161-217。

邱碧玲（2009）。**買我：從大腦科學看花錢購物的真相與假象**（原作者：Martin Lindstrom）。臺北市：遠流。

邱銘章、湯麗玉（2009）。**失智症照護指南**。臺北市：原水文化。

邱麗慧（2010）。端粒（Telomere）~細胞的生命時鐘-上。科技部高瞻自然科學教學資源平台-科學 Online。2015 年 3 月 1 日。取自：http://highscope.ch.ntu.edu.tw/wordpress/?p=12879

阿波羅新聞網（2009）。貧窮能對大腦造成不可逆轉的損傷。阿波羅新聞網 2009-04-17 訊。2015 年 7 月 20 日。取自：http://tw.aboluowang.com/2009/0417/126986.html#sthash.2SziqspO.dpbs

施至遠、陳人豪（2013）。老年憂鬱症。臺大醫院老年醫學部。2015 年 4 月 3 日。取自：http://health.ntuh.gov.tw/health/new/5795.htm

柯永河（1993）。**心理治療與衛生：我在晤談椅上四十年**。臺北市：張老師文化。

洪逸慧（譯）（2010）。**年輕腦的 10 個生活習慣**（原作者：石浦章一）。臺北市：天下雜誌。

洪慧娟（譯）（2001）。**嗅覺符碼：記憶和欲望的預言**（原作者：Piet Vroon, Anton van Amerongen & Hans de Vries）。臺北市：商周。

洪麗珍（2005）。老年人的護理評估與計畫。載於劉淑娟（總校閱），**實用老人護理學**（178-179 頁）。臺中市：華格那。

洪櫻純、李明芬、秦秀蘭（2010）。老人靈性健康的阻力與助力分析。載於 **2010 生命教育暨健康促進學術研討會論文集**（59-71 頁）。臺北市：國立臺北教育大學生命教育與健康促進研究所。

洪蘭（譯）（2002）。**大腦的祕密檔案**（原作者：Rita Carter）。臺北市：遠流。

洪蘭（譯）（2008）。**改變是大腦的天性**（原作者：Norman Doidge）。臺北市：遠流。

為恭紀念醫院（2015）。認識老人憂鬱症。精神醫療中心。2015 年 3 月 10 日。取自：http://www.weigong.org.tw/dept-info/psychiatric/info-detail.php?id=980616156

胡君梅（2013）。正念介入的效用。諮商與輔導，**327**，7-11。

修慧蘭、鄭玄藏、余振民、王淳弘（譯）（2013）。**諮商與心理治療：理論與實務**（第三版）（原作者：Gerald Corey）。臺北市：雙葉。

唐子俊、唐惠芳、何宜芳、黃詩殷、郭敏慧、王慧瑛（譯）（2006）。**人際心理治療：理論與實務**（原作者：Myrna Weissmanm, John Markowitz & Gerald Klerman）。臺北市：五南。

唐子俊、唐慧芳、唐慧娟、黃詩殷、戴谷霖、孫肇玢、李怡珊、陳聿潔（譯）（2007）。**憂鬱症的內觀認知治療（MBCT）**（原作者：Zindel Segal, Mark Williams & John Teasdale）。臺北市：五南。

唐子俊、唐慧芳、黃詩殷、戴谷霖（譯）（2005）。**憂鬱症最新療法──人際心理治療的理論與實務**（原作者：S. Stuart，M. Robertson）。臺北市：心理。

孫文榮（2008）。**湖內社區老人生活品質及相關因素之研究**（未出版之博士論文）。國立陽明大學公共衛生研究所流行病學組，臺北市。

孫延軍（譯）（2009）。**尋找斯賓諾沙：快樂、悲傷和感受的著的腦**（原作者：Antonio Damasio）。香港：科學教育出版社。

徐西森（2011）。**團體動力與團體輔導**。臺北市：心理。

秦秀蘭（2012）。**認知老化的理論與實務**。臺北市：揚智。

秦秀蘭、李靈（譯）（2014）。**心理動力典範的老人心理諮商**（原作者：Paul Terry）。臺北市：心理。

秦秀蘭（2014a）。高齡期情緒調適活動方案之整全發展模式──機構照顧者實踐社群之行動研究。103 年度科技部醫學教育學門成果報告。計畫編號：NSC 102-2511-S-464 -001。

秦秀蘭（2014b）。專注？放鬆？加油？放下？高齡者情緒引導策略的兩難。**應用心理研究（對話與回應）**，**61（2014 冬）**，1-28。

秦秀蘭、蕭玉芬、許莉芬、何若瑄（2015）。嘉義縣衛生局 104 年社區健康體能檢測宣導計畫成果報告書。嘉義縣衛生局。

翁樹澍、王大維（1999）。**家族治療──理論與技術**（原作者：Ircne Goldenberg、Herbert Goldenberg）。臺北市：揚智。

財團法人天主教曉明社會福利基金會（2015）。老人諮詢服務專線。2015 年 2 月 20 日。取自：http://www.lkk.org.tw/Content.aspx?s=3&c=274&i=96

高子梅（譯）（2014）。**NLP 來自潛意識的語言力量：向大腦下指令，從此改寫你的人生！**（原作者：Shelle R.Charvet）。臺北市：如果。

高淑芳（2006）。高齡者的諮商與輔導。**社會科學學報**，**14**，31-47。

高雄市立凱旋醫院心靈診所（2015）。心身壓力評估。2015 年 2 月 8 日。取自：http://ksph.kcg.gov.tw/mindcenter/opd-2.htm

高雄醫學大學（2013）。老人心理特別門診簡介。2013 年 6 月 10 日。取自：http://www.kmuh.org.tw/www/psychia/ns/mainf1-2.html

啟新健康世界（2015）。老年妄想症。2015 年 3 月 28 日。取自：http://www. ch.com.tw/indexhome.aspx?mf=0&chapter=AIA890901

國際厚生健康園區（2015）。記憶方面的抱怨可能是腦力損失徵兆。2015 年 3 月 10 日。取自：http://www.24drs.com/professional/list/content.asp?x_idno=4148&x_ classno=0&x_chkdelpoint=Y

張水金（譯）（2011）。**生活健腦 100 招——失智可以預防**（原作者：Jean Carper）。 臺北市：時報文化

張安之、李石勇、方鴻明（2012）。**氧生：21 世紀最有效的防癌新革命**。臺北 市：時報文化。

張春梅、陳俊宏（2014）。正腎上腺素改善睡眠呼吸中止症。科學 Online 科技部 高瞻自然科學教學資源平台。2015 年 2 月 20 日。取自：http://highscope. ch.ntu.edu.tw/wordpress/?p=27439。

張美惠（譯）（2003）。**重塑大腦**（原作者：Jeffrey M. Schwartz & Sharon Berley）。 臺北市：時報文化。

張美惠（譯）（2006）。**當綠葉緩緩落下**（原作者：Elisabeth Kubler-Ross、David Kessler）。臺北市：張老師文化。

張傳琳。（2003）。**現實治療法：理論與實務**。臺北市：心理。

張源俠（2006）。**當六祖慧能遇見佛洛伊德**。臺北市：帝國文化。

張瓊珠（2009）。運用理情行為治療理論概念於重鬱症患者之護理經驗。**精神衛 生護理雜誌**，**4**(1)，57-64。

教育 WIKI（2015）。憂鬱症。2015 年 4 月 12 日。取自：http://content.edu.tw/ wiki/index.php/%E6%86%82%E9%AC%B1%E7%97%87

梅陳玉蟬、楊培珊（2005）。**台灣老人社會工作**。臺北市：雙葉。

章惠安（譯）（2015）**悲傷治療的技術：創新的悲傷輔導實務**（原作者：Robert A. Neimeyer）。臺北市：心理。

莫非（譯）（1998）。**領導聖經**（原作者：Joseph Jaworski）。臺北市：圓智。

許一懿（2009）。淺談下視丘-腦垂腺-腎上腺軸和壓力調控。教育部高瞻自然科學 教學資源平台-科學 Online。2015 年 2 月 20 日。取自：http://highscope. ch.btu.edu/worpress/?p1038

許乃云（譯）（2013）。**實現夢想的 NLP 教科書：運用神經語言學，發掘自己的無限可能**（原作者：前田忠志）。臺北市：世茂。

許雅貞（2013）。**社區諮商工作者專業認同之研究**（未出版之碩士論文）。暨南大學輔導與諮商研究所，南投市。

許瑞云（2009）。**哈佛醫師養生法**。臺北市：平安文化。

許瑞云（2014）。**哈佛醫師心能量**。臺北市：平安文化。

許維素等（2001）。**焦點解決短期心理諮商（初版 11 刷）**。臺北市：張老師文化。

郭乃文（2014）。積習可改。**科學人，150**，58-62。

郭育祥（2011）。**好好呼吸，甩掉老毛病**。臺北市：時報文化。

郭耿南、蔡艷清（2014）。中文健康識能評估表的發展。國家衛生研究院電子報，382。2014 年 9 月 5 日。取自：http://enews.nhri.org.tw/enews_list_new2_more.php?volume_indx=382&showx=showarticle&article_indx=8179

陳李綢（2014）。**正向心理健康量表指導手冊**。臺北市：心理。

陳宗仁（2014）。悲傷輔導的原則。臺灣基督教長老教會臺南神學院。2014 年 11 月 29 日。取自：http://www.ttcs.org.tw/

陳怡君（2001）。覺察在完形諮商中的角色、地位及其應用。**諮商與輔導，183**，6-8。

陳阿月（譯）（2008）。**從故事到療癒——敘事治療入門**（原作者：AliceMorgan）。臺北市：心靈工坊。

陳威伸（譯）（1998）**改變現狀的行家手冊**（原作者：Richard Bandler & Will MacDonald）。臺北市：世茂。

陳美瑛（譯）（2014）。**弱點當然可以克服，驚人的 NLP！：消除壓力、改善人際關係、加強領導力、重塑自我的實用心理學**（原作者：Yamasaki Hiroshi）。臺北市：商周。

陳婉真（2008）。**諮商理論與技術**。臺北市：三民。

陳朝福（2003）。**組織轉型研究：新科學典範的創造性演化觀點**（未出版之博士論文）。國立臺灣大學商學研究所，臺北市。

陳達夫（2015）。失智篇：輕度智能障礙。臺大醫院神經部。2015 年 2 月 10 日。取自：http://www.ntuh.gov.tw/neur/DocLib/本部簡介.aspx?PageView=Shared

陳增穎（譯）（2015）。**諮商技巧精要：實務與運用指南**（原作者：Sandy Magnuson & Ken Norem）。臺北市：心理。

陳寬政、吳郁婷、董宜禎（2014）。出生時平均餘命趨緩成長與人口 。載於**台灣健康與社會學社年會暨「家庭、社區與健康」研討會論文集**（52-64 頁）。臺北市：中央研究院社會學研究所。

陳聰興（2004）。**老人諮商需求與諮商意願之研究**（未出版之碩士論文）。國立高雄師範大學輔導研究所，高雄市。

陳韺（2015）。當有人告訴你我想自殺──與自殺傾向者溝通。馬偕醫院自殺防治中心。2015 年 4 月 10 日。取自：http://www.mmh.org.tw/taitam/sudc/article.htm

陳麗光、鄭鈺靜、周昀臻、林沛瑾、陳麗幸、陳泇軒（2011）。成功老化的多元樣貌。**台灣老年學論壇，9**，1-12。

陸洛（2003）。人我關係之界定：「折衷自我」的現身。**本土心理學研究，20**，139-207。

麥基卓、黃煥祥（2014）。**存乎一心：東方與西方的心理學與思想**。臺北市：張老師文化。

游琬娟（譯）（2008）。曼陀羅小宇宙：彩繪曼陀羅豐富你的生命（原作者：Susanne F. Fincher）。臺北市：生命潛能。

程致銘（2014）。一個嶄新取向的團體諮商──「自我療癒」初次深度體驗、觀察與反思。**諮商與輔導月刊，347**，34-37。

童桓新（2014）。高齡民眾識能的發展與健康知識的傳播。**福祉科技與服務管理學刊，2**(2)，99。

筑波（2014）。「把願望寫在紙上」的習慣。**諮商與輔導月刊，347**，53。

陽光心靈診所（2015）。NLP 是甚麼？2015 年 9 月 20 日。取自：http://www.sunnymind.tw/main.php?category=4

黃木村（2011）。**醫生說治不好的病，99%都靠自癒力**。臺北市：采實文化。

黃光國（2013）。盡己：儒家倫理療癒的理論。**諮商心理與復健諮商學報，26**，7-22。

黃志光（譯）（2000）。**量身訂做潛能體操**（原作者：Gill Cox & Sheila Dainow）。臺北市：生命潛能。

黃宗正（2009）。失智症常見精神行為症狀。臺大醫院精神部。2015 年 3 月 1 日。取自：http://health.ntuh.gov.tw/health/new/5915.htm

黃春華（譯）（2003）。**活出完整的自己：完形自我治療法**（原作者：Muriel Schiffman）。臺北市：光點出版。

黃莉棋（2014）。以 Levinas 觀點反思諮商現場。**諮商與輔導月刊，348**，53-56。

黃富順（2002）。**老化與健康**。臺北市：師大書苑。

黃富順（2012）。**老人心理學**。臺北市：師大書苑。

黃惠璣（2009）。長期照顧緒論。載於胡月娟（總校閱），**長期照顧**（1-27 頁）。臺北市：新文京。

黃智瑄（2014）。**安養機構老人壓力源、壓力因應方式與心理健康之調查研究**（未出版之碩士論文）。中國文化大學心理輔導學系，臺北市。

黃漢耀譯（2005）。**陰影，是一種力量**（原作者：Debbi Ford）。新北市：人本自然文化。

楊定一（2012）。**真原醫──21 世紀最完整的預防醫學**。臺北市：天下雜誌。

楊定一、楊元寧（2014）。**靜坐的科學、醫學與心靈之旅：21 世紀最實用的身心轉化指南**。臺北市：天下雜誌。

楊淑智（譯）（2005）。**諮商與心理治療導論**（原主編：Stephen Palmer）。臺北市：洪葉文化。

楊韶剛（譯）（1998）。**可理解的榮格：榮格心理學的個人方面**（原作者：Harry A. Wilmer）。北京：東方出版社。

腦的美麗新境界（2014）。用腦體驗世界──精神功能 ABC。2014 年 10 月 12 日。取自：http://mhf.org.tw/wonderfulbrain/guide_b.htm#a02

葉子成（2008）。人腦功能性磁振造影：如何聆聽一齣腦的交響樂。**科儀新知，163**，28-34。

葉克寧、林克能、邱照華、李嘉馨、黃婉茹（2012）。**老人心理學**。臺北市：華都文化。

葉宗烈（2006）。「台灣老年憂鬱量表」簡介。臺灣憂鬱症防治協會。2015 年 2 月 4 日。取自：http://www.depression.org.tw/knowledge/know_info_part.asp?paper_id=51

葉怡寧、林克能、秋照華、李嘉馨、黃婉茹（2012）。**老人心理學**。臺北市：華
　　都文化。

葉品陽、林秀珍、吳景寬、陳偉任、余沛蓁（2013）。從大腦神經科學看精障者
　　的自殺防治工作：以憂鬱症與精神分裂症為例。**身心障礙研究，11**(1)，58-
　　64。

彰化縣衛生局（2014）。104 年度免費社區心理諮商服務開始囉。2014 年 2 月 3
　　日。取自：http://www.chshb.gov.tw/news/?mode=data&id=10008

福樂多醫療福祉事業（2014）。加賀谷·宮本式音樂照顧實務課程研修。2014 年
　　4 月 1 日。取自：http://www.furoto.com.tw/10.2.1.php

維基百科（2010）。2010 年 12 月 10 日。取自：http://zh.wikipedia.org/zh-
　　hk/%E7%99%BD%E8%B3%AA

維基百科（2015）。敘事學。2015 年 10 月 10 日。取自：https://zh.wikipedia.org/
　　zh-tw/%E6%95%98%E4%BA%8B%E5%AD%B8

維基百科（2015）。量子腦動力學。取自：https://zh.wikipedia.org/zh-tw/%E9%87
　　%8F%E5%AD%90%E8%84%91%E5%8A%A8%E5%8A%9B%E5%AD%A6

臧國仁、蔡琰（2005）。與老人對談──有關「人生故事」的一些方法學觀察。
　　傳播研究簡訊，42，13-18。

銀髮心理科普知識推廣（2015）。耳順之年的秘密。2015 年 10 月 31 日。取自：
　　http://silverpsynews.blogspot.tw/2013/08/blog-post_9.html

劉建良、陳亮恭（2011）。老年譫妄症。**台灣老年醫學暨老年學雜誌，6**(1)，
　　1-14。

劉玲惠（2011）。溫馨兩代情：與年老父母相處之道。2015 年 2 月 23 日。取自：
　　http://www.jerfang.com.tw/index.php?module=faq&mn=2&f=content&tid=12524

劉韋欣、邱立安、林維真、岳修平、楊燿州（2014）。高齡者使用智慧藥盒之聲
　　音提示效果研究。**應用心理研究，60**，45-84。

劉珠利（2003）。台灣年輕女性的兩性關係。從「關係中的自我」理論觀點來探
　　討。**台灣社區發展季刊，101**，57-69。

劉珠利（2006）。**女性性別角色與社會工作──以台灣年輕女性性別角色之研究
　　為例**。臺北市：雙葉。

潘欣祥（2012）。**細胞日：綠能整合醫學療法**。臺北市：信實文化行銷。

潘震澤（譯）（2013）。在睡眠中修剪記憶（原作者：Giulio Tononi & Chiara Cirelli）。**科學人，139**，38-43。

潘震澤（譯）（2015）。新生神經元減輕焦慮（原作者：Mazen A. Kheribek & René Hen）。**科學人，155**，78-83。

蔡孟璇（譯）（2004）。**能量醫療**（原作者：Donna Eden, David Feinstein & Brooks Garten）。臺北市：琉璃光。

蔡明庭（2015）。蔡明庭 NLP 線上學院第 15 講：新行為產生器。2015 年 8 月 10 日。取自：http://blog.sina.com.cn/mentornlp

衛生福利部心理及口腔健康司（2014）。精神衛生法。2015 年 3 月 25 日。取自：http://www.mohw.gov.tw/cht/DOMHAOH/

衛生福利部社會及家庭屬（2015）。友善關懷老人服務方案第二期計畫（核定本）。2015 年 2 月 5 日。取自：http://www.sfaa.gov.tw/SFAA/Pages/Detail.aspx?nodeid=383&pid=2005

鄧伯宸譯（2004）。**改變大腦的靈性力量**（原作者：Andrew Newberg & Mark Robert Waldman）。臺北市：心靈工坊。

鄧明昱譯（2015）。精神疾病診斷與統計手冊第五版（DSM-5）目錄。American Psychiatric Association（APA）。2015 年 10 月 12 日。取自：http://gate.sinovision.net:82/gate/big5/blog.sinovision.net/space/do/blog/uid/83465/id/210342.html

鄭曜忠（2011）。老人精神疾病。國軍花蓮總醫院社區醫學科。2015 年 3 月 12 日。取自：http://805.mnd.gov.tw/cm/index.php?mo=DHealthInfo5&ac=health_show&sn=11

整合靈性心理學培訓學院（2015）。十二條前提假設。2015 年 10 月 2 日。取自：http://www.inlpi.com/article16.html

盧瑞芬、曾旭民、蔡益堅（2003）。國人生活品質評量（I）：SF-36 台灣版的發展及心理計量特質分析。**臺灣公共衛生雜誌，22(6)**，501- 511。

駱紳、朱迺欣、曾思瑜、劉豐志（2012）。**創齡：銀色風暴來襲**。臺北市：立緒。

聯合新聞網（2008 年 4 月 18 日）。8 成老人過得不快樂。2013 年 1 月 2 日。取自：http://udn.com/NEWS/mainpage.shtml。

謝伯讓（譯）（2014）。潛意識，左右人心的潛在力量（原作者：John Barh）。**科學人，144**，32-39。

謝伯讓（譯）（2015）。深腦刺激揮別憂鬱？（原作者：Andres m. Lozano & Helen S. Mayberg）。**科學人，158**，76-80。

謝克柔、周芳英、譚如萍（2014）。老年人自殺的危險因子與防治探討。**諮商與輔導月刊，346**，7-10。

謝維玲（譯）（2014）。**聰明寶寶從五感律動開始**（原作者：Margaret Sassé）。臺北市：遠流。

鍾瑞麗（譯）（2012）。**助人歷程與技巧：有效能的助人者（中文第二版）**（原作者：Gerard Egan）。臺北市：雙葉。

簡志龍（2013）。**律動療法**。臺北市：遠流。

顏義標（2015）。隱藏在銀髮下的危機——認識老年精神疾病。亞東紀念醫院亞東院訊。2015 年 4 月 28 日。取自：http://www.femh.org.tw/epaperadmin/viewarticle.aspx?ID=4896

藤興才（2007 年 4 月 10 日）。基於心臟律動的心理調節系統有助於減輕生活壓力——用 "心" 生活：心臟也在控制大腦。人民網科技版。取自：http://www.people.com.cn/

竇金城（2014）。正念在心理治療上的應用。**諮商與輔導，343**，10-13。

蘇貞瑛（2012）。芳香療法與健康照護。**科學發展，469**，26-31。

蘇絢慧（2008）。**於是，我可以說再見：悲傷療癒心靈地圖**。臺北市：寶瓶文化。

釋宗白、金樹人（2010）。止觀、無住——「禪修正念團體」對實習諮商心理師自我關注與諮商實務影響之初探研究。**教育心理學報，42**(1)，163-184。

權威醫學科普傳播網絡平台（2015）。心理障礙。2015 年 3 月 2 日。取自：http://baike.baidu.com/view/94370.htm

Alzheimer's Association. 2010/12/7 Retrieved from: http://www.alz.org/research/video/alzheimers_videos_and_media_advances.asp

American Counselling Association(2014). *2014 ACA Code of Ethics: As approved by the ACA governing council.* American Counselling Association.

Anett Gyurak, A., Gross, J. J., & Etkin, A. (2011). Explicit and implicit emotion regulation: A dual-process framework. *Cognition and Emotion, 25* (3), 400-412.

Arita, H. (2008). Brain Wave Vibration and Serotonin. Presented at the *UN Brain Education Conference*, New York. 2014/04/01. Retrieved from: http://bodyandbrain.ca/wp/?page_id=36.

Association for Contextual Behavioral Science (2015). *The Third Wave Psychotherapy.* Retrieved from: https://contextualscience.org/

Backs, R. W., Silva, S. P., & Han, K. (2005). A comparison of younger and older adults' Self-Assessment Manikin ratings of affective pictures. *Experimental Aging Research, 31*: 421-440.

Baltes, P. B., & Baltes, M. M. (1990). Psychological perspectives on successful aging: The model of selective optimization with compensation. In P. B. Baltes & M. M. Baltes (Eds.), Successful aging: *Perspectives from behavioral science* (pp. 1-34). New York: Cambrige University Press.

Baltes, P. B., & Staudinger, U. M. (2000). Wisdom: A metaheuristic (pragmatic) to orchestrate mind and virtue toward excellence. *American Psychologist*, 55, 122-136.

Bandura, A. (2006). Health promotion from the perspective of social cognitive theory. In Paul Norman, Charles Abraham, & Mark Conner (Eds.). *Understanding and changing health behaviour from heath beliefs to self-regulation* (pp. 299-342). Routledge: Taylor & Francis Group.

Baylis D., et al. (2014). Inflammation, telomere length, and grip strength: a 10-year longitudinal study." *Calcif Tissue Int., 95*(1), 54-63. doi: 10.1007/s00223-014-9862-7.

Beck, A. T. & Weishaar, M. E. (2014). Cognitive therapy.In Danny Wedding &

Raymond Corsini (Eds.). *Current Psychotherapies* (10th ed.)(pp.231-264). CA: Cengage Learning.

Beenakker, K.G.M.; Ling, C.H.; Meskers, C.G.M.; de Craen, A.J.M.; Stijnen, T.; Westendorp, R.G.J.; Maier, A.B. (2010). Patterns of muscle strength loss with age in the general population and patients with a chronic inflammatory state. *Ageing Res Rev. 9*(4), 431-436. doi: 10.1016/j.arr.2010.05.005.

Benefitof (2014).*Vibration Therapy for the aged and elderly people.* 2014/08/02 Retrieved from:http://benefitof.net/vibration-therapy-for-the-aged-and-elderly-people/

Bengston, V. L., Rosenthal, C., & Burton, L. (1996). Paradoxes of families and aging. In R. Binstock & George (Eds.). *Hankdbook of aging and the social sciences* (pp.254-282). CA: Academic Press.

Bergerbest, D., Gabrieli, J. D. E., Whitfield-Gabrieli, S., Kim, H., Stebbins, G. T., Bennett, D. A., & Fleischman, D. A. (2009). Age-associated reduction of asymmetry in prefrontal function and preservation of conceptual repetition priming. *NeuroImage, 45*, 237-246.

Bernat, E. M., Patrick, C. J. (2011). Effect of instructed emotion regulation on valence, arousal, and attentional measures of affective processing. Developmental *Neuropsychology, 36*(4),493-518.

Biglan, A., (2015). *The Nurture Effect: How the Science of Human Behavior Can Improve Our Lives & Our World.* Oakland, CA: New Harbinger Publications.

Bonanno, G. A. (2009). *The other side of sadness: What the new science of bereavement tell us about life after loss.* New York: Basic Books.

Bor, R., Gill,S., Miller, R. & Evans, A. (2009). *Counselling in health care settings: A handbook for practitioners.* London: PALGRAVE MACMILLAN.

Bower, G. H. (1992). How might emotions affect learning? In S. A. Christianson (ed.). *Handbook of emotion and memory: Research and theory* (pp. 3-31). NJ: Erlbaum.

Bowlby, J. (1969).Attachment and loss: Volume I: Attachment. *The International Psycho-Analytical Library, 79*, 1-401.

Bradley, L. J., Whiting, P. P., Hendricks, B., & Wheat, L. S. (2010). Ethical Imperatives for Intervention with Elder Families. *Family Journal, 18*(2), 215-221.

Bradley, M. M. & Lang, P. J. (2007). The International Affective Picture System (IAPS) in the study of emotion and attention. In J. A. Coan and J. J. B. Allen (Eds.), *Handbook of Emotion Elicitation and Assessment* (pp. 29-46). Oxford University Press.

Bradley, M. M. (2000). Emotion and motivation. In J. T. Cacioppo, L. G. Tassinary, & G. Berntson (Eds.), *Handbook of psychophysiology* (pp.602-642). New York: Cambridge University Press.

Brann, A. (2013). *Make your brain work: How to maximize your efficiency, productivity and effectiveness.* London: Kogan Page.

Brok, A. J.(1992). Crises and transitions: Gender and life stages issues in individual. group and couples treatment. *Psychoanalysis and Psychotherapy,10*, 3-16.

Brok,A J.(1997). Parent and adult child: Unresolved issues of individuaion. In Irene Deitch & Candace Ward Howell (eds.) *Counselling the aging and their families* (pp.63-72). American Counselling Association.

Brothers, B. J.(2000).The nature of personhood:Interview with Jean McLendon. In Barbaba Jo Brothers(ED.). *The personhood of the therapist* (pp.15-28).New York: The Haworth Press.

Brown, J., & Hanna, S. M. (2004).*The practice of family therapy* (3rd ed.).Belmont, CA: Brooks/Cole.

Brown. K. W., & Ryan, R. M. (2003). The Benefits of Being Present: Mindfulness and Its Role in Psychological Well-Being. *Journal of Personality and Social Psychology, 84*, 822-848.

Buckner, R. L., Andrews-Hanna, J. R., & Schacter, D. L. (2008). The brain's default network: Anatomy, function, and relevance to disease. *Annals of the New York Academy of Science, 1124*, 1-38.

Cabeza, R. (2002). Hemispheric asymmetry reduction in older adults: The HAROLD model. *Psychology of aging, 7*, 1070-1079.

Cacioppo, J. T, & Patrick, W. (2008). *Loneliness: Human nature and the need for social connection.* NY.: W.W. Norton & Co., New York,

Cacioppo, J. T., &Cacioppo, S. (2014). Social relationships and health: The toxic effects of perceived social isolation. *Soc Personal Psychol Compass, 8*(2), 58-72. doi:10.1111/spc3.12087.

Cappell, K. A., Gimeindl, L., & Reuter-Lorenz, P. A. (2010). Age differences in prefrontal recruitment during verbal working memory maintenance depend on memory load. *Cortex, 46,* 462-473.

Carstensen, L. L. (2006). The influence of a sense of time on human development. *Science, 312,* 1913-1915.

Carstensen, L. L., & Mikels, J. A. (2005). At the intersection of emotion and cognition. *Psychological Science, 14*(3), 117-121.

Carstensen, L. L., Isaacowitz, D. M., & Charles, S. T. (1999). Taking time seriously: A theory of socioemotional selectivity. *American Psychologist, 54* (3), 165-181.

Center of Mindfulness(2015). Jon Kabat-Zinn.Retrieved from: http://www.umassmed. edu/cfm/About-Us/people/2-Meet-Our-Faculty/Kabat-Zinn-Profile/

Charles, T., Carstensen, L. L., Mather, M. (2003). Aging and emotional memory: The forgettable nature of negative Images for older adults. *Journal of Experimental Psychology/ General, 132* (2), 310-325.

Cheville, J. (2005). Confronting the problem of embodiment. *International journal of Qualitative Studies in Education, 18*(1), 85-107.

Chin, H. L. & Hung, Y. T. (2014). Leadership in Senior Volunteer Community: The Transition of Social Capital of Female Elder in Taiwan. International Journal of Advances in Management Science (IJ AMS) 3(1). DOI: 10.14355/ijams. 2014.0301.06.

Clark-Polner, E. & Clark, M. (2014). Understanding and accounting for relational context is critical for social neuroscience. *Frontiers in Human Neuroscience, 8*(127), 1-14. doi:10.3389/fnhum.2004.00127

Coifman, K. G.,Bonanno, G. A. (2010). When Distress Does Not Become Depression:

Emotion Context Sensitivity and Adjustment to Bereavement.*Journal of AbnormalPsychology. 119* (3), 479-490.

Consedine, N.&Magai,C.(2003).Attachment and emotion experience in later life. *Attachment & Human Development, 5*(2), 165-187.

Cookman, C. (2004). Attachment in older adulthood: Concept clarification. *Journal of Advanced Nursing, 50*(5), 528-535.

Crowther, M. R., Parker, M. W., Achenbaum, W. A., Larimore, W. L., & Koenig, H. G. (2002). Rowe and Kahn's model of successful aging revisited: Positive spirituality, the forgotten factor. *The Gerontologist, 42*(5), 613-620.

Deci, E. L. & Ryan, R.M. (2012). Motivation, personality, and development within embedded social contexts: An overview of self-determination theory. In Ryan RM (ed.) The oxford handbook of human motivation (pp. 85-107). Oxford: Oxford University Press.

Delega,V.J. & Berg, J.H. (1987). Self-Disclosure: Theory, research, and therapy. New York: Plenum Press.

Dickerson, B. C., Feczko, E., Augustinack, J. C., Pacheco, J., Morris, J. C., Fischl, B., & Buckner, R. L. (2009). Differential effects of aging and Alzheimer's disease on medial temporal lobe cortical thickness and surface area. *Neurobiology of Aging, 30*, 432-440.

Ditzen,B.,Schaer,M.,Gabriel,B.,Bodenmann,G.,Ehlert,U.& Heinrichs, M.(2009). Intranasal Oxytocin Increases Positive Communication and Reduces Cortisol Levels During Couple Conflict. *Biological Psychiatry*, 65(9),728-731.

Dunbar, R. (2007). Evolution of the social brain. In Steven W. Gangestad & Jeffry A. Simpson (Eds.). *The Evolution of mind: fundamental questions and controversie* (pp. 281-286). New York: Guildford press.

Educational Portal (2015).*What is pychological distress? - Definition, lesson & quiz.* 2015/01/30. Retrieved from:http://education-portal.com/academy/lesson/what-is-psychological-distress-definition-lesson-quiz.html

Emery, L., Heaven, T. J., Paxton, J. L., & Braver, T. S. (2008). Age-related changes in neural activity during [performance matched working memory manipulation. *NeuroImage, 42*, 1577-1586.

Erikson,E. (1950). *Childhood and society*. New York: Norton.

Farmer, R. (2009). Neuroscience and social work practice: The missing link. London: SAGE Publications.

Fiske, S. T., & Taylor, S. E. (2008). *Social cognition: from brains to culture.* McGraw-Will. High Education.

Forster, L., Kochhann, R., Chaves, M. L., Roriz-Cruz, M. (2010). Neuropsychological aspects of cognitive aging. In Q. Gariépy & R. Ménard (Eds.), *Handbook of cognitive aging: Causes, processes and effects* (pp.397-412). New York: Nova. Francis group.

Goldenberg, H. & Goldenberg, I. (2013).Family therapy: an overview (8th ed.)CA: BrooksCole.

Gordon, E., Barnett, K. J., Cooper, N. J., Tran, N., & Williams, L.M. (2008). An "integrative neuroscience" platform: Application to profiles of negativity and positivity bias. *Journal of Integrative Neuroscience, 7*(3), 345-366.

Greene, R. R. (2008). *Social work with the aged and their families*. New York: Aldine Transcation.

Halevi, Z. S. (1979). *Kabbalah: tradition of hidden knowledge*. London: Thames and Hudson

Hecht, D. (2014). Cerebral Lateralization of Pro- and Anti-Social Tendencies. *Experimental Neurobiology, 23*(1), 1-27. 2015/1/10. Retrieved from:http://dx.doi.org/10.5607/en.2014.23.1.1

Heckhausen, J., & Schulz, R. (1995). A life-span theory of control. *Psychological Review,102*, 284-304.

Hedden, T., & Gabrieli, J. D. (2004). Insights into the ageing mind: A view from cognitive neuroscience. Nature reviews. *Neuroscience, 5*, 87-96.

Hooyman, N. P. (2005). Conceptualizing productive aging. In Lenard W. Kaye (ed.). *Perspectives on productive aging: social work with the new aged* (pp.37-60).

Horton, B., Baker, J., & Deakin, J. H. (2008). Understanding seniors' perceptions and stereotypes of aging.*Educational Gerontology, 34*, 997-1017.

Hubble, M. A., Duncan, B. L., Miller, S. D.& Wampold, B. E.(2010).What works and does not: The empirical foundations for the common factors. In Barry Duncan, Scott Miller, Bruce Wampold & Mark Hubble (Eds.).*The heart and soul of change: Delivering what works in therapy (2nd ed.)*.NE: American Psychological Association.

Hughston, G. A., Christopherson. V. A., & Bonjean, M. J. (2012). Aging and family therapy: A final note. In George A. Hughston, Victor A. Christopherson & Marilyn J. Bonjean (Eds.). *Aging and family therapy: Practitioner perspectives on golden pond* (pp. 243-249). New York: Routledge.

James, I. A. (2010). *Cognitive Behavioural Therapy with Older People: Interventions for Those with and Without Dementia.* London: Jessica Kingsley Publishers.

James, I. A. (2011). *Understanding behaviour in dementia that challenges: A guide to assessment and treatment.* London: Jessica Kingsley Publishers.

Jerry, A. (1977). The Psychoeducation Model: Definition, Contemporary Roots and Content. *Canadian Counsellor, 12*(1), 15-20.

Kampfe, C. M. (2015).*Counselling older people: Opportunities and challenges.* American Counselling Association. WILEY.

Kanna, G. (2006). Focus on creativity and aging in the United States. *Generations, 30* (1), 47-49.

Kanni, R. et al. (2012). Brain structure links loneliness to social perception. *Current Magazine, 302*, 290-292.

Karin, C., & Walker, J. (2008). *Social work with older people (2nd ed.).* Learning Matters Ltd.

Kaschak, M. P., Maner, J K., Miller, S., & Coyle, J. M. (2009). Embodied social cognition: Bodies, emotions, and blackberries. *European Journal of Social Psychology, 39*, 1255-1256.

Keil, A., & Freund, A. M. (2009).Changes in the sensitivity to appetitive and aversive arousal across adulthood. *Psychology and Aging, 24* (3), 668-680.

Knight, B. G. (2004). *Psychotherapy with older adults (3rd ed.)*. CA: Thousand Oaks.

Koole, S. & Rothermund, K. (2011). I feel better but I don't know why: The psychology of implicit emotion regulation. *Cognition and Emotion, 25*(3), 389-399. DOI: 10.1080/02699931.2010.550505

Korb M., Gorrell, J., & Riet V. V.(1980).*Gestalt Therapy-Practice and Theory (2nd ed.)*. Pergamon Press.

Kostanjsek, N., Rubinelli, S., Escorpizo, R., Cieza, A., Kennedy, C., Selb, M., Stucki, G. & Üstün, T. B. (2011). *Disability & Rehabilitation, 33* (pp. 15-16), 1475-1482.

Kring, A. M., Johnson, S.L., Davison, C. C., Neale, J. M. (2014). *Abnormal Psychology: The Science and Treatment of Psychological Disorders*. Hoboken, NJ.: John Wiley & Sons.

Lang, P.J., Bradley, M.M., & Cuthbert, B.N. (2008). *International affective picture system (IAPS): Affective ratings of pictures and instruction manual. Technical Report A-8*. University of Florida, Gainesville, FL.

Lee, I. C. (2008).*Brain Wave Vibration: Getting Back into the Rhythm of a Happy, Healthy Life.* Best Life Media.

Liberman, J. (1995). *Take off your classes and see: A mind/ body approach to expanding your eyesight and insight.* New York: Three Rivers Presss.

Linde, J., Rück, C., Bjureberg, J., Ivanov, V. Z., Djurfeldt, D. R., & Ramnerö, J. (2015). Acceptance-based exposure therapy for body dysmorphic disorder: A pilot study. *Behavior Therapy, 46*(4), 423-31. doi: 10.1016/j.beth.2015.05.002

Mackewn, J. (1997). Developing Gestalt Counselling. London: SAGE Publications.

Mahler, M. Pine, F., & Bergmann, A. (1975). *The psychological birth of the human infant.* New York: Basic Books.

Mammararella, N., & Fairfield, B. (2010). Towards a new account of cognitive aging: The cognitive-emotional trade-off in working memory. In Q. Gariépy & R.Ménard (Eds.), *Handbook of cognitive aging: Causes, processes and effects* (pp. 403-418). New York: Nova.

Mark Tennant(2006). *Psychology and Adult Learning.* RoutledgeFalmer. Taylor & Francis group.

Mark, S. (2007). *Kabbalah for health & wellness.* Minn.: Llewellyn Publications.

Matthews, J. C. (1998). Somatic knowing and education. *Educational Forum, 62*(3), 236-242.

Mayer, J. D., & Salovey, P. (1997). *What is emotional intelligence, Emotional development and emotional intelligence.* New York: Basic Books.

McDonald, P. A. & Haney, M. (1997).*Counseling the older adult: a training manual in clinical gerontology.* San Francisco: Jossey-Bass.

McRae, K., Ciesielski, B., & Gross, J. J. (2011, December 12). Unpacking Cognitive Reappraisal: Goals, Tactics, and Outcomes. *Emotion.* Advance online publication. doi: 10.1037/a0026351

Merriam, S. B.; Caffarella, R. S.; & Baumgartner, L. M. (2007). *Learning in adulthood: A comprehensive guide (3rd ed).* Jossey-Bass Publishers.38

Merriam, S., Courtenay, B., Cervero, R. (2006). *Global Issues and Adult Education.* Jossey-Bass. A wiley Imprint. 469-482.

Miller, J.(2005).Holistic Lerning. In Miller, J., Karsten, S., Denton, D., Orr D. &Kates I.(Eds.). *Holistic Learning and Spirituality in Education* (pp.1-6). State University of New York Press.

Morgan, D. H.(2011). *Rethinking family practices.* London: Palgrave Macmillan

Neugarten, B. L. (1968). Adult psychology: Toward a psychology of the life cycle. In Neugarten (ed.), *Adult psychology.* Chicago: University of Chicago Press.

Neugarten, B. L. (1979). Personality and aging. In J. E. Birren and K. W. Schaie (Eds.). *Handbook of the aging* (pp. 626-649). New York: Van Nostrand Reinhood.

NIMH(2011).*International Affective Picture System: Affective ratings of pictures and instruction manual.* 2011/05/24 Retrieved from: http://csea.phhp.ufl.edu/index. html.

Noburu, K. (2008). The Psychological Effects of Brain Wave Vibration. Presented at the *UN Brain Education Conference*, New York. 2014/04/01. Retrieved from: http://

bodyandbrain.ca/wp/?page_id=36.

ÓHanlon, B. (1994). The third wave. *Family Therapy Networker, 18*, 19-29.

Oldham, J. M. (1989). The third individuation, middle-aged children and their parents. In J. M. Oldham & R, S. Liebert (eds.). *The Middle years* (pp.89-104). New Haven, CT: Yale University Press.

Opitz, P. C., Rauch, L. C., Terry, D. P., & Urry, H. L. (2012). Prefrontal mediation of age differences in cognitive reappraisal. *Neurobiology of Aging, 33*, 645-655.

Orr, D.(2005). Minding the Soul in Education: Conceptualizing and teaching the whole person. In Miller, J., Karsten, S., Denton, D., Orr D. & Kates I.(Eds.). *Holistic Learning and Spirituality in Education* (pp.87-100). State University of New York Press.

Park, D. C., & Reuter-Lorenz, P. A. (2009). The adaptive brain: Aging and neurocognitive scaffolding. *Annual Review of Psychology, 60*, 173-196

Pashler, H. F. (1999). *The psychology of attention.* MA: Mit Press.

Qin, P.(2011). The impact of psychiatric illness on suicide: Differences by diagnosis of disorders and by sex and age of subjects. *Journal of Psychiatric Research, 45*(11), 1445-1452.

Quirin, M., Meyer, F., Heise, N., Kuhl, J., Küstermann, E., Strüber, D., & Cacioppo , J. T. (2013). Neural correlates of social motivation: An fMRI study on power versus affiliation. *Int J Psychophysiol, 88*, 289-295.

Ravitz, P., Watson, P. & Grigoriadis, S. (2013). *Interpersonal psychotherapy for depression.*New York: W. W. Norton & Company.

Raz, N. (2008). Aging of the brain and its impact on cognitive performance: Integration of structural and fubctional findings. In F. I. M. Craik & T. A. Salthouse (Eds.). *Handbook of aging and cognition-II* (pp.1-90). Mahwah, NJ: Erlbaum.

Raz, N., Rodrigue, K. M. (2006). Differential aging of the brain: Patterns, cognitive correlates and modifiers. *Neuroscience and Biobehavioral Reviews, 30*, 730-748.

Reblin, M. & Uchino, B. N. (2008). Social and emotional support and its implication for health. *Curr Opin Psychiatry, 21*(2): 201-205. doi:10.1097/ YCO.0b013e3282f3ad89.

Reding, M. ,Haycox, J., & Blass, J. (1985). Depression in patients: A review of the literature. *Journal of Gerontology, 14*, 73-84.

Reuter-Lorenz, P. A., & Park, D. C. (2010). Human neuroscience and the aging mind: a new look at old problems. *Journal of Gerontology: Psychological Science, 65B* (4), 405-415.

Richard, W. Backs, R. W., Silva, S. P., & Han, K. (2005). A comparative of younger and older adults' Self-Assessment Manikin ratings of affective pictures. *Experimental Aging Research, 31,* 421-440.

Scheibe S., & Blanchard-Fields, F. (2009). Effects of regulating emotions on cognitive performance: What is costly for young adults is not so costly for older adults. *Psychology for Aging, 24*, 217-223.

Scheibe S., & Carstensen, L. L. (2010). Emotional aging: Recent findings and future trends. *Journal of Gerontology:Psychological Science, 65B*(2), 135-144.

Schwartz, J. M., Stapp, H. P. & Beauregard, M. (2005). Quantum physics in neuroscience and psychology: A neurophysical model of mind-brain interaction. *Philosophical Transctions of the Royal Society, 360,* 1309-1327.

Seattle Christian Counseling (2015).*The self in relationship.* 2015/08/20. Refreived from: http://seattlechristiancounseling.com/blog/2015/07/14/the-self-in-relationship/

SEN PNCEPT(2015). *Representational System.* 2015/09/20. Retrieved from: http://www.senconcept.com.hk/theories/representational_system/

Sharot, T. (2012a). *The Optimism Bias: Why we're wired to look on the bright side.* London:Robinson.

Sharot, T. (2012b). How dopamine enhances an optimism bias in humans. *Current Biology, 22,* 1477-1481.

Siegesmund, R. (2004). Somatic knowledge and qualitative reasoning: From theory to practice. *Journalof Aesthetic Education, 37*(1), 54-64.

Snyder, C. R., & Lopez, S. J. (2007). *Positive psychology: The scientific practice explorations of human strengths.* New York: SAGE Publications.

Steffen, A. M., Gant, J. R. & Gallagher-Thompson D. (2008). Reducing psychosocial distress in family caregivers. In Dolores Gallagher Thompson, Ann Steffen &Larry W. Thompson (Eds.). *Handbook of Behavioral and Cognitive Therapies with Older Adults.* CA: Springer.

Stenholm, S., Strandberg, T., Pitkälä, K., Sainio, P., Heliövaara, M. & Koskinen, S. (2014). Midlife obesity and risk of frailty in old age during a 22-year follow-up in men and women: The mini-Finland follow-up survey. *Journals of Gerontology Series A: Biological Sciences & Medical Sciences, 69*(1), 73-78.

Stewart, W. B. (2009). *Deep medicine:Harnessing the source of your healing power.* CA: New Harbinger Publications.

Stirling, E. (2010). *Valuing older people: Positive psychological practice.*MA: Wiley-Black Well.

Strauss,H. M.(1997). Reflections of a therapist and grandparent: Professional and personal. In Irene Deitch & Candace Ward Howell(Eds.) *Counselling the aging and their families* (pp.51-61). American Counselling Association.

Stroebe, M. S., Hansson, R. O. & Schut H. (2008). *Handbook of Bereavement Research and Practice: Advances in Theory and Intervention.* Washington, DC: American Psychological Association.

Stuart-Hamitton, I. (2006). *The Psychology of Aging: An introduction.* London: Jessica Kingsley Publishers.

Sullivan, S., Mikels, J. A., & Carstensen, L. L. (2010). You never lose the ages you've been: Affective perspective talking in older adults. *Psychology & Aging, 25*(1), 229-234.

Sze, J. A., Goodkind, M. S., Gyurak, A., & Levenson, R. W. (2012). Aging and emotion: Not just a losing matter. *Psychology and Aging, 27*(4), 940-950. DOI:10.1037/a0029367.

Taekema, D. G.;Gussekloo, J., Maier, A. B.; Westendorp, R. G. J.; de Craen, A. J. M. (2010). Handgripstrengthas apredictorof functional, psychologicalandsocialhealth. A prospective population-based study among the oldest old. *Age and Aging, 39* (3),

331-337.

Tanga, Y., Lua, Q., Gengc, X., Steinc, E., Yangc, Y. & Posnerb, M. (2011). Short-term meditation induces white matter changes in the anterior cingulate. *PNAS, 107*(35), 15649-15652.

Terry, P. (2008).*Counselling and psychotherapy with older people: A psychodynamic approach (2nded.)*. New York: Palgrave Macmillan.

The Body Intelligence Summit (2014). *Discover the joy of embodied connection to yourself, others and the world*. 2014/08/14. Retrieved from:http://bodyintelligencesummit.com.

The Third Wave Psychotherapy (2015). *The third wave of cognitive therapy*. Retrieved from: http://www.3rdwavetherapy.com/what-is-third-wave-cognitive-behavioral-therapy/

Thompson, R. A., (1994). Emotion regulation: A theme in search of definition. Monographs of the Society for Research. *Child Development, 59,* 25-52.

Todorov, A., Fiske, S., & Prentice, D. (2011).Intrduction. In Alexander Todorov, Susan Fiske & Deborah Prentice(eds.). *Social neuroscience: Toward understanding the underpinnings of the social mind (XI)*. New York: Oxford.

Torres, S. (2006). Different ways of understanding the construct of successful aging: Iranian immigrants speak about what aging well means to them. *Journal of Cross-Cultural Gerontology, 21*, 1-23.

Troll, L.E.(1997). Growing old in families. In Irene Deitch & Candace Ward Howell(eds.) *Counselling the aging and their families* (pp.1-14). American Counselling Association.

Trusty, J., Ng, K-M., & Watts, R. E. (2005). Model of effects of adult attachmenton emotional empathy of counseling students. *Journal of Counseling & Development, 83,* 66-77.

Vos, P., Cock, O. D., Petry, K., Den Noortgate,W. V., & Maes, B. (2013). See me, feel me. Using physiology to validate behavioural observations of emotions of people with severe or profound intellectual disability. *Journal of Intellectual Disability*

Research, 57(5), 452-461. Doi: 10.1111/jir.12030.

Voss, M. W., Erickson, K. I., Prakash, R. S., Colcombe, S. J., Morris, K. S., & Kramer, A. F. (2008). Dedifferentiation in the visual cortex: An fMRI inventigation of individual differences in older adults. *Brain Research, 1244*, 121-131.

Wacker, R. R. & Roberto, K.A. (2008).*Community resources for older adults : programs and services in an era of change.* Los Angeles : Sage Publications.

Wheeler, G. & Backman, S. (1994). *On Intimate Ground-A Gestalt Approach to working with Couples.* Jossey-Bass Publishers. San Francisco.

White, M. & Epston, D. (1990). *Narrative means to therapeutic ends.* New York: Norton.

White, M. (1995). *Re-authoring lives:Interview and essays.* South Australia: Dulwich Centre Publications.

Wilson, R. A. (1990). *Quantum Psychology.* Phoenix: New Falcon Publications.

Wooddruff, D. S. (1985). Arousal arousal, sleep, and aging. In J. E. Birren & K.W. Schaie (Ed.). *Handbook of the psychology of aging(2nd ed.)*(pp.261-295). New York: Van Nostrand Reinhold.

Worsch, C., Bauer, I., Miller, G. E., & Lupien, S. (2007). Regret intensity, diurnal cortisol secretion, and physical health in older individuals: Evidence for directional effects and protective factors. *Psychology and Aging, 22*, 319-330

Young, M. E., & Long, L. L. (2007).*Counseling and therapy for couples.* Pacific Glove: Brooks/Cole.

Zhang, P. (2012).*Your brain on sleep.* 2012/5/5, Retrieved from: http://www.lumosity.com/blog/

相關網站

國家教育研究院雙語詞彙、學術名詞暨辭書資訊網：

http://terms.naer.edu.tw/detail/1305980/

Donna Eden 能量醫學網站：

http://innersource.net/em/about/donna-eden.html